普希金与娜塔莉亚：
渴求平静的心

［俄罗斯］伊琳娜·奥博多夫斯卡娅
（Ирина Ободовская）
米哈伊尔·杰缅季耶夫 著
（Михаил Дементьев）
刘妍 译　曾思艺 校

Пушкин и Натали.
Покоя сердце просит

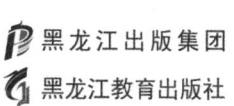

版权登记号：08-2016-028

图书在版编目（CIP）数据

普希金与娜塔莉亚：渴求平静的心 /（俄罗斯）奥博多夫斯卡娅，
（俄罗斯）杰缅季耶夫著；刘妍译.
-- 哈尔滨：黑龙江教育出版社，2016.4
ISBN 978-7-5316-8698-9

Ⅰ.①普… Ⅱ.①奥… ②杰… ③刘… Ⅲ.①普希金,A.S.（1799～1837）—书信集
Ⅳ.①K835.125.6

中国版本图书馆CIP数据核字(2016)第081322号

Пушкин и Натали. Покоя сердце просит
by Ирина Ободовская, Михаил Дементьев
Copyright © 2014 by Algoritm publisher, Moscow
Simplified Chinese edition copyright © 2016 by Heilongjiang Educational Publishing House
The simplified Chinese translation rights arranged through Rightol Media
（Email: copyright@rightol.com）
All rights reserved

普希金与娜塔莉亚：渴求平静的心
PUXIJIN YU NATALIYA：KEQIU PINGJING DE XIN

选题策划	王春晨
作　者	〔俄罗斯〕伊琳娜·奥博多夫斯卡娅（Ирина Ободовская） 米哈伊尔·杰缅季耶夫（Михаил Дементьев）著
译　者	刘　妍译　曾思艺校
责任编辑	宋舒白　杨佳君
装帧设计	冯军辉
责任校对	周维继
营销推广	李珊慧

出版发行	黑龙江教育出版社（哈尔滨市南岗区花园街158号）
印　　刷	北京鹏润伟业印刷有限公司
新浪微博	http://weibo.com/longjiaoshe
公众微信	heilongjiangjiaoyu
天猫店	https://hljjycbsts.tmall.com
E-mail	heilongjiangjiaoyu@126.com
电　　话	010—64187564

开　本	880×1230　1/32
印　张	12
字　数	350千
版　次	2016年6月第1版　2016年6月第1次印刷
书　号	ISBN 978-7-5316-8698-9
定　价	46.00元

目 录 / contents

作者的话　　　　　　　　　　　　　　　　1

第一部分　与普希金在一起

第一章　冈察洛夫家族：娜塔莎的童年　　　2

第二章　与普希金相识：出嫁　　　　　　　26

第三章　皇村——彼得堡　　　　　　　　　53

第四章　长久分别　　　　　　　　　　　　81

第五章　亚麻布厂的夏天　　　　　　　　　104

第六章　冈察洛夫姐妹在彼得堡　　　　　　128

第七章　家庭的关怀　　　　　　　　　　　145

第八章　最后的一年　　　　　　　　　　　168

第九章　普希金去世经过　　　　　　　　　194

第二部分 普希金去世后

第十章　逃离彼得堡　　　　　　　　　236

第十一章　再见彼得堡　　　　　　　　254

第十二章　米哈伊洛夫斯克村的日子　　274

第十三章　艰苦岁月　　　　　　　　　294

第十四章　再婚　　　　　　　　　　　317

第十五章　娜塔莉亚·尼古拉耶夫娜与孩子们　328

第十六章　上流社会的见面　　　　　　348

第十七章　余生书信　　　　　　　　　364

作者的话

与普希金这个名字及其生活和创作有关的一切，总能引起普希金研究者和广大读者的极大兴趣。很多年来，有关他生平的新资料在一点点积累着。在对这位伟大诗人创作遗产的挖掘中，学者们认真研究诗人众多手稿中的每一份草稿，每一个句子。与其生平有关的一切都引起不小的兴趣。普希金在有关伏尔泰①的文章中写道："尽管只是些记载收支账簿的纸片，或是给裁缝延期支付的字条，我们依然好奇地推敲着这些手稿。"

有着更重要意义的乃是书信。书信是人们已逝生活的永恒见证，鲜活地描绘了他们的思想、情感、期盼与希望。

娜塔莉亚·尼古拉耶夫娜·冈察洛娃(Наталья Ивановна Гончарова)写给普希金的书信没有保存下来，但我们找到了诗人生前及死后，她写给哥哥德米特里·尼古拉耶维奇·冈察洛夫的书信。与普希金的信相结合，便成为一份珍贵的文献资料，让我们有机会了解到普希金和他的妻子是如何心心相印、相濡以沫的。由俄罗斯国家出版社出版的《普希金周围》(*Вокруг Пушкин*)、《普希金死后》(*После смерти Пушкина*)和《普希金在亚罗波列茨》(*Пушкин в Яропольце*)这三本书引起读者极大的兴趣，很快便卖光了。

通过研究娜塔莉亚及其亲友的数百封书信，完全可以塑造出伟大诗人妻子的全新形象，推翻迄今为止普希金学中占据主导的诽谤——这些诽谤是由于大多数学者依据不可靠资料及同时代人带有

---

① 伏尔泰（Вольтер，1694—1778），本名弗朗索瓦-马利·阿鲁埃，伏尔泰是他的笔名。法国启蒙思想家、文学家、哲学家、史学家。——译者注

偏见"作证"而形成的，尤其与П.Е.谢戈廖夫的著作《决斗与诗人之死》(Дуэль и смерть Пушктна) 有关——多少年来，这本书一直是评价的基本依据。现今，因证据不足，他的很多观点被不予采信。

娜塔莉亚·尼古拉耶夫娜写给第二任丈夫彼得·彼得洛维奇·兰斯科伊 (Пётр Петрович Ланской) 的信更有意义。这些信在我们面前展现的是一位为儿女教育奉献一生（首先是普希金的儿女）的迷人的年轻女性形象。这一点非常鲜明而令人信服地反映在她的信中。经历了可怕的悲剧后，她总是在心灵深处怀念着普希金。她对普希金的爱是神圣而独特的。

我们收到了许多读者来信。院士М.П.阿列克谢耶夫写信说，《普希金死后》一书的面世令他高兴，"带着深深的满足和感激"来读这本书。老作家Н.П.斯米尔诺夫发现"……作者有可能首次成功地展现，真正的普希金是个顾家的男人，以及真正的娜塔莉亚是什么样子的"。Н.А.拉耶夫斯基强调，特别感兴趣的是有关普希金妻子的新资料："自少年时代以来所形成的根深蒂固的诗人妻子不忠的形象想必是永远根除了。"普希金忘我地、深情地爱着妻子，直到生命最后一刻，并且给后代留下"她无愧于公正的裁决"的遗嘱。这本书将完成这个使命。

在这本书里，我们编入之前的《普希金周围》和《普希金死后》书中涉及娜塔莉亚的部分资料。娜塔莉亚的书信进入叙述正文之中。纪实性描写广泛，涉及娜塔莉亚的童年、她的家庭、普希金的求婚、他们共同生活的最初几年的情况等。较之上述书籍，这本书大量引用了普希金写给妻子的书信及摘录片段。这些材料与娜塔莉亚写给亲属的书信相互交替，相互补充。

这本书专为广大读者而作。为体现事件的连续性，本书按时间顺序进行叙述。

全部书信的原文是用法语写成的，由И.М.奥博多夫斯卡娅 (И.М.Ободовская) 翻译。有时在正文中会遇到俄语式的词句。为保存书信的特色与真实感，这些词句被原封不动地保留，我们只是对这些词句做了排松处理（中文书中正常排版，特此说明）。

很多书信都缺少日期和寄出地点,我们是根据其内容以及与其他信件进行对比来确定这两个信息的。这些注明的日期被放在括号中。

为寻找文献所需资料,我们花费了20多年,查阅了国家书库的众多档案资料,其中不乏曾经被人彻底遗忘的文献资料。

第一部分
与普希金在一起

第一章 冈察洛夫家族：娜塔莎的童年

距坦波夫三十俄里的地方是卡里安河流入茨纳河的入河口，扎格里亚日斯基家豪华的家族庄园就位于此地。扎格里亚日斯基家与娜塔莉亚·伊万诺夫娜·冈察洛娃（Наталья Ивановна Гончарова）家是直系血亲，娘家姓扎格里亚日斯卡娅（Загряжская）。扎格里亚日斯基家族是"坦波夫地区最优秀的贵族之一"。他们那一带有众多圆柱的豪宅就矗立在古色古香的美丽花园中。1812年8月27日，娜塔莎[①]·冈察洛娃出生于这里，并在当地的兹纳缅斯克教堂受洗，她命中注定将要成为俄罗斯伟大诗人亚历山大·谢尔盖耶维奇·普希金（Алеусандр Сергеевич Пушкин）的妻子。

由于战乱，冈察洛夫一家不得不背井离乡，离开卡卢加省，前往卡里安寻找避难之所。当时，一家之主尼古拉·阿法纳西耶维奇·冈察洛夫（Николай Афанасьевич Гончаров）在卡卢加省长手下任职，因此，如他自己所言，他"没有走上战场"，而是逃到了坦波夫省。他在1812年8月30日给一位无名氏的信中写道：

> 欧洲政局的不幸剧变和国内突然爆发的战争最终使我们的家庭遭受灭顶之灾，似乎任何一种命运的打击都不能如此沉重。当您想在祖屋里寻找您的家人，却惊恐地发现您从前的家园只剩下断壁残垣，变成了背信弃义、厚颜无耻地破坏神圣同盟的盗匪们的牺牲品时，您就会彻底了解，这打击有多么沉重！我们可爱的家乡面临黑云压城的形势，还可能发生更大的

[①] 娜塔莎是娜塔莉亚·尼古拉耶夫娜·冈察洛娃的小名。

不幸，而孕妻即将分娩、幼子病弱无辜，因为牵挂亲人的安危，我在恐惧和希望之间徘徊，此时我只能下定决心拯救他们逃离虎口——这些老虎已经毁灭了整个世界。

为防万一，我选择了内兄扎格里亚日斯基①所在的村庄，即卡列扬村（是我喜欢的地方），作为妻儿的安身之所。8月19日，他们就到了那里，现在也还在。我在卡卢加省长属下的工作要求我必须上班，使我不得不抛弃我们所有的家业，因为如果不这样，我也逃避不了贵族上战场的强制性义务。时局如此动荡不安，公职人员的休假请求是不可能被批准的，因为此时严禁离开城市，只有危险不可避免、省长及其手下办公人员得到撤离的命令时，才可以与整个政府机关一同离开。幸好，因为一项特殊使命我得以提前出城，现在我已和家人在卡列扬村团聚，在这里等待我们的不知是死亡还是获救。您是我们亲爱的、真正的朋友，看在上帝的分上，请让我们看到您、确信您还活在人世。所有行事谨慎的人都去了坦波夫省或坦波夫市，省长卡维林本人也把自己的孩子送到了那里，因为那里远离俄罗斯的中心，直至现在，居民还没有受到战乱的惊扰。

行程为：卡卢加—图拉—博戈罗季茨克—克兹洛夫—阿姆布尔—坦波夫，之后去兹纳缅斯克村和卡列扬的行程，每个人都很清楚了。

您的挚友，永远属于您的尼·冈察洛夫

我们认为，尼古拉·阿法纳西耶维奇·冈察洛夫的"特殊使命"正是护送省长家人去坦波夫（顺便说一下，扎格里亚日斯基家在坦波夫也有房子），而他利用这个机会疏散了自己的妻儿。

尼古拉·阿法纳西耶维奇·冈察洛夫和娜塔莉亚·伊万诺夫娜·冈察洛娃就是娜塔莉亚·尼古拉耶夫娜·普希金娜的父母。这

---

① 即亚历山大·伊万诺维奇·扎格里亚日斯基，娜塔莉亚·伊万诺夫娜·冈察洛娃的哥哥。

个家族在那时相当有名望。让我们来认识一下他们及其祖先。

冈察洛夫家族的历史与俄罗斯的古城卡卢加密切相关。早在17世纪末,"陶器匠"伊万·捷明基耶维奇·冈察洛夫和他的儿子阿伯拉姆·伊万诺维奇就被登记为卡卢加城关的工商区居民,那时他们经营着一个不大的陶器作坊。看来,他们家族的姓氏就来源于此①。

这两位陶器匠的后人阿法纳西·阿伯拉莫维奇·冈察洛夫(Афанасий Абрамович Гончаров)积累了大量的财富。在距卡卢加不远的苏霍德列夫河岸,他有一个亚麻布厂和一个造纸厂。当时正在筹建俄罗斯舰队的彼得一世对冈察洛夫给予了极大的支持,与他书信往来,并给他派去大批来自国外的技术人员。冈察洛夫适时地扩大了企业的规模。他的工厂生产的帆用亚麻布在俄罗斯和国外的需求量都很大。据传,那时整个英国舰队的船帆都是"冈察洛夫制造"。战争期间,冈察洛夫更是发了大财。据阿法纳西·阿伯拉莫维奇本人证实,"黄金雨"曾经三次砸在他头上:在1756—1763年英法争夺加拿大的战争以及其后的美国独立战争期间,他都狠赚了一笔。冈察洛夫家工厂生产的纸张被认为是俄罗斯最好的,他也很好地利用了市场对其纸张的大量需求。

除了工厂,他还拥有75处世袭领地——也就是庄园。冈察洛夫的家产当时估价为三百五十万卢布!

直到现在,卡卢加地方博物馆里还保存着阿法纳西·阿伯拉莫维奇的一幅肖像画。画的作者是一位不知姓名的画家。画中的阿法纳西·阿伯拉莫维奇已经上了年纪,手里拿着彼得大帝写给他的一封信——彼得大帝的信件是他非常引以为傲的东西。

彼得一世死后,伊丽莎白女皇继续支持冈察洛夫。女皇赐给他八等文官的官级,并赋予他世袭贵族的权力。后来的1789年,叶卡捷琳娜二世还专门下旨确认了阿法纳西·阿伯拉莫维奇的孙子,也就是娜塔莉亚·尼古拉耶夫娜·冈察洛娃的爷爷阿法纳西·尼古拉耶维奇·冈察洛夫(Афанасий Николаевич Гончаров)世袭贵族的权利。

---

① "冈察洛夫"由俄语名词"陶器匠"加上姓氏后缀-ов构成。——译者注

晚年时，阿法纳西·阿伯拉莫维奇不指望后代能保住这笔巨额财富，远见卓识的他决定把亚麻布厂和造纸厂以及周边的庄园变更为限定继承，即必须由家族长子继承，不可分割，而且既不能抵押，也不能出售①。这个决定是1778年作出的，阿法纳西·阿伯拉莫维奇也立下了相应的遗嘱。亚麻布厂先后归他的长子尼古拉·阿法纳西耶维奇·冈察洛夫和他的孙子阿法纳西·尼古拉耶维奇·冈察洛夫所有。

如果"天才"的阿法纳西·阿伯拉莫维奇一生的目标是积累百万家产的话，那他的孙子阿法纳西·尼古拉耶维奇（毫无疑问，这个名字是为了纪念他爷爷，但他和爷爷一点也不像）同样是个"天才"，败光家业，死后还欠下50万的债务……

爷爷在亚麻布厂修建的房子不以样式美观雅致而出众。房子被加高，内部装修豪华。在冈察洛夫家族文献资料中保留着家具、餐具及其他物品的清单，包括镶嵌青铜花式的家具、威尼斯玻璃瓷枝形吊灯、昂贵的茶具、刻有阿法纳西·尼古拉耶维奇姓名首字母的祖传银器等。今天在卡卢加博物馆还能看到来自亚麻布厂的不大客厅的全套家具。

公园被扩建。人工石洞、凉亭、雕像装点着公园的绿树成荫的林荫路。修建了一个个温室，其中甚至栽培有菠萝。在培育纯种马的养马场旁设有一个富丽堂皇的大型演马场，四周的围墙上挂着一幅幅高头大马的圆形装饰画。一侧是观众的看台。那里定期举办赛马盛会，展示驯马师训练好的精良好马的马术。这些驯马师中有的甚至是被阿法纳西·尼古拉耶维奇从国外请来的。亚历山大一世前往莫斯科举行加冕典礼时，冈察洛夫送给他一匹自家的宝马良驹。

阿法纳西·尼古拉耶维奇娶娜杰日达·普拉托诺夫娜·穆辛娜-普希金娜（Надежда Платоновна Мусина-Пушкина）为妻。他们育有一子尼古拉，父母非常宠爱他。尼古拉·阿法纳西耶维奇才华出众，擅长写诗、拉小提琴和大提琴。他受到良好的教育，精通德语、英语和法语。有个有趣的发现，在他的法国家庭教师中，有一

---

① 所有这些地产统称为"亚麻布厂"。

阿法纳西·阿伯拉莫维奇·冈察洛夫(1693—1784),卡卢加商人和企业家,俄罗斯造纸、亚麻布生产的组织者之一,冈察洛夫家族的始祖(是娜塔莉亚·尼古拉耶夫娜·冈察洛娃-普希金娜的高祖)。

位名叫布德里的教师,他的亲哥哥马拉特后来是普希金时代皇村中学的法文教授。应该说,尼古拉·阿法纳西耶维奇是冈察洛夫家族中与众不同的一位,其俄语造诣颇深。后来他经常给大儿子用俄语或法语写信,偶尔改用英语。

因为尼古拉·阿法纳西耶维奇是家中独子,就找来邻近地主А.П.布捷涅夫的儿子作为他的玩伴,与他一起读书。布捷涅夫在回忆录中,提到尼古拉·阿法纳西耶维奇"童年时就彬彬有礼、温文尔雅,青年时英俊帅气、精力充沛、谦逊多礼,是一位善良可爱的朋友"。布捷涅夫发现,他非常热爱音乐。"为奖励年轻的冈察洛夫早已展露的出众的音乐才华,我们这里每星期都举行一次由莫斯科最优秀的音乐家演奏的四重奏,他是一位优秀的音乐家……"М.马卡罗夫在回忆录中也提到,他是一名优秀的小提琴演奏家。

综上所述,尼古拉·阿法纳西耶维奇是个才华出众的人。娜塔莉亚·尼古拉耶夫娜毫无疑问继承了父亲的独特魅力、心地善良、乐于助人、热爱文学。难怪尼古拉·阿法纳西耶维奇对这个女儿如此偏爱。

1804年,尼古拉·阿法纳西耶维奇被彼得堡外交院录用。从此,上流社会的客厅大门对这个修养极佳、才华横溢的年轻人敞开了。在那里,他遇到了宫廷女官娜塔莉亚·伊万诺夫娜·扎格里亚日斯卡娅并爱上了她。

娜塔莉亚·伊万诺夫娜来自于古老贵族扎格里亚日斯基家族。她父亲伊万·亚历山德罗维奇·扎格里亚日斯基娶亚历山德拉·斯捷潘诺夫娜·阿列克谢耶娃为妻,育有一子两女,儿子是亚历山大·伊万诺维奇;一个女儿是索菲亚·伊万诺夫娜,嫁给了德·梅斯特尔伯爵;另一个女儿是叶卡捷琳娜·伊万诺夫娜(Екатерина Ивановна),后来做了宫廷女官,她在普希金家庭中起着非常重要的作用。

伊万·亚历山德罗维奇是名出色的军官,在彼得堡近卫军中任职,以"放荡不羁"的个性在军中闻名。一次,他所在团驻扎在杰尔普特①,他爱上了美丽的波谢(Поссе)男爵夫人。据家族传言,妻子

---

① 现在的塔尔图。

还在世时，他甚至就已和男爵夫人举行婚礼，并将怀有身孕的波谢送到亚罗波列茨。

在阿拉波娃①的档案中，我们找到了娜塔莉亚·尼古拉耶夫娜1849年6月29日写给兰斯科伊的信，她在信中写道："……在信中你说到那个柳波哈尔德，没料想，他是我舅舅。他父亲应该是我外婆（波谢男爵夫人，本性柳波哈尔德）的兄弟。如果在路上遇到姓莱维斯的人，请写信告诉我，因为那是我姨妈的后代。总之，在里弗良基亚②不遇到我家那些高贵的亲戚，恐怕寸步难行，因为我贫穷的外婆带给他们耻辱，他们不想和我们相认。我仍然想知道让特·莱维斯姨妈是否还活着，我知道她家人很多。也许你有机会认识他们。"

娜塔莉亚·尼古拉耶夫娜将里普哈尔特误写为柳波哈尔德。显然，里普哈尔特家族和扎格里亚日斯基家族之间没有任何联系，因为娜塔莉亚·尼古拉耶夫娜不知道，她的让特·莱维斯姨妈早在1831年就去世了。

波谢男爵大人究竟是谁？位于塔尔图的爱沙尼亚苏维埃社会主义共和国的国家历史档案馆中有关于里普哈尔特和波谢家族非常有趣的资料。艾乌罗金娜·乌尔里卡·里普哈尔特是财主、俄罗斯骑兵大尉卡尔·里普哈尔特和玛格丽特·冯·维金戈霍夫的女儿。1778年，她在塔尔图嫁给里弗良基亚庄园的地主——莫里斯·冯·波谢男爵，并和他生了个女儿（"我的让特·莱维斯姨妈"）。这对夫妇于1782年1月28日离了婚。乌尔里卡·波谢将女儿让特留在了里弗良基亚，自己去了俄罗斯。塔尔图档案馆中也保存着她的相关资料。

有一种观点认为，乌尔里卡·波谢是法国人。现在我们知道了她父母是谁。丈夫莫里斯·波谢不是法国人，他的祖上是瑞典人。他的祖先17世纪就到爱沙尼亚定居。

据家族传言，乌尔里卡·波谢拥有惊人的美貌。阿拉波娃在回

---

①阿拉波娃·亚历山大·彼得洛夫娜（1845—1919，本姓兰斯卡娅）是娜塔莉亚·尼古拉耶夫娜在第二段婚姻中和兰斯科伊所生的女儿。

②里弗良基亚是北拉脱维亚和南爱沙尼亚（17—19世纪初）的德语名字。

忆录中提到，叶卡捷琳娜·伊万诺夫娜有一张她的肖像。一次冬宫失火，一个军官跑进女官扎格里亚日斯卡娅的房间，将镶着玳瑁框的美人画像当作最贵重的物品转移走。在宫廷办事处的人们很惊奇，为什么军官只单单抢救这个"不起眼的微不足道的物件"。"请好好看看。"他说，"你们会明白，当时我无法将这样绝世美人的画像丢在火海中！"后来，这张肖像到了娜塔莉亚·伊万诺夫娜那里（画像现在在哪儿，就不得而知了）。记得乌尔里卡的人告诉娜塔莉亚·伊万诺夫娜，尽管她非常好看，却无法与她母亲相比。那么，娜塔莉亚·尼古拉耶夫娜的绝世美貌，是不是来自外婆的遗传？

阿拉波娃这样描写乌尔里卡·波谢在俄罗斯的出现。伊万·亚历山德罗维奇·扎格里亚日斯基家里，妻子、儿子和两个女儿显然住在亚罗波列茨。扎格里亚日斯基将从杰尔普特带来的美人乌尔里卡送到发妻那里，并且"将外室介绍给发妻"。接着发生了极凄惨的一幕。扎格里亚日斯基随即命令重新套上马，向莫斯科疾驰而去！

年长许多的亚历山德拉·斯捷潘诺夫娜被认为是个宽宏大量的女性（扎格里亚日斯基显然知道自己都做了什么）。她理解乌尔里卡的悲惨遭遇并接纳了她，不久女儿娜塔莉亚·伊万诺夫娜在这个家降生了。我们认为这基本符合事实，因为阿拉波娃一定多次从母亲和冈察洛夫家族其他人那里听到过外曾祖母的故事。

向后追述，我们认为，尽管伊万·亚历山德罗维奇行为古怪，可他还是认为和两个妻子一起生活很不舒服，就去了莫斯科。在С.П.日哈列夫的《同时代人见闻录》一书中有这样几句话："早晨听说伊万·亚历山德罗维奇·扎格里亚日斯基来了……我马上前往他那里，真高兴，在家遇见他。他全家，两个儿子和三个女儿都在彼得堡，而他过着单身汉的生活，似乎不想错失任何寻欢作乐的机会。他像从前一样纸醉金迷、挥霍无度，在波将金公爵司令部养成的习气一点没改。他是公爵眼前的红人儿和每天聊天的对象。"接下来，日哈列夫多次提到拜访扎格里亚日斯基。伊万·亚历山德罗维奇死于1807年。他与家庭的关系如何，我们不得而知。

看来，乌尔里卡·波谢留在了亚罗波列茨，在异国他乡艰难度日，不过30岁就去世了，正如阿拉波娃所说，"像花儿一样凋谢了"，将小女儿留给了亚历山德拉·斯捷潘诺夫娜。不幸的小女孩深深爱着这个心地极好的女人。后来有一次，娜塔莉亚·伊万诺夫娜给阿法纳西·尼古拉耶维奇写信，让他将旧信中镶金缀片的圣母像寄给她，"妈妈亚历山德拉·斯捷潘诺夫娜在去世时为我祈祷时用过。"

乌尔里卡·波谢-扎格里亚日斯卡娅死于1791年。娜塔莉亚·伊万诺夫娜生于1785年，可见，母亲去世时，娜塔莉亚·伊万诺夫娜已经6岁，她能记得母亲。不知道乌尔里卡·波谢那段时间是否都住在亚罗波列茨，但如果是的话，想必是她被葬在了约瑟夫-沃洛科拉姆斯克修道院。所有这一切不经意地流露出娜塔莉亚·伊万诺夫娜对亚罗波列茨异乎寻常的眷恋，因为她在那里度过了童年，并在那里失去了母亲。

按照阿拉波娃的说法，"外国女人"死后，亚历山德拉·斯捷潘诺夫娜，在有权势的亲戚们的帮助下，"在剥夺她所有继承权后，竭尽全力使娜塔莉亚·伊万诺夫娜获得了合法身份"。

女儿们长大了，在"无所不能"的娜塔莉亚·基里洛夫娜·扎格里亚日斯卡娅的保护下，亚历山德拉·斯捷潘诺夫娜搬到彼得堡。

娜塔莉亚·基里洛夫娜·扎格里亚日斯卡娅（Наталья Кирилловна Загряжская），本姓拉祖莫夫斯卡娅伯爵小姐，嫁给伊万·亚历山德罗维奇的胞弟尼古拉·亚历山德罗维奇·扎格里亚日斯基，她也就是索菲亚、叶卡捷琳娜和娜塔莉亚三姐妹的婶娘。她在宫廷地位显赫："她获得叶卡捷琳娜勋章的女贵族的荣誉称号，早在保罗一世时期，她在彼得堡宫廷和上流交际圈凭借自身的聪明才智、个性鲜明、充满活力、对生活中所有现象反应机敏，拥有很高的声望和重要地位。"

像她的姐妹那样，娜塔莉亚·伊万诺夫娜被安排到亚历山大一世的妻子——伊丽莎白·阿列克谢耶夫娜皇后身边当女官。从少女时代起，她便在彼得堡宫廷中展现出非凡的美貌。皇后情人近卫重骑兵军官А.Я.奥霍特尼科夫爱上了她。奥霍特尼科夫和皇后育有一女（生于1806年，卒于1808年）。据说，1806年10月，大公康斯坦丁·巴甫洛维奇秘密派人在剧院出口将奥霍特尼科夫打成重伤。

1807年1月,奥霍特尼科夫死了。

有可能为了掩盖这段历史,娜塔莉亚·伊万诺夫娜急忙嫁给尼古拉·阿法纳西耶维奇·冈察洛夫。尼古拉·阿法纳西耶维奇是卡卢加省著名的亚麻布厂主人的儿子,受过良好的教育,本身是个美男子。他是个好小伙,尽管当时冈察洛夫家的生意被挥霍无度的父亲阿法纳西·尼古拉耶维奇搞得岌岌可危。

女官的婚礼通常在宫廷教堂里举行。为人熟知的是,当时在宫廷中设有所谓的宫廷设营上士记事簿,宫廷值班人员要记录执政人物的日常生活。就在不久前,在列宁格勒档案馆找到了皇太后玛丽亚·费奥多罗夫娜(保罗一世的妻子,亚历山大一世的母亲)1807年1月27日在宫廷设营上士记事簿中的记录。在记录中详细描写了娜塔莉亚·伊万诺夫娜和尼古拉·阿法纳西耶维奇的婚礼①。

全体皇室成员出席了婚礼,有沙皇亚历山大一世,皇后伊丽莎白·阿列克谢耶夫娜,守寡的皇太后玛丽亚·费奥多罗夫娜,尼古拉和米哈伊尔大公,叶卡捷琳娜和安娜大公夫人。

男女主婚人可谓阵容强大!尼古拉·阿法纳西耶维奇的男主婚人是三等文官彼得·基里洛维奇·拉祖莫夫斯基伯爵,他是娜塔莉亚·基里洛夫娜·扎格里亚日斯卡娅的哥哥,女主婚人是公爵夫人娜塔莉亚·彼得罗夫娜·戈利岑娜,娘家姓为切尔内绍娃伯爵小姐;娜塔莉亚·伊万诺夫娜的男主婚人是高级司酒官娜塔莉亚·基里洛夫娜的丈夫尼古拉·亚历山德罗维奇·扎格里亚日斯基,女主婚人是公爵夫人瓦拉瓦拉·亚历山德罗夫娜·沙霍夫斯卡娅。

婚礼前,娜塔莉亚·伊万诺夫娜"被陪同来到皇太后陛下玛丽亚·费奥多罗夫娜的内室,戴上了钻石婚礼冠"。

如此豪华的婚礼让人惊讶。总之,这里面有很多不清楚的地方。一切是否都是由扎格里亚日斯卡娅安排,还是皇室有自己的理由(奥霍特尼科夫事件),要表明娜塔莉亚·伊万诺夫娜还像以前那样深得皇后

---

① 摘录自宫廷设营上士记事簿的引文,由亚历山大·谢尔盖耶维奇·普希金全苏联博物馆倾情提供。

的赏识呢？这一点很难说。这份记录的结尾有些让人惊讶。"新婚夫妇当时打着灯笼从正门边离开回家了"。试问，宫廷设营上士记事簿为什么要写这个呢？显然有其特殊含义。不从正门离开，而是从旁门……

1808年，尼古拉·阿法纳西耶维奇获得八等文官官衔后，搬到莫斯科，给莫斯科省长当秘书。可能，年轻夫妇搬家，必然离阿法纳西·尼古拉耶维奇"主宰"的亚麻布厂更近一些。

那时，尼古拉·阿法纳西耶维奇父母之间由来已久的分歧达到了顶点——他们分道扬镳了。尽管阿法纳西·尼古拉耶维奇的家业已严重衰败，但他却不改习惯，继续过着挥霍的生活。娜杰日达·普拉托诺夫娜长期忍受着丈夫的喜怒无常，但最终忍无可忍，于1808年离开亚麻布厂，住到了莫斯科自己的房子里。后来，阿法纳西·尼古拉耶维奇分给她20万卢布的财产，这样就永远摆脱了碍他事儿的妻子。

很快，阿法纳西·尼古拉耶维奇留给儿子一份全权管理生意的委托书后，去了国外，"过着恣意享乐的生活"。尼古拉·阿法纳西耶维奇，显然颇有曾祖父的遗风，精力充沛、精明强干，在父亲不在时，大大改善经营状况，寄给阿法纳西·尼古拉耶维奇大笔钱以资助他在国外的生活。1811年，"由于组织和改善卡卢加省亚麻布厂和造纸厂而获得应有的奖赏"，他被颁发弗拉基米尔四级勋章。

但是，1812年，战争在这里爆发了。法国人逼近冈察洛夫领地。有段时间，元帅库图佐夫和他的司令部驻扎在亚麻布厂。他住过的房间后来被称为"库图佐夫房间"。敌军没到达亚麻布厂，在小雅罗斯拉韦茨撤退时，拿破仑军队被彻底击退。

在战争伊始，阿法纳西·尼古拉耶维奇偷偷穿越国境，返回工厂，并且不是一个人，他还带回个情妇——巴维特女士，家庭关系变得极其复杂起来。

冈察洛夫一家在卡里安一直待到1813年8月，但是尼古拉·阿法纳西耶维奇在这段时间里经常住在亚麻布厂，考虑工厂复工的事。显然，在1813年至1814年，父子二人共同管理事务，至少这几年间他们俩签字的文件被保存至今。尼古拉·阿法纳西耶维奇在父亲的委托下，经常往来于卡卢加省、莫斯科和彼得堡。

家里人给孩子们雇国外的家庭教师和音乐教师。在一封信中，尼古拉·阿法纳西耶维奇向教师们转达问候并告诉娜塔莉亚·伊万诺夫娜，他派调音师去工厂了。他叫妻子为"我的朋友塔莎"。

然而，家中气氛变得令人无法容忍。老头要求所有人要像对待女主人那样向巴维特女士（家里人叫她"巴黎洗衣女工"）表示关心。毫无疑问，尼古拉·阿法纳西耶维奇试图阻止父亲的经营不善和挥霍无度，但没成功。1815年初，阿法纳西·尼古拉耶维奇撤掉了儿子的全部职务，试图无人监管地支配收入。

年轻的冈察洛夫夫妇迁居莫斯科，将阿法纳西·尼古拉耶维奇的宠儿小塔莎①留在亚麻布厂。爷爷非常疼爱她，按阿拉波娃的话说，达到溺爱的程度。看来，小姑娘在那里住了两到三年，深受关心和照顾。在这里除了其他人，大概还有她非常喜欢的家庭教师——英国人汤姆森小姐照顾她。1849年，娜塔莉亚·尼古拉耶夫娜往国外给汤姆森小姐写信，她很惊讶自己没忘记自童年起熟练掌握的语言。

这个阶段我们选用一幅不知名的业余画家给小塔莎画的肖像。这幅肖像中的小女孩大概5岁的样子，梳着短发，面露小孩子不该有的庄重神色。

在莫斯科，冈察洛夫一家住在自家位于尼基塔街②的房子里。А.М.瓦斯涅佐夫③在19世纪80年代画的这栋房子的画被保留下来。内有贵族式房屋及厢房的大宅院（全部是木质结构）沿着斯卡良金胡同，差不多占据了位于大小尼基塔街之间的整个街区。在宅院附近，还有个不大的花园。普希金多次住在尼基塔街的房子里。他在一封给妻子的信中写道，他住在冈察洛夫家的半楼④里。

通常认为，尼古拉·阿法纳西耶维奇是从1814年年底开始得病的。有关他生病的说法非常矛盾。家里人认为，坠马是生病的原

---

① 娜塔莉亚·尼古拉耶夫娜。
② 今为赫尔岑街。房子没被保存下来。
③ 阿波利纳里·米哈伊洛维奇·瓦斯涅佐夫（Аполлинарий Михайлович Васнецов，1856—1933），俄国画家，著名画家维克多·米哈伊洛维奇·瓦斯涅佐夫（Ви́ктор Миха́йлович Васнецо́в，1848—1926）的弟弟。——译者注
④ 指一层和二层中间的阁楼。——译者注

尼古拉·阿法纳西耶维奇·冈察洛夫(1787—1861),娜塔莉亚·尼古拉耶夫娜·冈察洛娃的父亲。

因，还有人说生病源自母亲的遗传。后来大家都认为，他得了"精神错乱"。阿拉波娃的《回忆录》在某种程度上进一步证实了这种说法。她以极忧郁的笔调描绘着他的状况。

早在1936年，Т.沃尔科娃就对尼古拉·阿法纳西耶维奇患有心理疾病表示过怀疑。她写道："А.П.阿拉波娃所说的事实可信度很小，什么也证明不了。我们毫无根据地认为，事情就像她所描述的那样发生发展。显然，尼古拉通常是安静平和的，甚至可以做些事，但疾病也会随时发作，让他无法自控。"

尼古拉·阿法纳西耶维奇是否真的就像家人所固执地认为的那样心理不正常呢？从不久前我们所找到的娜塔莉亚·伊万诺夫娜的书信来看，产生了有关他患病完全不同的印象——他其实是在酗酒！毫无疑问，与父亲决裂成了他酗酒的推动力。他曾掌管众多冈察洛夫家族企业，工作紧张而积极，并且卓有成效。而之后，他突然觉得无事可做，之前所做的一切都付诸东流，家族面临全面破产——这一点是正确的，阿法纳西·尼古拉耶维奇留给子孙的"遗产"是50万债务。

由于尼古拉·阿法纳西耶维奇患病又有了新资料，不禁让人产生重新审视母亲娜杰日达·普拉托诺夫娜"遗传"的想法。她是否是被急于摆脱她的丈夫阿法纳西·尼古拉耶维奇所认定成精神失常的呢？提出这样的假设完全正当。而尼古拉·阿法纳西耶维奇显然与母亲关系非常好，经常到莫斯科看望她。

儿子离开后的最初几年，阿法纳西·尼古拉耶维奇还是在尽职地供养着儿子一家。他将一个亚麻布厂租给一个叫乌萨乔夫的人，答应每年支付给尼古拉·阿法纳西耶维奇一家4万卢布，用于生活和孩子的教育支出。位于尼基塔街的家中情况十分糟糕：尼古拉·阿法纳西耶维奇经常喝得酩酊大醉，还寻衅滋事。孩子们害怕父亲，因此让他带着服侍的仆人搬到冈察洛夫家单独的厢房去住。

娜塔莉亚·伊万诺夫娜向公爹抱怨丈夫喝酒。"他所有的失常都源于饮酒过量。"1819年1月7日，她在信中写道，"他亲口对我承认喝过七杯伏特加酒。"显然，当生活或多或少地恢复到正常的轨迹时，他就会长时间地神志清醒。1817年8月，夫妇二人在医生的建议下去

"纳肖金水疗"①。尼古拉·阿法纳西耶维奇给父亲写信说到此事,还提到他们就带了"小塔莎一个孩子"。但他不喜欢水疗。他们很快就回家了。

"尼古拉·阿法纳西耶维奇看起来好多了。"1818年2月27日,娜塔莉亚·伊万诺夫娜在给公爹的信中写道,"他常走进儿童房,面对塔莎的顽皮而发笑。"

尼古拉·阿法纳西耶维奇一生喜爱音乐,在生命最后的日子里,他还在拉小提琴。他在一封信中曾抱怨不给他换琴弦的钱。钱的确没直接给他本人,家里人是担心他派仆人买酒。

1815年,儿子谢尔盖出生了。1818年,女儿索菲亚出生。后者没活多久,同年夭折了。

显然,阿法纳西·尼古拉耶维奇终究是受到了良心的谴责,想缓和与儿子的关系。1817年5月,他寄给儿子镶嵌宝石的戒指作为礼物。尼古拉·阿法纳西耶维奇为此写信道:

阿法纳西·尼古拉耶维奇父亲阁下:

为您通过娜塔莉亚·伊万诺夫娜寄给我的镶有曾祖父阿法纳西·阿伯拉莫维奇肖像的宝石戒指,对您深表感激。我佩戴着这枚戒指,满怀感激。没能体会到您的关心和挂念是我的错,请允许我将它送给米金卡,我希望他长大后当之无愧地拥有这个纪念品,比我更无愧于冈察洛夫姓氏的后代称号。期待您允许交由娜塔莉亚·伊万诺夫娜保管。

谨此,您忠实的儿子,无地自容之人:尼古拉·冈察洛夫

多么忧郁伤感的言辞。看来,尼古拉·阿法纳西耶维奇屈从于命

---

① "纳肖金水疗"是堂兄弟帕维尔·沃伊诺维奇·纳肖金(Павел Воинович Нащокин,1801—1854)在谢尔普霍夫县开的一家水疗店。

运，但在信中流露出对让他陷入这种境地的父亲的痛苦指责。无地自容之人……这些话是多么悲惨，多想改变某个无能为力的想法……

尼古拉·阿法纳西耶维奇写给父亲的信（像后来写给大儿子德米特里的信一样）完全正常。这些信证明了他怎样痛苦地忍受着这些境遇。人们形成这样的印象，家里人起初是阿法纳西·尼古拉耶维奇，之后可能是德米特里·尼古拉耶维奇，蓄意竭力地将他认定成疯子，为了使他彻底打消任何恢复长子继承权的想法。请医生和不同的公职人员来给他看病，但他们找不到他任何心理上的不正常行为。

1832年，阿法纳西·尼古拉耶维奇不顾年龄的放荡生活，让他落了个悲惨的下场：9月8日，他突然去世了。

可以想象冈察洛夫全家人的焦急程度。兄弟们把老头的遗体运到莫斯科，也许在那里做短暂停留。当时尼古拉·阿法纳西耶维奇是什么状况，他是否与父亲在莫斯科告别，或者是否去了亚麻布厂，我们不得而知。至于娜塔莉亚·伊万诺夫娜，她无疑参加了葬礼，留在亚麻布厂里。根据书信判断，后来有一段时间她还"管理生意"。这段时间里，德米特里·尼古拉耶维奇办理了监护生病父亲的手续。我们推测，她想确认长子继承产业的状况。

办理文件手续占据了很多时间。需要家庭全体成员的委托书，包括娜塔莉亚·尼古拉耶夫娜。

我们认为，普希金跟随冈察洛夫一家去了莫斯科，他的书信可以为证。在一封信中，他让妻子赶紧寄回委托书，委托书给娜塔莉亚·尼古拉耶夫娜和姨妈叶卡捷琳娜·伊万诺夫娜添了许多麻烦。（"他们给你寄委托书是为了让你签字。叶卡捷琳娜·伊万诺夫娜教你怎么处理。"[①]）娜塔莉亚·尼古拉耶夫娜同年10月31日写给哥哥德米特里的书信被保存下来。在信中，她告知委托书的事以及和亲戚们在彼得堡奔走斡旋的结果。

然而，在首都，没有任何证明尼古拉·阿法纳西耶维奇病情的文件。

[①] 这里普希金的信和摘自其中的句子选自《普希金作品全集（1937—1949）》的第16卷。

无论在彼得堡，还是在卡卢加，都不同意发给德米特里·尼古拉耶维奇需要的文件。但有趣的是，为什么是卡卢加？这不正说明，年轻的冈察洛夫夫妇在亚麻布厂居住期间，家里给尼古拉·阿法纳西耶维奇请的卡卢加的医生们明确拒绝认定他有精神病吗？这意味着，当时他已经开始喝酒了，并且成为他们离开此地去莫斯科的原因。关于这一点，阿拉波娃说道："尼古拉·阿法纳西耶维奇的病致使全家搬到莫斯科，在尼基塔街的自家房子中住下来。"

一家之主去世后，德米特里·尼古拉耶维奇坚持不懈地奔走斡旋终于获得成功。他一举成为冈察洛夫家的长子继承人。当时他24岁。

而娜塔莉亚·伊万诺夫娜，这位从前的美人、彼得堡宫廷女官，她发生了什么？很久以来，这个女人一直被描绘成居心叵测之人。这未必完全公正。

我们不想为娜塔莉亚·伊万诺夫娜辩解。无须多言，她让人没有好感。但是，她也有好的一面。我们应不带成见地去观察，她的生活究竟是怎么样的。

照顾生病的丈夫和全家的重担都落在娜塔莉亚·伊万诺夫娜的肩上时，她才29岁。毫无疑问，痛苦磨难在她的性格上烙下了痕迹。"她残酷无情、严厉、好用权势、喜怒无常、得寸进尺。"据普希金的书信和同代人证明，她被描绘成这样。娜塔莉亚·伊万诺夫娜在宗教里找寻安慰与忘却，她长达数小时地待在家中的祈祷室里祈祷。

我们认为，她也是非常不幸的女人。她不合法的出身（私生女的身份）想必在其童年和青年时代的心灵上留下了阴影。后来，同父异母的姐姐索菲亚和叶卡捷琳娜在兄长亚历山大·伊万诺维奇和叔叔尼古拉·亚历山德罗维奇·扎格里亚日斯基去世后，公然试图剥夺她的继承权。在娜塔莉亚·伊万诺夫娜的一封信中，她向儿子德米特里抱怨说，她与姐姐们的亲情因为她们贪图钱财而毁坏了。

真正的难过与痛苦是被最亲的人不公正地斥责，尤其是一起度过童年和青年时代的人。维系姐妹之情最初的纽带本应牢不可破，然而这一切却在这个夏天结束。当所有的虚假行为被拆穿，当心灵和性情真挚而诚实，自私自利的算计改变了这一切，为我徒留下悲惨的现实。唯一的补偿是我问心无愧，我的良心完全安宁，让上帝来裁决吧。

很难说，这些针对索菲亚·伊万诺夫娜和叶卡捷琳娜·伊万诺夫娜的指责有多公正，但完全可能的是，姐妹二人联合起来对付娜塔莉亚·伊万诺夫娜，一致认为她不是完全合法的继承人。

接下来是和奥霍特尼科夫在彼得堡的那段故事。那里发生了什么？娜塔莉亚·伊万诺夫娜充当了怎样的角色？关于这些，我们几乎一无所知。但是我们认为，她因为爱情嫁给尼古拉·阿法纳西耶维奇，他无疑非常爱她。也许，在彼得堡最初生活的几年是幸福的，也就是刚嫁人的那段短暂的时期，或许是因为她在青年时期并无幸福可言。

丈夫生病后（酗酒——这也是种病），夫妻关系改变了。娜塔莉亚·伊万诺夫娜曾多次在给公爹的信中，抱怨丈夫在酗酒期间表现出的敌意。然而，其余时间里，夫妻关系显然是正常的。娜塔莉亚·伊万诺夫娜给公爹写信说，每天晚上都到厢房去看望丈夫。有时尼古拉·阿法纳西耶维奇去亚麻布厂看父亲，通常是在夏天，而一家人当时住在梁赞省伊利茨诺庄园。

他们有六个孩子：三个儿子是德米特里、伊万和谢尔盖，三个女儿是叶卡捷琳娜、亚历山德拉和娜塔莉亚，如果不算小索菲亚的话，如我们所说，她在出生后不久就夭折了。（给两个女儿取名是否为纪念娜塔莉亚·伊万诺夫娜的姐姐叶卡捷琳娜和索菲亚呢？我们想，是这样的。）

一年年过去了，孩子们长大了。应该给娜塔莉亚·伊万诺夫娜应有的评价。为了给孩子们良好的教育，她做了一切所能做的事情。小塔莎从亚麻布厂回到自己家时才五六岁。据阿拉波娃说，小姑娘被送回来时穿着貂皮大衣。娜塔莉亚·伊万诺夫娜当即表达自己的不满说："让孩子习惯于闻所未闻的奢华，这是一种罪过。"并且让人将昂贵的大衣为三个女儿每人改做成一个"小披肩"和一个手笼。阿拉波娃最后说道："然而祖父的溺爱一点儿也没有影响孩子随和的性格。她顺从于严格的家规,后来比姐姐们适应得更快。"

家庭教师和外国教师都住在冈察洛夫家,还请来教授不同科目的教师。档案馆中保存着孩子们厚厚的装订笔记本,证明他们相当详细地学习过俄罗斯历史和世界史、地理、俄语及文学、神话等。关于外语没的说,德语、英语,尤其是法语,他们掌握得非常好。大儿子德米特里大学毕业时,为了准备考试,家里特意为他请来教授辅导功课。伊万和谢尔盖毕业于私人寄宿学校。

正如我们前文提到的,阿法纳西·尼古拉耶维奇起初每年给儿子家4万卢布,但之后尽量减少这个数目。娜塔莉亚·伊万诺夫娜给公爹写信说,这是不可能的,因为仅孩子们的教育至少要花费1.5万卢布。

一般认为,娜塔莉亚·尼古拉耶夫娜和姐姐们受到非常正统的家庭教育,仅限于当时贵族少女所学的法语、舞蹈、音乐和定期作礼拜。而从新资料来看,冈察洛夫家三姐妹受到的教育远远高出平均水平。

娜塔莉亚·伊万诺夫娜对女儿们的管教非常严格,女儿们必须绝对服从她。有时她甚至还打她们耳光。女儿们都怕她。如果她们中一个被母亲找去,另外的小女孩会站在门边很久,拿不定主意该不该进去……但我们想,这基本上与姐姐们有关,叶卡捷琳娜和亚历山德拉小时候不听话。后来,正如大家所知,她们和母亲的关系经常非常紧张。

显然,亲密的友谊将冈察洛夫家的孩子们紧紧地联系在一起。伊万·冈察洛夫的童年纪念册被保存了下来,其中在众多亲朋好友的诗歌(基本上是用法语写的)中找到姐妹们的字迹。

亚历山德拉1821年11月6日写道:

我爱你。
这话语抵得上一首长诗,
因为它发自内心[①]。

[①]此诗是从法语翻译过来的。原文为法语处均用宋黑字体表示,下同,不再标注。——编者注

娜塔莉亚·伊万诺夫娜·冈察洛娃,本姓扎格里亚日斯卡娅(1785—1848),来自扎格里亚日斯基家族的宫廷女官、莫斯科郊外亚罗波列茨庄园的女主人,娜塔莉亚·尼古拉耶夫娜·冈察洛娃的母亲,19世纪初微型精细画。

我们尤其对娜塔莉亚·尼古拉耶夫娜写的诗句感兴趣。原文摘录如下:

> 生活之路没有痛苦走过,
> 让友谊装点你的生活,
> 请记住这真诚的眷恋,
> 是我对你一贯的感情。
> 诚挚留念
> 忠于你的妹妹

娜塔莉亚·冈察洛娃
1822年2月23日

纸上用铅笔画上了线,那是为了写得工整(后来忘了擦掉!),是孩子的笔迹。诗的作者是谁呢?不排除是娜塔莎在家庭教师的帮助下写的。

夏天,娜塔莉亚·伊万诺夫娜带着孩子们去郊外的亚罗波列茨庄园,有时去亚麻布厂看望爷爷。但她和孩子们最喜欢待在伊利茨诺——这座富有、美丽的庄园凭借大花园、果园和井井有条的管理吸引着众人(这个庄园我们下文还会说到),但每次去都要得到阿法纳西·尼古拉耶维奇的允许。冈察洛夫家的小姑娘们从伊利茨诺写给爷爷的数封信被保存下来。我们现引用娜塔莉亚·尼古拉耶夫娜1828年写的一封信,当时她16岁。

亲爱的爷爷:

我借此机会想打听一下您的健康情况,并且感谢您的怜爱,允许我们在伊利茨诺度过夏天。我非常遗憾,亲爱的爷爷,没有福气像米金卡那样和您待上一段时间。但我期望尽快见到您,吻您的手,始终忠于您的孙女。

娜塔莉亚·尼古拉耶夫娜
1828年6月17日于伊利茨诺

小塔莎可能喜欢种花。1820年,爷爷给德米特里的信中写道:

"……我寄给小塔莎她要的各种花种。很高兴她像我一样,是个爱种花的人。我很高兴,至少会有人随时照顾我的花草了。"

阿法纳西·尼古拉耶维奇将可供骑乘的马送到伊利茨诺让孩子们骑着玩。应该说,自童年起还在亚麻布厂时,冈察洛夫姐妹便在经验丰富的马术教练的指导下骑马,后来在彼得堡,她们凭借"马术才华"受到高度赞扬。

阿法纳西·尼古拉耶维奇大概一直想在儿子面前赎罪,所以竭力保持和孙辈们的友好关系。他经常寄给他们各种小礼物,时常请他们到家里做客。爷爷给被视作冈察洛夫家业继承人的大孙子德米特里频繁写信,并且从不拒绝"为其请教授和学习"寄给大笔钱。爷爷文化水平不高,但能简洁而有特色地表达思想。"钱"这个字他总是大写,意指怀有对钱特殊的敬意!现引用几封老头写给德米特里的信。

亲爱的朋友米金卡:

在你的信中,我要告诉你,你需要的那本《杰尔查文和赫拉斯科夫文集》我无论怎么努力在图书馆里找,也没找到,而且在你父亲编理的目录①中也根本找不到。因此,如果你需要这本书,就到书屋去打听一下价钱,然后通知我,我马上给你寄去买书的钱……

附笔:你们五个可爱的小脸蛋儿中,我没看到谢廖沙的那张小脸蛋,找个手艺人给他画张尺寸差不多的铅笔肖像也不坏

---

① 有趣的发现,亚麻布厂图书馆的目录是尼古拉·阿法纳西耶维奇留下的。

么。需要多少钱我来寄。

1821年11月1日

亲爱的朋友米金卡：

　　你的来信已收到，量了一下五幅肖像尺寸。我想要铅笔肖像画不是为了便宜，而是因为我已经有五个人的肖像，并将全部当作收藏镶在相框里，那么需要第六幅和这些是同样的尺寸。为此我给你75卢布。不必给我相框，我在家做了一模一样的。

1821年11月27日

亲爱的朋友米金卡：

　　我很乐意满足你信中的要求，包括所提的1500卢布，我先寄去1000卢布。其余的钱新年之后寄去，但只提一个要求：这笔钱除了像你写的那样，只能用于请教授与学习，不能用到别处去。

1824年12月27日

1825年，德米特里·尼古拉耶维奇，正如娜塔莉亚·尼古拉耶夫娜给爷爷信中所写的那样，"以优异的成绩"大学毕业了，并在母亲的那位婶娘娜塔莉亚·基里洛夫娜·扎格里亚日斯卡娅的帮助下，他到当时有俄罗斯著名的文化中心之称的外交院彼得堡总档案馆任职。

爷爷的办公室里挂着镶着同样相框的六个孙子、孙女的肖像画。亚麻布厂冈察洛夫家的内景画中就能看到它们。我们认为，前文提过的那幅小塔莎的肖像画也在其中。有时男孩子们轮流到爷爷家做客，爷爷也同时请六个孩子一起来玩。但娜塔莉亚·伊万诺夫娜不同意孩子们一起去,她自己也不想去。

"……如果你们六月初想来,"1824年3月15日,阿法纳西·尼古拉耶维奇给德米特里和伊万的信中写道,"那么能到工厂我这儿待上两到三个星期,带上姐妹们,大家一块儿来,到爷爷这儿来,你们的妈妈没什么可不好意思的,不会不放你们来的。"

公爹和儿媳的关系曾非常紧张,想来双方都有错。娜塔莉亚·伊万诺夫娜的性格并不温柔。当然,她将阿法纳西·尼古拉耶维奇看作丈夫患病的罪魁祸首,未必克制在此方面的言行,闲言碎语传到了冈察洛夫老头儿那里。然而,对公爹经济物质上的依赖迫使她维持表面和睦的关系。但是,有时也会爆发双方相互的指责。娜塔莉亚·伊万诺夫娜曾两次获得数额可观的遗产,爷爷当时试图减少"赡养费",招致儿媳强烈的反对。

在如此复杂的环境下,娜塔莉亚·尼古拉耶夫娜度过了童年。阿拉波娃写道,娜塔莉亚·尼古拉耶夫娜"文静而且天生胆小"。可能只是奇怪,她怎样保持纯洁温婉的气质——她无疑一直保持着这样的气质。显然,别样的气氛笼罩着"她另一半童年":她身边有可爱温柔的女家庭教师汤姆森,还有兄弟姐妹,和教师们学习的功课,这一切能让她暂时忘记母亲的喜怒无常和父亲的疾病,并有可能让她沉浸于普通孩子的欢乐和游戏中。我们回想起,尼古拉·阿法纳西耶维奇到儿童房,看见塔莎的顽皮而露出微笑。

暑假,尤其是在伊利茨诺过暑假,对于孩子们,尤其对娜塔莉亚·伊万诺夫娜来说,是极好的散心方式。富庶的农庄让她远离忧虑和焦躁,得以休息。毫无疑问,那时,她对孩子们是温柔有加的。

许多年过去了,娜塔莎·冈察洛娃的少女时代到来了。这时,她与亚历山大·谢尔盖耶维奇·普希金相识。她爱上了他,并嫁给了他,永远离开了父母家。

第二章 与普希金相识：出嫁

早在少女时期，娜塔莉亚·尼古拉耶夫娜就出落得亭亭玉立、美丽非凡，让人惊艳。娜杰日达·米哈伊洛夫娜·叶罗普金娜所写的有关她的回忆录被保存下来。她父亲以热情好客出名，显然，冈察洛夫家与叶罗普金家关系很亲密。娜杰日达·米哈伊洛夫娜是个聪明而又有修养的姑娘。娜塔莉亚·尼古拉耶夫娜还是少女时，她已经20岁了，她能很清楚地记得娜塔莎·冈察洛娃。她的笔记中对诗人未来妻子的评价引起极大的兴趣。同时应该注意的是，娜杰日达·米哈伊洛夫娜是普希金的朋友帕维尔·沃伊诺维奇·纳肖金[①]的堂姐。30年代，她在莫斯科遇到过普希金一家。

从她的回忆录中我们引用几段：

娜塔莉亚·尼古拉耶夫娜在普希金的生活中扮演了太重要的角色，以至于不能借沉默来回避。许多人甚至认为，她是诗人英年早逝的罪魁祸首。实际上，这是完全不公平的……我很了解娜塔莎·冈察洛娃，但是她和我妹妹达里娅·米哈伊洛夫娜更要好。娜塔莉亚还是少女时就美貌出众。她开始参加社交活动非常早，总是陪伴在省长戈利岑公爵身旁，引来一致赞美。莫斯科第一美人的位置为她而留。

娜塔莉亚的确美丽至极，我总是赞美她。在空气清新的乡村长大的她，拥有健康的身体。她强健而灵活、身材匀称，因此，她的每个动作都充满优雅。眼睛善良而欢乐，在天鹅绒般

[①] 帕维尔·沃伊诺维奇·纳肖金，普希金最好的朋友。——译者注

的长长睫毛下面闪烁着狡黠的光芒。然而，羞涩谦虚的外表总是适时地阻止其过激的冲动。但是，没有任何的矫揉造作，自然随性是娜塔莉亚的主要魅力。大多数人认为，她是个卖弄风骚的女人，这样的指责是不公平的。

会说话的眼睛、迷人的微笑和举手投足间诱人的纯真，不经意间征服了所有人。

"费奇卡，拿个茶炊来。"她说完，看着费奇卡咧着大嘴笑，好像给了他钱一样，急忙跑着完成命令去了。

"谢谢，先生。"她说着，感谢男伴的服务，这样说非常普通，但如此可爱，面带如此迷人的微笑，如此注视，以至于可怜的男伴一晚都睡不着觉，想着再找机会听这句"谢谢，先生"。这样的爱慕者，娜塔莉亚身边有很多。

她身上的一切都出奇的好，这不是她的错。但对于我来说还有一个谜，那就是娜塔莉亚·尼古拉耶夫娜从哪里获得举止得体和善于自持的本事？她本身及其言谈举止充满着正派。一切都**是完美无瑕**，没有任何虚假。这就足以令人惊奇，更别提她的亲戚们了。姐妹们个个漂亮，但要想在她们身上寻找娜塔莎的那份精致优雅还是徒劳的。父亲性格懦弱，到最后，他神志不清，对家庭没有任何意义。母亲远非风度优雅，常常极其令人讨厌，但也不必为此责备她——冈察洛夫家当时处于濒临破产的状态，所有维系家用的操劳和保住家底儿的重任都落在她的身上。爷爷阿法纳西·尼古拉耶维奇是出了名的败家子，直到晚年时也没改他的行事做派，只会使本就混乱的生意更加复杂。

娜塔莎·冈察洛娃在家里是个才女。她非凡的美貌，更可能是被普希金十分看重的优雅端庄的风度征服了他。

娜塔莉亚·尼古拉耶夫娜非常美丽，这是毫无疑问的。不过，仅有美丽的外表是吸引不了诗人的，她还有着非凡的魅力。洞察人心的精明行家普希金在献给她的《圣母》一诗中称她为"最纯美之美中最纯美的偶像"绝非偶然。

娜塔莎天性温柔、活泼、坦率，我们认为这一点她很像父亲。但如果有必要，她又很善于克制自己的感情。据阿拉波娃证实，娜塔莉亚·尼古拉耶夫娜不喜欢讲她的童年。家中的气氛太沉重，以至于不指责爷爷和父母，都没法说起童年。

自从1828年亚历山大·谢尔盖耶维奇在舞蹈教师约格尔于莫斯科举办的舞会上初次见到16岁美丽的娜塔莎·冈察洛娃，并深深地爱上她的那刻起，普希金与冈察洛夫两家的关系史就此开始了。这是世人熟知的。但很少有人知道，他们两家关系有着久远的历史，他们的先人是熟识的，很可能在18世纪中叶就相互交好！而事实上正是如此。

我们在《普希金周围》一书中刊登的娜塔莉亚·尼古拉耶夫娜·冈察洛娃与她的姐姐叶卡捷琳娜·尼古拉耶夫娜·冈察洛娃和亚历山德拉·尼古拉耶夫娜·冈察洛娃的书信中，不止一次地提到扎赖斯科和位于梁赞省扎赖斯科县的冈察洛夫家的庄园——伊利茨诺。而在《扎赖斯科县经济注释书》一书中有这样的信息，说不仅冈察洛夫家在这个县有庄园，而且普希金家在此地也有庄园！

文献证明正是如此。1837年8月2日，在给П.А.维亚泽姆斯基[①]的信中，普希金写道："亲爱的彼得·安德列耶维奇公爵！从马特维·米哈伊洛维奇村回来后，我找到了您的信……"不排除，亚历山大·谢尔盖耶维奇童年时和父亲一起去姑姑那里，后来在那里逗留过，并且亚历山大·亚历山德罗维奇，诗人的儿子，曾给扎赖斯科县司令А.А.马林的侄女的女儿施洗。

最后还有一个有趣的事实：在17世纪中叶，扎赖斯科的军政长官是亚历山大·弗拉基米罗维奇·扎格里亚日斯基。他是否是亚历山大·阿尔捷米耶维奇·扎格里亚日斯基（我们已经提过的伊万·亚历山德罗维奇的父亲）的亲戚呢？

在扎赖斯科县，所有这些扎格里亚日斯基、普希金和冈察洛夫家族之间的交织关系对于普希金学来说，都是十分有趣的。我们相

[①] 彼得·安德列耶维奇·维亚泽姆斯基（Пётр Андре́евич Вя́earlyемский，1792—1878），19世纪俄国著名批评家、诗人，普希金的朋友。——译者注

信,还将有更多的交织点被发现,在普希金的生平中找到踪迹。

彼得·彼得罗维奇·普希金将雅罗斯拉夫的土地换到扎赖斯科后,普希金一家在1690年才初次来到这里。18世纪,在《……之书》中记载着,列夫·亚历山德罗维奇·普希金,即诗人的爷爷在拉德果里、阿纳宁-普斯托希、萨布利诺和洛布科沃村等地拥有庄园。此外,列夫·亚历山德罗维奇·普希金还和娜塔莉亚·尼古拉耶夫娜的高祖父阿法纳西·阿伯拉莫维奇·冈察洛夫共同拥有扎赖斯科县的拉德果里和切尔尼亚京-普斯托希村。

而与冈察洛夫家伊利茨诺庄园相邻的是马特维·米哈伊洛维奇·索恩采夫(伊丽莎白·利沃夫娜的丈夫,她本姓普希金娜,是亚历山大·谢尔盖耶维奇的亲姑姑!)的土地。她是否从父亲给她的嫁妆中得到了这块土地……毫无疑问的是,索恩采夫家的普鲁达洛沃庄园距冈察洛夫家的伊利茨诺,只有两俄里。

在扎赖斯科县,一共有十分之一的土地属于普希金家族和冈察洛夫家族!显然,在很久以前,普希金家族和冈察洛夫家族关系很亲近。据扎赖斯科传闻,谢尔盖·利沃维奇·普希金(Сергей Львович Пушкин)不止一次到妹妹伊丽莎白·利沃夫娜在普鲁达洛沃的家中做客。

据诗人本人开玩笑承认,冈察洛娃是他的第113次爱情。然而,那些年少时使他心潮澎湃的爱恋与激情,并非是短暂生命中命运赐予他的爱情。普希金对娜塔莉亚·尼古拉耶夫娜的款款深情,将他带到生命的新阶段。告别跌宕起伏的青春岁月,成熟的时刻已经来临。渴望普通人的家庭幸福、追求爱与被爱,这些年来,他就是被这样的情感掌控着。直到那时,普希金还不懂得什么是真正的家庭生活。并不欢乐的童年、在皇村中学高墙内度过的青春、数年流放、之后时而在莫斯科时而在彼得堡旅馆的房间里过着居无定所的生活、从来没有自己的家……

1828年12月,普希金遇到了娜塔莉亚·冈察洛娃。"当我第一次见到她时,"后来他给娜塔莉亚·伊万诺夫娜写信说,"世人刚刚发现她的美。我爱上了她,我的脑海里全是她。"1829年4月末,普希金

童年的娜塔莉亚·尼古拉耶夫娜·冈察洛娃(1812—1863),无名画家画于18世纪20年代。

通过托尔斯泰·阿梅里冈涅茨求婚。母亲的答复很含糊,没同意,但也没拒绝,只说女儿还很年轻。

> 当托尔斯泰伯爵向我转达您的回复之后,我此刻应该双膝跪地,感激涕零地给您写信,因为您的回复并没有拒绝我的求婚,您让我有所期盼。如果我仍抱怨,如果忧伤和痛苦掺杂在幸福的情感之中,请不要责怪我忘恩负义。我理解一个母亲的谨慎和温柔的关心!但请原谅我这病态而沉醉于幸福躁动的心灵。现在我即将离开,将把您那天仙般的倩影铭刻在心灵深处……

1829年5月1日,普希金在给娜塔莉亚·伊万诺夫娜的信中这样写到。

诗人为什么离开,离开又去了哪里?我们是从他后来的信件中了解到的。

> 您的答复模棱两可,顷刻让我神魂颠倒。就在那夜,我去了军队。您问我,为什么?我向您发誓,我不知道,莫名的忧愁将我赶离莫斯科。我无法忍受无论是您还是她的存在。我曾给您写信,盼望答复,可不见回音。于是联想到我年少轻狂时的错误。这些错误本身已太过沉重,还有诋毁污蔑,雪上加霜。不幸的是,此等流言蜚语越传越广。您相信流言,我不敢抱怨,但却身陷绝望之中。

(1830年4月5日)

普希金只有片刻相信,娜塔莉亚·伊万诺夫娜没有夺走他的希望,但是这个希望立刻又变成了绝望。他去了高加索帕斯凯维奇将军[①]的作战部队。当时那里正与土耳其[②]交战。没得到心爱姑娘母

[①] 伊万·费奥多洛维奇·帕斯凯维奇(1782—1856),埃里温伯爵、华沙特级公爵、俄罗斯陆军元帅。——译者注

[②] 这次旅行被普希金记述在了《阿尔兹鲁姆之行》中。

亲的答复，他企图忘却炽烈的情感，投身到激战之中，也许是去找死……最终，帕斯凯维奇不希望承担责任，命令他返回俄罗斯。在临行前，普希金拜访了将军，将军送给他一把土耳其马刀，刀身上刻有"阿尔兹鲁姆1829年7月18日"的字样。

但是诗人拿不定主意，是否直接前往莫斯科。他在北高加索梯弗里斯①逗留了一些时日，直到9月底才返回莫斯科。在这里，他不祥的预感又被证实了：他遭到冈察洛夫一家的冷待。

"回来后多少痛苦在等待着我。"普希金在4月5日的信中写道，"您的沉默、您的冷淡，娜塔莉亚小姐遇到我时那种心不在焉和漫不经心的样子……我没有勇气表白爱情，于是我彻底绝望地去了彼得堡。"

普希金说，他"理解母亲的谨慎和温柔的关心"。正如我们看到的那样，娜塔莉亚·伊万诺夫娜对他的求婚表现得非常冷静，但没有彻底拒绝。她犹豫不决。关于普希金的生活方式、好赌牌及无神论观点（这无疑与信奉上帝的娜塔莉亚·伊万诺夫娜形成对立关系）的流言蜚语想必传到过她那里。

谢尔盖·尼古拉耶维奇·冈察洛夫讲过，"娜塔莉亚·伊万诺夫娜与普希金时常发生争执，因为普希金偶尔会对虔诚信教的行为和沙皇亚历山大·巴甫洛维奇言辞不恭。而娜塔莉亚·伊万诺夫娜家就有一个供奉许多圣像的祈祷室，而且她对已故沙皇一直满怀崇敬。"

诗人政治上的不可靠也许尤其让她担心。他用揭露专制和农奴制的作品宣泄对政府的不满情绪。当然，未来女婿的经济情况也不能不让她担心，因为普希金很穷。不难理解，娜塔莉亚美丽非凡，母亲也许认为，小女儿定能找上一门好亲事，嫁给一个有钱人。这样的婚姻或许能改善冈察洛夫家族的家业。

我们认为，这些原因就是诗人从高加索回来遭到冷遇的根源。而娜塔莉亚·尼古拉耶夫娜呢？怎么解释她的"心不在焉和冷漠"呢？我们认为，她的行为是受母亲左右，母亲不准她给普希金希望。

但1830年春，他突然收到来自莫斯科的熟人带来的冈察洛夫家

---

① 梯弗里斯是格鲁吉亚城市第比利斯的旧称。——译者注

的问候。看见这含蓄的望其回复的邀请后,诗人像长上翅膀似地飞回了莫斯科。4月初,他再次求婚,而这次求婚成功了。

在普希金草稿本中的一页上有一则没标题、只有"从法国人那里"的题词片段。研究人员一致认为,这个片段带有自传性,并一致赞同。普希金不愿意将感情寄予旁人,他用"从法国人那里"来代替心爱姑娘的名字。

> 我命中注定,我将结婚……她是我爱了整整两年的人,是我寻觅已久第一个爱上的人,与其相遇被我视为无上幸福的人。我的天哪,她几乎是我的了。等待最终的答复是我人生中最痛苦的煎熬……如果拒绝我,我想远走异地他乡,已经想象自己坐在火轮船①上了……
>
> 这一刻我收到一张字条,那是给我的回信。我未婚妻的父亲亲热地叫我去他那里……毫无疑问,我的求婚被接受了。娜坚卡,我的天使,她是我的了!……所有忧郁的彷徨在这幸福的思绪面前消失了。我冲上马车,疾驰而去,这就是她的家……父母坐在客厅里。父亲张开双臂拥抱我。他从口袋里拿出手帕,他本想哭,但没哭出来,只是擤鼻涕。母亲眼睛红红的。他们叫来娜坚卡。她脸色苍白,面带羞涩地走进来。父亲出去拿回圣像……大家为我们祝福。

为什么会有这样的变化呢?为什么娜塔莉亚·伊万诺夫娜最终下定决心同意这门婚事呢?我们推测,普希金不在时,娜塔莉亚·尼古拉耶夫娜宣称"我的事我自己决定",另有尼古拉·阿法纳西维奇出手相助,她得以成功战胜了母亲的反对。亚历山大·谢尔盖耶维奇对他女儿的一片深情打动了父亲的心。他明白,女儿爱诗人。他尽一切可能说服娜塔莉亚·伊万诺夫娜,不要妨碍他们的幸福。

冈察洛夫家的熟人Н.П.奥泽罗夫写道:"可以确定的是,母亲冈

---

① 火轮船: 蒸汽轮船的旧称。

察洛娃极力反对女儿的婚事,但是年轻姑娘说服了她,女儿看起来非常迷恋自己的未婚夫……"

普希金求婚时似乎觉得自己是"丑陋的黑人后代",正如他自己所说,年轻姑娘不会喜欢他。忧虑折磨着他:年轻美人和他在一起会幸福吗?她任何时候都不会后悔嫁给他吗?她会是最好的伴侣吗?

同代人对普希金外貌的看法是矛盾的。这些看法取决于说话者本人及他与诗人的关系。一般认为普希金长相不英俊,但他脸上流露出的不寻常的高尚气质与强烈情感使他变得很帅。据他的亲戚 М.В.尤泽福维奇所说,诗人美丽明亮的大眼睛"似乎折射着大自然中一切美好的事物"。光彩夺目、露出白牙的笑容和卷曲的褐色头发增添了他外表的魅力。当普希金想讨女人喜欢时,他是迷人的。而且我们知道,有多少女人就是这样迷恋着诗人。娜塔莉亚·尼古拉耶夫娜迷恋普希金有某种非同寻常之处。不仅是迷恋,而是深爱着他那美丽的心灵——她也具有一颗异乎寻常的善良之心。

毫无疑问,冈察洛娃姐妹满怀欣喜地读过《叶甫盖尼·奥涅金》(*Евгение Онегин*)——诗人的诗歌和散文。娜塔莎不能不骄傲,俄罗斯第一诗人正是选择了她作为妻子……娜塔莉亚·尼古拉耶夫娜对待婚姻是十分严肃的。后来她写道:

……不出嫁也许会幸福,当然,不管怎么说,这意味着逃避自己的使命。……首先出嫁不是件易事,其次不能将它看作儿戏,不能将它与自由的思想相联系……这是一种严肃的责任,应该更理智地作出选择。两个人心心相印是世界上最大的幸福。

这确实是建立在彼此深爱的基础上的心心相印。

诗人所有的意图和行为曾受到暗中监视,尽职地禀报尼古拉一世,并获得沙皇的恩准。普希金给卞肯多夫[①]写信并通过他和沙皇通信。

[①] 亚历山大·赫里斯托福罗维奇·卞肯多夫(Александр Христофорович Бенкендорф,1783—1844),俄国国务活动家、伯爵、沙皇尼古拉一世监视普希金的负责人。

为了最终战胜未来岳母的反对,他提出"不光彩地位"与政府之间关系的问题。这样做想必是违心的。在书信的结尾处,普希金请求印刷被尼古拉一世禁止出版的悲剧《鲍里斯·戈都诺夫》(*Борис Годунов*)。

"……在下将迎娶冈察洛娃小姐,您也许在莫斯科见过她。"我们在1830年4月6日他写给卞肯多夫的信中读到。"我征得她与她母亲的同意,为此我被告知两个反对意见,分别是我的财产状况和我对待政府的立场。至于财产,我可以回答得相当理直气壮,承蒙陛下的宏恩,给我机会靠自己的劳动,堂堂正正地生活。关于我的立场,哪怕它是错误的和可疑的,我都不会隐藏……冈察洛娃夫人担心将女儿嫁给这样一个可能不幸被列入圣上黑名单的人……在下的幸福取决于抱以真诚、无限的忠实和感激之人的美言……"

卞肯多夫的回信没有耽搁,随后就到了:

尊敬的阁下:

我有幸将您本月16日给我的亲笔信呈交陛下。沙皇陛下听闻您即将娶妻的消息十分满意,并为此允许我转达他的期望。希望您在做此事之前要好好审视自己,在心灵和性格中找到给女人幸福的必备素养,尤其像冈察洛娃小姐这样相当迷人的女人。

至于您提到的被政府监视的个人处境,我只能重复对您说过好多次的话:我认为您的处境完全符合您的利益。在此处境下不可能有任何的伪装与隐藏,只要您本人没有刻意为之。阁下,沙皇陛下对您如慈父般关怀,并恩准委托我,卞肯多夫将军(他赐以信任的宪兵长官)对您予以照顾,监督您并且以自己的建议劝导您,任何时候任何警察都不会被安排监视您。作为朋友,我偶尔给您提的建议只会对您有益,并且我希望,随着时间的推移,您将越来越确信这一点。这种关系会给您带来怎样的阴影呢?我委托阁下您将此信给所有您认为需要的人看。

至于您提到的悲剧《鲍里斯·戈都诺夫》,沙皇陛下批准由您个人负责出版这本书。

最后，请记得我对您未来的幸福致以最诚挚的祝福，并请相信我对您的最真挚的情感。

忠实于您的 A. 卞肯多夫
1830 年 4 月 28 日

这封信显然是对付娜塔莉亚·伊万诺夫娜的主要方法。在我们看来，这封信没有撤销对普希金的监视：卞肯多夫说，以后他要"观察"诗人和"规劝"他。极直白地提及警察，主要是因为这是谎言，对诗人的监视从未被撤销。但是，沙皇的皇恩浩荡允许普希金订婚。

我们不知道娜塔莉亚·伊万诺夫娜怎么领会这封信。我们认为，这封信不能使娜塔莉亚·伊万诺夫娜完全相信未来的女婿不反对政府，但是"圣上"对这桩婚事的恩准打消了某些疑虑，再说，在不破坏娜塔莉亚名声的情况下，收回这话已经来不及了。然而，娜塔莉亚·伊万诺夫娜所有接下来的行为说明，婚礼之前的一段时间里，她对普希金有多不友好。

距离结婚还很远。

在得到娜塔莉亚·尼古拉耶夫娜和娜塔莉亚·伊万诺夫娜的同意后，普希金给父母写信，通知他们结婚的事情。给他们起草的信的草稿被保留下来，推测日期应在1830年4月6日至11日之间。这就是那封信①，还有谢尔盖·利沃维奇和娜杰日达·奥西波夫娜（Надежда Осиповна）的回信。

我亲爱的父母大人，在此决定我后半生命运的时刻，我想征求你们的意见。我打算娶一位我已深爱一年的年轻姑娘为妻，她就是娜塔莉亚·冈察洛娃小姐。我已取得她本人以及她母亲的同意。我请求你们的祝福，不是那种空洞无味的走过场，而是发自内心的祝愿，这祝福对于我的幸福是必要的，而且我生命的另一

---

① 信的草稿。

半比起我不光彩的青春年华，对于你们更是一种安慰。冈察洛娃夫人家业破败至甚，多多少少依赖其公爹维持生活。这是我幸福唯一的障碍。我无力考虑拒绝它。寄望于你们帮助我，我会轻松得多。我恳求你们写信给我，能让我圆梦……

亲爱的亚历山大，当我们昨天收到你的来信时，千百遍地为你祝福。这封信使我满怀欣喜与感激。祝福我的朋友。这是最恰当的表达。已经很久没有像在读这封信时所流下的眼泪这样，带给我如此的快乐。就连老天都祝福你，并带给你心爱的女友。我本想写信给她，但因为害怕没有这个权力，还没下定决心。我焦急地等待着列夫，想和他说你的事，或者更准确地说，想让他给我讲讲你的事。你的信送来时，奥莉加①正巧在我们这里。你能想象得到，这给她带来怎样的触动……

我的朋友，转到你提到的问题上来，我能给你什么呢？你很清楚我的家业状况。说实话，我有一千个农奴，然而三分之二的土地抵押给了监管委员会。我每年给奥莉加将近四千卢布。从去世兄长那里分得的土地还留给我二百个未抵押的农奴。现在我把他们交给你，听凭你安排。他们能提供每年四千卢布的收入，也许渐渐带来更多的收入。

亲爱的朋友！我如此焦急地等待着你的回信，如同你在等待冈察洛娃小姐亲口说出决定你的幸福回信时所受的煎熬，因为只有你们幸福，只有你们事业有成，我才能幸福。只有你们安宁时，我才能安宁。再见！祝愿你获得天堂般的幸福，我每天为你祈祷，祈祷上天赐给你幸福。温柔地拥抱你，并请求在你认为合适的时机，向冈察洛娃小姐表达我非常非常温柔的友谊。

你永远的父亲和朋友谢尔盖·普希金
1830年4月16日

---

① 奥莉加·谢尔盖耶夫娜（Ольга Сергеевна）是普希金的姐姐。

娜杰日达·奥西波夫娜·普希金娜的附笔：

　　亲爱的亚历山大，你的来信使我充满快乐，祝你拥有天堂般的幸福，我亲爱的朋友，祝愿我祈求你幸福的祈祷都能被听到。我的心充满着幸福。我无法表达我全部的感受。我多想拥抱你，祝福你，对你大声说，我的生活同你的幸福紧密相连到何种程度。请相信，如果事事顺意，冈察洛娃小姐对我来说，像你们所有人一样，如同我的亲生孩子一样珍贵。我焦急地等待着列夫，为了能和他说说你。如果我们能决定的话，我们会火速前往莫斯科的。温柔地拥抱你。

　　在我们看来，普希金的二老关系非常好。或许，他们真的希望，儿子的婚姻对他未来的命运能有积极的影响，与他激荡的青春带给他们那么多沉重的心情相比，这将给他们带来更多的"安慰"。

　　那个年代，在儿女结婚时，有庄园的父母会将家族的某块领地分给他们，以便在某种程度上为未来的家庭提供生活保障。谢尔盖·利沃维奇给儿子分了波尔金诺的一块地，尽管只是终身享用。

　　冈察洛娃家的情况就不是这样了。娜塔莉亚·尼古拉耶夫娜经母亲同意，请求冈察洛夫家的一家之长爷爷阿法纳西打消疑虑。

　　亲爱的爷爷！通过佐洛塔廖夫得知您的疑虑后，我赶紧向您澄清那个传闻，让您相信妈妈所做的一切是符合我的利益和愿望的。知道了别人告诉您的那些恶毒的说法，我非常痛苦。我恳求您出于对我的爱，不要相信那些，因为那些说法是卑鄙的诬蔑，纯属无稽之谈。亲爱的爷爷，希望在您收到这封信时，您所有的疑虑都将消失，同意促成我的幸福。

　　亲吻您的手，永远忠实于您的孙女：娜塔莉亚·冈察洛娃
　　1830年5月5日

亚历山大·谢尔盖耶维奇·普希金(1799—1837),俄罗斯诗人、剧作家和散文作家。画家B.A.特罗皮宁画于1827年。普希金本人向特罗皮宁订制这幅肖像,并将它送给朋友谢尔盖·亚历山德罗维奇·索博列夫斯基。

5月6日举行订婚仪式,同月预计举办婚礼。

现在,对于普希金而言,当务之急是拜访爷爷,和他认识。显然,5月中旬,娜塔莉亚·伊万诺夫娜和三个女儿去了亚麻布厂。至少可以确定,当12日普希金来时,娜塔莉亚·尼古拉耶夫娜已经在那里。他到阿法纳西·尼古拉耶维奇那里做客,逗留了三天。想必是有关嫁妆的问题出现了,爷爷答应不让孙女受委屈。

未婚夫妻无疑多次在冈察洛夫家华丽的公园中散步。这些天使他们又亲近了许多。1880年5月,到亚麻布厂的В.П.别佐布拉佐夫有趣的证明被保存下来。在给Я.К.格罗特的信中写道:"我在普希金给未婚妻的诗册中读到未婚妻的回答,同样也是诗。他们相互交换诗歌表达爱情。"可惜,这一纪念册没有被保存下来。留下遗憾的还有别佐布拉佐夫没有为格罗特抄下那些诗句。

得到爷爷的"祝福"后,普希金前往莫斯科,而娜塔莉亚·伊万诺夫娜和女儿们在亚麻布厂又住了一段时间。似乎现在任何事情都无法阻挡这桩婚事了。

普希金给未婚妻信的草稿被保存下来,他写完这封信立即返回了莫斯科。

那么,我在莫斯科而您不在时,是这样忧伤寂寞。至少我没有勇气去尼基塔大街,更少去阿格拉那里打听消息。您无法想象,您不在莫斯科带给我怎样的忧郁。我后悔离开亚麻布厂,我所有的恐惧又重新开始,而且更强烈更忧郁。我多希望这封信寄到工厂时,您已不在那里,因为我计算着我们分离的每分每秒。

这封信是否寄出,我们不知道。但是预感没有欺骗普希金。嫁妆问题占据了未来岳母同未婚妻谈话的重要位置,使诗人十分烦恼,总是怀疑这桩婚事是否能成。

娜塔莉亚·伊万诺夫娜不同意没有嫁妆嫁女儿。正如我们所说,她有自己的私人财产,但要千方百计地保护财产以防家人侵占。属于她的在莫斯科省的亚罗波列茨庄园被抵押了，显然她不善经营，因此收入就很少。然而还是答应将亚罗波列茨的一部分分给女儿。我们是从最新发现的普希金写给德米特里·冈察洛夫的信中首次得知她的这个想法的，这封信我们接下来还会提到。但是娜塔莉亚·伊万诺夫娜考虑向爷爷"压榨"出嫁妆来。

婚礼前，她送给女儿的结婚"礼物"是抵押钻石的当票。也许这些钻石是当时皇后送给她的。显然典当的数额不小，娜塔莉亚·伊万诺夫娜决定不赎回，而把这个交给普希金。这样既遵守了礼节，又一分钱也没花！在我们引用的信中普希金写道，他无论如何也不能做到这样一毛不拔。

除了卡卢加工厂和一些庄园所在的长子继承地产，阿法纳西·尼古拉耶维奇几乎将所有余下的地产都抵押和再抵押。从企业和庄园取得的收入用于偿还典当的利息，冈察洛夫家族的一家之长生活方式轻率随性，他根本没想过要给子孙后代们留些什么。

阿法纳西·尼古拉耶维奇和普希金之间的书信往来开始了。

普希金的代理人往返亚麻布厂多次，但没找到"签订地契的方法"。原来阿法纳西·尼古拉耶维奇打算送给三个孙女下诺夫戈罗德省的卡通基地产作为嫁妆。当时这块地产市值估价一大笔金额，高达11.2万卢布，但是在这块地产上欠了监管会巨额债务，差不多18.6万卢布，也就是超出地产本身的价值！娜塔莉亚·尼古拉耶夫娜得到三分之一的地产后，应该偿还官家三分之一的债务，这是前提。

接下来，又一个障碍出现了：阿法纳西·尼古拉耶维奇的法定继承人是他的儿子尼古拉·阿法纳西耶维奇，显然，爷爷不能背着他将赠送证书给孙女。因此，他建议普希金只承担地产的管理，普希金对此当然不同意。

普希金给爷爷写信，希望爷爷给娜塔莉亚·尼古拉耶夫娜她所分得的三分之一地产收益的委托书和借据。在冈察洛夫家族档案中保存着这份文件的草稿（金额没注明）。然而事情就此完结，任何借据也没办理生效，因此有一点很明确：爷爷为最爱的孙女塔莎什么也没做。

阿法纳西·尼古拉耶维奇既不想牺牲地产也不愿意花钱，于是想出摆脱现状的独特"出路"。冈察洛夫家很久以来保存着叶卡捷琳娜二世的铜像，这还是阿法纳西·阿伯拉莫维奇在德国订制的，为纪念女皇接见过他而想安放在工厂中。但是铜像做得并不理想，多年来被放在冈察洛夫家的地下室中。"善于钻营"的爷爷决定委托普希金将铜像卖掉，将所得的钱作为嫁妆！铜像运到彼得堡，在普希金有生之年一直没被卖掉。

7月中旬，普希金前往彼得堡。需要从父亲手中取得波尔金诺庄园管理事务的委托书，这是谢尔盖·利沃维奇在婚前分给他的一部分产业。

普希金请父亲写信给娜塔莉亚·尼古拉耶夫娜的爷爷，很久以来，大家都知道这封信的存在。在从彼得堡寄给未婚妻的信中（大约7月29日），普希金告诉她说，在他的要求下，谢尔盖·利沃维奇已写信给阿法纳西·尼古拉耶维奇。但是，在冈察洛夫家族档案中却没有找到。前不久，这封信被Б.萨比宁和П.萨姆金娜出版，它被21世纪初首批普希金传记作家之一的А.А.韦克斯捷尔恩的后代保存着。内容如下：

尊敬的阿法纳西·尼古拉耶维奇阁下！

　　我儿子能成为您那最受尊敬家族的一员并得到您的垂爱，是他莫大的幸福。作为带给他幸福之人，视儿子为最终幸福的我，有责任重视您的关怀。我很荣幸，我有机会表达我个人对您的感激。请相信这份诚挚的敬意与忠诚。谨此献给永远的阁下。

您最忠实的仆人：谢尔盖·利沃维奇
1830年7月20日于圣彼得堡

　　尊敬的阁下，请允许我和我丈夫一起获得您的垂爱，视儿子为最终幸福的我，对您深表感谢。谨此以表对您永远最真诚的敬意。

您最忠实的娜杰日达·普希金娜

这封信的风格是那种用于陌生人或不熟识的人之间的书信体，对于两家如此重要的书信来说，显得太平常了。谢尔盖·利沃维奇和阿法纳西·尼古拉耶维奇是否见过面，这个很难说。在莫斯科不见得能遇到，但完全有可能，因为在扎赖斯科，普希金家和冈察洛夫家的庄园是相邻的。

给娜塔莉亚·冈察洛娃的信中，普希金只提到了父亲，而我们找到了娜杰日达·奥西波夫娜的附笔。父亲和母亲都"视儿子为自己最终的幸福"。然而，正是对举办婚礼缺乏信心，才迫使普希金要求父母给阿法纳西·尼古拉耶维奇写信。他认为，这封相当客气和恭敬的信会使冈察洛夫家方面坚定地同意这桩婚事。我们认为，冈察洛夫老头对这封信给予了充分的评价。

在彼得堡，普希金作为未婚夫拜访了从前的宫廷女官娜塔莉亚·基里洛夫娜·扎格里亚日斯卡娅（大约1830年7月20日）。他给娜塔莉亚·尼古拉耶夫娜这样描述这次见面：

> 应该给您讲讲我拜访娜塔莉亚·基里洛夫娜的事。我到她那里去，仆人禀报我来了，她精心装扮接待我，就像过去百十年来非常好的女人那样做的。"您是要娶我的侄孙女吗？""是的，夫人。""这是怎么回事儿。这太让我吃惊，没有人通知我，娜塔莎写信给我，关于此事只字未提。"我对她说，我们的婚事是在不久前才定下来的，以及阿法纳西·尼古拉耶维奇和娜塔莉亚·伊万诺夫娜生意破产的事情等。她不接受我的理由。"娜塔莎知道我有多爱她，总是给我写信谈及她生活所有的情况，而现在我们成了亲戚，我希望，先生，您能经常来探望我。"之后，她询问了好久关于妈妈、尼古拉·阿法纳西耶维奇以及您的情况。她反复对我说沙皇对我们的溢美之词。我们像极好的朋友般分别了。娜塔莉亚·伊万诺夫娜会给她写信吗？
>
> 我还没见到伊万·尼古拉耶维奇。他参加大演习去了，只有晚上才能返回到斯特列利纳。我将和他一起去帕尔戈洛沃，

因为我一个人既没有愿望也没有勇气去那里。

娜塔莉亚·基里洛夫娜非常殷勤地接待了普希金。接下来,她想方设法保护漂亮的侄孙女、为她步入上流社会起到重要的作用。

姨妈叶卡捷琳娜·伊万诺夫娜·扎格里亚日斯卡娅住在帕尔戈洛沃的别墅里。为什么普希金没有愿望(甚至勇气)一个人去那里?可能因为他知道娜塔莉亚·伊万诺夫娜和叶卡捷琳娜·伊万诺夫娜姐妹间关系很紧张,担心这次拜访招致未来岳母的不满。至于说到沙皇的溢美之词,应该指的是尼古拉一世在普希金求婚之前,在莫斯科的舞会上看见过娜塔莉亚·尼古拉耶夫娜,那时家人刚让她参加社交活动。

当普希金为筹备婚礼前往彼得堡时,阿法纳西·尼古拉耶维奇通过伊万·尼古拉耶维奇紧接着寄给他一封信。在信中,他要求申请资助用于偿还亚麻布厂的债务。他以为普希金与沙皇有私交,与财务大臣坎克林有亲属关系,这可以帮助他解决混乱的财务。

这一委托使普希金陷入尴尬的境地。1830年7月30日,他在给娜塔莉亚的信中写道,爷爷给他施加的压力不算什么。然而,他试图和坎克林谈谈关于冈察洛夫家申请"一次性补助金"的事。

"说真的,我害怕此事会阻碍我们的婚礼。"普希金给未婚妻写信说道,"如果只是娜塔莉亚·伊万诺夫娜不同意把您的嫁妆托我照管,我的天使,请努把力吧。"

拜访坎克林毫无结果。大臣说,这个问题只能由沙皇解决,而尼古拉一世看来没同意,因为普希金离开莫斯科后,在给爷爷的信中说:"我的诸多努力尽付流水,不胜遗憾,我人微言轻,对我们的大臣们影响甚微。"

8月中旬,普希金返回莫斯科。8月20日,普希金家发生了一件不幸的事,伯父瓦西里·利沃维奇[①]去世了。丧事要办一个半月。普希金心情极差,因为婚礼又要被推迟。8月末,他去波尔金诺张罗接

[①] 瓦西里·利沃维奇·普希金(Василий Львович Пушкин, 1766—1830),俄国诗人,普希金在诗歌方面最早的教师,诗人之父谢尔盖·利沃维奇·普希金的哥哥。——译者注

管父亲分给他的地产。临行前,他和娜塔莉亚·伊万诺夫娜发生了激烈的争辩,也许又是有关臭名远扬的嫁妆。

"我去了尼日①。"普希金给娜塔莉亚写信道,"不知道未来等待我的是什么。如果您的妈妈决定解除我们的婚约,而您决定服从她,无论何种借口,只要她提出来,我会照单全收,甚至借口就像昨天她给我演得那么理直气壮,我任其侮辱也罢。也许她是对的,不对的是我,那一刻竟相信我的幸福已来临。在任何情况下,您都是完全自由的,至于我,我真诚地向您保证,我将只属于您或者非您不娶。"

多年之后,娜塔莉亚·尼古拉耶夫娜对П.B.安年科夫②谈起"他们的婚礼在未婚夫和岳母不断的争吵中濒于崩溃,由于丈夫精神失常、家庭生活不愉快使岳母的脾气变坏。当她对普希金说,他要记得他要进的是她的家时,普希金并不向她让步,回答道:'这是您女儿的事情,我想娶的是她,而不是您。'娜塔莉亚·伊万诺夫娜甚至指使女儿写信挖苦未婚夫,但她总是温柔地敷衍过去,普希金理解这一点"。

母亲和未婚夫吵架,令娜塔莉亚·尼古拉耶夫娜很不安,她紧接着给他寄信,显然在信中写到她不为人知的情感,也可能是母亲对发那么大脾气感到懊悔。

"我亲爱的,可爱的娜塔莉亚·尼古拉耶夫娜。"普希金写道,"我拜伏在您脚边感谢您,并为造成您的不安请求您的原谅。您的来信如此美妙,让我完全平静下来。"在娜塔莉亚来信的影响下,普希金寻求与岳母和解:"恭敬地向娜塔莉亚·伊万诺夫娜致以问候。"他在同一封信中写道,"非常恭顺非常温柔地亲吻她的手……现在我就给阿法纳西·尼古拉耶维奇写信。恕我直言,他快失去耐性了。非常感谢卡特琳和亚历山德拉小姐殷切的惦念。再次请您原谅我,请相信只有和您在一起我才会幸福。"

---

① 应指的是尼日戈罗德尼。——译者注
② 巴维尔·瓦西里耶维奇·安年科夫(Павел Васильевич Анненков,1812—1887),俄国文艺评论家、唯美主义理论家、回忆录作家,俄国普希金学的最早奠基者。——译者注

我们不知道，娜塔莉亚·伊万诺夫娜给女儿的未婚夫演了一场什么戏，对他怎样大加侮辱。可能脾气暴躁、自尊心很强的普希金把一切看得过大：他被不断拖延的婚礼激怒了。正如他本人所说："我的性格——阴晴不定、善妒多疑、暴躁、同时还软弱——这使我时常陷入痛苦的沉思……"然而发火过后，诗人不记仇，在对方首先暗示的情况下，很容易去和解。这次也是如此。

霍乱突然在俄罗斯开始流行，检疫所把普希金拦在波尔金诺整整三个月。著名的波尔金诺之秋①是诗人一生作品最多产的时期之一。

还在去波尔金诺之前，8月31日他写信给普列特尼奥夫②说："我要到乡村去。天晓得我在那里是否将有时间写作、心灵能否安宁，没有心灵的安宁将一事无成……"

娜塔莉亚向他表白爱情，让他尽快回莫斯科。她的来信让他重新回到必要的平静之中。

很难想象，这将是非同寻常的创作高潮。这是诗人一生的转折。走过最初激荡而并不总是幸福的青春岁月，成熟的时刻降临了。真正的独一无二的爱情来临了。面对即将到来的幸福，所有精神和创作的力量积聚成一股巨大的创作风暴。

娜塔莉亚的信撑起了他对爱的信心。

……我们的婚礼总逃避着我，还有这场鼠疫和防疫站，只能思考这是造化弄人，这不就是极恶劣的嘲弄吗？我的天使，您的爱情是世上唯一能阻止我自缢于悲情城堡大门处的东西。……请不要剥夺这份爱情，请相信我所有的幸福都在这份爱情里面。

---

① 1830年9月，为准备与冈察洛娃的婚事，普希金到波尔金诺村办理父亲领地的过户手续，由于周围流行霍乱，被迫滞留了三个月。而这三个月却是诗人创作丰收的金秋季节。因此，"波尔金诺之秋"作为作家创作丰收季节的代名词而广为流传。——译者注

② 彼得·亚历山德罗维奇·普列特尼奥夫 (Пётр Александрович Плетнёв, 1792—1865)，俄国诗人、评论家、彼得堡科学院院士，19世纪20年代中期开始主持出版普希金的著作。——译者注

1831年2月18日,在莫斯科尼基塔大街的耶稣升天大教堂,亚历山大·谢尔盖耶维奇·普希金和娜塔莉亚·尼古拉耶夫娜·冈察洛娃终于举行了婚礼。画家E.A.乌斯季诺夫画。

普希金担心未婚妻，不知道因疾病流行，冈察洛夫家是否离开了莫斯科。他试图离开波尔金诺，但每次都被迫返回，因为去莫斯科的路不通。

12月，普希金才返回到莫斯科。

"亲爱的！"他给他的朋友彼得·亚历山德罗维奇·普列特尼奥夫写信，"12月5日，我到达莫斯科。找到对我满怀怨恨的岳母，好不容易和她商定好，谢天谢地，商定下来了。我好不容易通过防疫站闯出来了。从波尔金诺出来两次，回去两次。但谢天谢地，在这里商定好了。尽量给我多寄些钱。这里的当铺关门了，我陷入了困境。"

在来莫斯科的路上，普希金典当了基斯捷涅沃，得到3.8万卢布，像他给普列特尼奥夫写的那样，其中1.1万卢布付清了娜塔莉亚·伊万诺夫娜准备嫁妆的欠款，1万卢布（也是欠款）给了П.В.纳肖金，还有1.7万卢布留下支付"生活用品和全年生活费"。婚礼被订在2月。

1831年2月18日，在耶稣升天大教堂，在尼基塔大街拱门旁，普希金和娜塔莉亚终于举行了婚礼。

代替新娘父亲的男主婚人是参政员И.А.纳雷什金，三等文官，娜塔莉亚·尼古拉耶夫娜·冈察洛娃的舅舅，女主婚人是А.П.马利诺夫斯卡娅，莫斯科外交院档案馆馆长的妻子——马利诺夫斯基夫妇是普希金父母的好友，后者在莫斯科屡次拜访过他们；代替新郎父亲的男主婚人是П.А.维亚泽姆斯基，女主婚人是С.П.波将金娜，近卫军中尉、诗人兼剧作家波将金的妻子。

过去艰难的两年，全部的怀疑、苦难、恐慌都留下了。

"你可能要对我说赞成独身反对娶妻的种种看法，我已经反复思考过了。"普希金在结婚前不久写信给朋友Н.И.克里夫佐夫，"我冷静权衡着我选择的利弊。我的青春年华喧闹嘈杂而一事无成。至今我依然过着与常人迥异的日子。我并不幸福。走老路才能找到幸福。我已经三十开外。30岁，人们通常都结婚了。我要像普通人那样做，也许不会为此后悔。"（1831年2月10日）

诗人走进自己的房子时，他是幸福的，因为他人生第一次有自己的房子！还有年轻美丽的妻子。他对娜塔莉亚·尼古拉耶夫娜的感情在美妙的诗篇《圣母》中体现得最好。

婚前不久，普希金在阿尔巴特街租下一套房子，将它重新装修①。婚礼前夜，普希金按照风俗举办了"新郎告别晚会"，和他最亲近的人都聚集在那里。当时有弟弟列夫·谢尔盖耶维奇、纳肖金、维亚泽姆斯基、丹尼斯·达维多夫、巴拉丁斯基、亚济科夫、波戈金、基列耶夫斯基、图曼斯基等一共20人。据出席者莫斯科邮政局长А.Я.布尔加科夫的描述，这套房子有五个房间，分别是大厅、客厅、书房、卧室和小客厅。

"我参加了婚礼。"后来维亚泽姆斯基的儿子帕维尔这样写道（当时他11岁），"在教堂观完礼，和帕维尔·沃伊诺维奇·纳肖金一起前往诗人的寓所，以便捧着圣像迎接新婚夫妇。在雅致、考究、舒适的普希金家的客厅里，墙上贴的是对我来说罕见的壁纸，淡紫色的天鹅绒上面有浮雕的印花，我在沙发两侧的一个书架上找到了见所未见闻所未闻的基尔什·丹尼洛夫的诗集②……"

2月27日，这对年轻夫妇在家举办晚会。布尔加科夫给兄弟写信道："荣幸的普希金举办舞会（婚礼过去了9天），他们周到地宴请了宾客。她非常美丽优雅。他们像如胶似漆的情侣。晚饭很丰盛，所有人都很奇怪，那个一直在小旅店住的普希金怎么突然会持家了。我们在那里待到午夜3点才离开。"

按照当时的习俗，在婚礼之后，这对年轻人要去拜访参加婚礼的亲朋好友，首先是主婚人。到处有人邀请他们：2月22日，普希金夫妇参加А.М.谢尔比宁娜③家的舞会，然后参加了大剧院的化装舞会；3月1日，参加普希金的莫斯科熟人帕什科夫举办的滑雪橇游玩。新娘凭借非凡的美貌让众人大为惊讶。

彼得堡的朋友们听到诗人娶妻的消息都很高兴。

---

① 房子确实重新修缮过，被保存至今（阿尔巴特街53号）。如今普希金在莫斯科的故居开设在那里。

② 是1742年后编纂、出版的第一本俄国古代历史、文学、圣诗选集，又名《古俄诗选》。——译者注

③ А.М.谢尔比宁娜（А.М.Щербинина）是科学院院长、叶卡捷琳娜二世著名的战友、Е.Р.达什科娃公爵夫人的女儿。普希金愿意听她讲古代宫廷的"故事"。

"亲爱的普希金,"杰尔维格[①]给他写信,"祝贺你,你终于醒悟了,加入上流社会人们的队伍里。祝你像我现在这样幸福。我是女儿伊丽莎白的父亲。你将拥有我期望的情感,成为父亲的情感是真正的诗意,是不为独身灵感所能领悟的。"

"亲爱的朋友,祝贺你结束了居无定所的生活。"我们在普列特尼奥夫的信中读道,"你现在变成真正的公民了。在生命的荒漠中没有目标地徘徊。世上一切美好的事物都是命中注定的,对你来说美好的事物已经得到。请将我最真诚的祝贺转达给娜塔莉亚·尼古拉耶夫娜,亲吻她的手。"

"我结婚,很幸福。"我们在2月24日普希金给朋友的回信中读到,"我的一个愿望是,希望我的生活没有任何改变,因为现在就是最好的。对于我来说,这种情况是那么新鲜,仿佛再生了一般。"

年轻夫妇给家长寄信。

阿法纳西·尼古拉耶维奇爷爷阁下,作为您宝贝孙女娜塔莉亚·尼古拉耶夫娜的丈夫,我赶快告诉您我们的幸福,并获得您慈父般的垂爱。我们的责任与愿望是去乡下看望您,但是我们担心打扰您,不知道自己的拜访是不是时候。德米特里·尼古拉耶维奇告诉我,您仍在担心嫁妆的事。我再三请求,希望您不要为了我们拖累已经衰败的产业,我们能等。至于铜像,因为在莫斯科,我无论如何也无法卖掉这个雕像。不过,在您的垂爱下,我会想尽办法做成这桩生意。

我有幸满怀最深的敬意和儿子般的忠诚,爷爷阁下,您忠实的仆人和孙子。

亚历山大·普希金

[①] 安东·安东诺维奇·杰尔维格(一译德尔维格,Антóн Антóнович Дéльвиг,1798—1831),普希金皇村中学的同学、好友,普希金时代俄国诗坛的杰出代表之一。——译者注

亲爱的爷爷!

　　我有幸告诉您关于我婚礼的事情,并委托我的丈夫表示对您的爱戴。从我这方面,忠诚、爱戴和尊敬任何时候都不会改变。真诚地希望,您像以前一样是我最信任的恩人。因此,亲吻您的手,有幸成为您永远忠诚的孙女。

娜塔莉亚·普希金娜

　　在新生活的最初几个月里,普希金享受着无尽的幸福。钱暂时他还有一些,便没有催促爷爷。然而,娜塔莉亚·尼古拉耶夫娜不想全然拒绝嫁妆,因此普希金写他们"能等"。

　　在求婚时以及婚礼后,普希金和我们不止一次提过的彼得·亚历山德罗维奇·普列特尼奥夫经常有书信往来。作为诗人、评论家、俄国文学教授,后来出任彼得堡大学的校长,他在出版和文学创作上不断地帮助诗人。普列特尼奥夫是心肠极好的人,也是普希金最好的朋友之一,他对普希金非常坦诚。

　　普列特尼奥夫显然觉得普希金在莫斯科住不惯。"你该住在哪里呢?"1830年4月29日,他给他写信,"自然是离朋友越近就越好。"

　　此时普希金自己还没有意识到这个问题。"说到我未来的住处,我自己还不清楚,似乎不能避开彼得堡。"5月5日订婚前夜,他给普列特尼奥夫回信。但在1831年1月他写道:"亲爱的,这就将我的生活计划告诉你:我将在本月结婚,在莫斯科住半年,夏天到你们那儿去。我不喜欢莫斯科的生活。不想过这里大婶们想过的生活。我的岳母就是这样的大婶。在彼得堡就不是这样的!让自己过小市民的生活,过得很快乐,用不着理会玛丽亚·阿列克谢耶夫娜会说什么。"

　　娜塔莉亚·伊万诺夫娜对年轻的普希金夫妇家庭生活的干涉,使他搬到彼得堡的打算提前了。3月26日,诗人写信给普列特尼奥夫:

　　……在莫斯科,我无论如何也没有留下来的打算,你知道原因，而且每天都有新的原因。在复活节后，我将动身去彼得堡。你知道为什么吗？我不是不想去你那儿，而是要在皇村停留一下。想法多美好呀！夏秋我在灵感的幽居中度过，这里离首都不远，置身于甜蜜的回忆以及诸如此类的方便之中。然而，也许那里的房子现在不贵，因为既没有骠骑兵，也没有皇室，有很多空闲的房屋。亲爱的，我每星期都能和你，还有茹科夫斯基①见面，就在彼得堡的旁边，那里生活便宜，还不需要轻便马车。感觉什么更好些？让你在闲暇时为我想想，并把你的决定告诉我……我告诉你我斤斤计较的经济状况，多亏家父给我想办法，弄到3.8万卢布，我结婚购置了家当，还未举债。我岳母和我妻子的爷爷指望不上，一方面是因为他们家道中落，一方面他们的话不能相信。至少从我自身来说，我做事正派无私。我不夸耀也不抱怨，因为我的娇妻不只是外貌出众，我不认为这样做是牺牲。因此，再见，我亲爱的。

在随后的书信中，普希金写给朋友，他需要一个不大的"房子"，要便宜一些的。"要有一个特别的书房，对于我而言，简单一些更好"。

最后"房子"被找到了，朋友们张罗安排，最后通知普希金一切就绪……5月中旬，普希金夫妇离开了莫斯科。

---

① 瓦西里·安德列耶维奇·茹科夫斯基（Василий Андреевич Жуковский，1783—1852），俄国诗人，未来沙皇亚历山大二世的教师，普希金诗歌创作上的教师，彼得堡科学院院士，对普希金的创作和生活多有帮助。——译者注

第三章 皇村——彼得堡

在前往彼得堡的路上,普希金夫妇在"德穆特"旅馆停留了几天,之后他们搬到皇村。这栋不大的别墅离公园不远,让普希金和娜塔莉亚·尼古拉耶夫娜很喜欢。

年轻夫妇在皇村居住的这几个月,也许是他们共同生活中最美满的时光。对于普希金来说,这个地方有太多的少年时期的回忆——他的少年时代是在皇村中学的院墙内度过的。这里寂静无声、景色壮丽,能与住在别墅里的朋友们相聚,最后还有家庭生活的新鲜感,所有这些都使他心情愉快。

而娜塔莉亚·尼古拉耶夫娜呢?也许更容易想象她快乐的心情,她第一次从母亲挑剔的监管、对其生活不断的干涉和令人厌恶的训话中解脱出来。据德米特里·尼古拉耶维奇所说,她第一次在她所崇拜的丈夫家中当女主人。皇村的公园无疑是她一心向往的地方。每天夫妇就在那里散步,普希金和妻子分享在皇村中学的回忆。晚上,诗人的朋友们来拜访他们。而这个夏天,住在皇村的还有茹科夫斯基、果戈里、宫廷女官亚历山德拉·奥西波夫娜·罗赛特(普希金的女性朋友)。离皇村不远,在巴甫洛夫斯克,谢尔盖·利沃维奇和娜杰日达·奥西波夫娜租下别墅,年轻的普希金夫妇经常在巴甫洛夫斯克或是皇村和他们见面。6月21日,娜杰日达·奥西波夫娜在儿子和儿媳那里过生日。在她给留在彼得堡度夏的女儿奥莉加·谢尔盖耶夫娜的信中,我们经常看到对年轻夫妇的提及。

现从亲友的信中摘录几段。

普希金的姐姐奥莉加·谢尔盖耶夫娜·帕夫利谢娃从彼得堡给丈夫写信:

……我弟弟和他的妻子来了,并安顿在这里,目前在皇村度夏。他们热情地邀请我住在他们那里,并且盼望你的归来。他们彼此非常满意,我的弟媳非常迷人、可爱、美丽、聪慧,同时非常善良。……她相当聪明,但还有些腼腆。

"……第四天在皇村利用解除检疫,和塔莎见见面。"1831年9月24日,德米特里·尼古拉耶维奇·冈察洛夫给爷爷阿法纳西·尼古拉耶维奇的信中写道,"我也看见亚历山大·谢尔盖耶维奇了。他们如胶似漆、你侬我侬。塔莎崇拜丈夫,丈夫也爱她。愿上帝保佑他们无比幸福,今后不被打扰。他们想10月搬到彼得堡,正在找房子。"

"普希金的妻子是个非常可爱的人。**就是这样**。我太喜欢他们俩了。我越来越为他结婚感到高兴。心灵、生活、诗歌三丰收。"茹科夫斯基在给维亚泽姆斯基公爵和А.И.屠格涅夫①的信中写到。

"……你的情况,我完全放心了,我知道皇村的位置,那里不可能有霍乱,向娜塔莉亚·尼古拉耶夫娜问好,以表我的尊重。"他的朋友П.В.纳肖金从莫斯科写信给普希金:

我相信,尽管你身边一切都剧烈变化,你还从未如此幸福和像现在这样平静。对于我这儿没什么。不带一丝多愁善感告诉你,关于你的情况,我相当满意……我不知道祝愿娜塔莉亚·尼古拉耶夫娜什么,就祝愿她和丈夫万事顺意。我只能祝自己,随时都能看到你。再见,亲爱的普希金,请别忘了我,再也找不到比我更无私、更忠于你的朋友。

П.纳肖金
7月15日

---

① 亚历山大·伊万诺维奇·屠格涅夫(Александр Иванович Тургенев,1784—1845),俄国历史学家、文学家。——译者注

亚历山大·谢尔盖耶维奇·普希金在皇村的房子。

如果在皇村中学时期，普希金称普辛①是自己的第一位朋友的话，那么，在诗人的后半生，这样的朋友是帕维尔·沃伊诺维奇·纳肖金。此人命途多舛，是个怪人，他深深地、真诚地爱着普希金，诗人对他亦是如此。娜塔莉亚·尼古拉耶夫娜立即回应了丈夫的朋友给予她的美好感情，并喜欢上了他。在普希金给妻子的信中经常提到他们之间的相互依恋。当年轻的普希金夫妇离开莫斯科时，纳肖金一直送他们到关卡。他紧接着给普希金写信：

……你将幸福地生活，我相信这一点。所以说，除了不要忘记我、记住我之外，没什么可祝福你的，但愿这并不恶毒。从我自身这方面来说，我是你忠诚的朋友。从心灵还有其他方面来说，也都是一样的。我坐在马车上哭泣，因为夙愿已了……再见，亚历山大·谢尔盖耶维奇，请你用你的文笔对娜塔莉亚·尼古拉耶夫娜诉说，我祝福她得到所有的幸福和快乐。

纳肖金

"我和妻子整天都想着你。"普希金给朋友回信，"她向你问候。我们目前没什么熟人，她非常想念你。"

在宫廷女官A.O.罗赛特关于普希金的回忆录中，记述了1831年夏天与诗人及妻子见面的情景："……我不知道，您知道普希金的童话吗？他在宫廷设营上士基塔耶夫的房子里写的。我11点到达，当时没有值班，我和他的妻子起身去他的书房。房间里非常热。他喜欢热……当我们走进房间，他立刻开始朗读，而我们作出评论。"

7月，为了从肆虐彼得堡的霍乱中逃离，皇室和宫廷搬到了皇村。幽静和安宁被打破，普希金夫妇与宫廷和上流社会的相遇在所难免。然而，诗人的妻子完全不希望这样。

---

① 伊万·伊万诺维奇·普辛（Иван Иванович Пущин，1798—1859），普希金的好友，十二月党人。——译者注

"……我无法安静地在花园中散步。"7月13日，娜塔莉亚·尼古拉耶夫娜写信给爷爷说，"因为我从一个宫廷女官那里得知，陛下想知道我散步的时间，为了到时能够遇到我。因此，我要选择最幽静的地方去散步。"

在给留在彼得堡度夏的女儿奥莉加·谢尔盖耶夫娜的信中，我们看到多处地方提及这对年轻的夫妇。

"我告诉你个新闻。"1831年7月26日，娜杰日达·奥西波夫娜在给女儿的信中写道：

> 沙皇和皇后遇到娜塔莎和亚历山大，他们停下来和他们说话。皇后告诉娜塔莎，她非常高兴认识娜塔莎和见识许多可爱的、温雅的作品。但娜塔莎现在心不甘情不愿地出现在宫廷里。
> ……整个宫廷因她而兴奋，皇后希望她在身边，必要时整日指派她。这是娜塔莎非常不愿意的，但她只能服从……

腼腆朴实的娜塔莉亚·尼古拉耶夫娜不求在上流社会露面，但年轻女人迷人的美貌给沙皇夫妇留下深刻的印象，他们想在宫廷里看到她。

基塔耶夫家的别墅保存至今，确实是做了些许改建。普希金时代的主楼任何时候都没增建过，现在决定保留下来，并布置这里成为博物馆。普希金夫妇的房子被修缮成以前的样子。

在椭圆形的客厅中布置着当时的家具，桌上放着写满娜塔莉亚·尼古拉耶夫娜字迹的纸张。这是被她抄下的副本：《叶卡捷琳娜二世的秘密笔记》、《〈辩论杂志〉摘录》以及当时还没有出版的普希金的《科洛姆纳的小屋》(*Домик в Коломне*)。娜塔莉亚·尼古拉耶夫娜帮助普希金誊写草稿。我们还不止一次看到珍贵的资料证明，诗人的妻子参与他的创作和出版的事宜。

普希金的书房在楼上的阁楼里。三面大窗户朝向阳台。现在书房的家具是从巴甫洛夫斯克的布留洛夫别墅搬来的。

在一个古董商店里，普希金看见一幅拉斐尔的画《布里奇沃特圣母》。按照诗人的想法，娜塔莉亚·尼古拉耶夫娜非常像这幅画中的圣母。但是他买不起这幅昂贵的画。如今，在诗人书房里挂着的那幅绝美的画，是20世纪20年代由普拉特从拉斐尔的这幅画拓下的版画，是在艾尔米塔什博物馆的馆藏中找到的。可能这幅版画会令人想到普希金在世的时光。

10月中旬，普希金夫妇离开皇村，在彼得堡定居。他们租下加列尔大街寡妇布里斯克伦的房子。德米特里·尼古拉耶维奇·冈察洛夫也住在这条街上，看来是他给他们找的这处房子。

在彼得堡，亲戚就住在年轻夫妇周围。那里住着普希金的父母、娜塔莉亚·尼古拉耶夫娜的三个兄弟、我们之前提过的娜塔莉亚·基里洛夫娜·扎格里亚日斯卡娅、娜塔莉亚·尼古拉耶夫娜的姨妈叶卡捷琳娜·伊万诺夫娜·扎格里亚日斯卡娅。年轻的普希金夫妇经常和他们聚会。

还在皇村时，尼古拉一世似乎希望给普希金谋个正式的职位，他同意让普希金撰写彼得一世的历史。"……圣上（只是对我说说），"9月3日，普希金给纳肖金写信，"赐我职位，即赐我薪俸，允许我翻阅档案馆资料，撰写《彼得一世史》。"

1831年11月，普希金到外交部任职，获准进入档案库，包括几个存放秘密文件的档案馆。沙皇给普希金"确定"的薪水是每年一共5000卢布……

12月初，普希金去莫斯科和某个奥贡-多戈诺夫斯基解决钱的事，那是结婚以前普希金打牌输掉的2.5万卢布，这笔债务让他很忧心。他和热姆丘日尼科夫玩另一种纸牌游戏，还欠了他的债。他留在忠实的朋友帕维尔·沃伊诺维奇·纳肖金身边，让纳肖金帮助他处理麻烦事。

在皇村中学时，纳肖金与诗人的弟弟列夫·谢尔盖耶维奇一起在贵族专修班学习。普希金经常在那里"更多为了与纳肖金而不是与弟弟会面"①。彼此惺惺相惜，互有好感很快转变成真正的友谊。普

---

① 纳肖金比普希金小两岁。

希金喜欢纳肖金的聪明伶俐和个性鲜明,按照他的建议行事,因为他是个对于日常生活很有经验的人。在军中任职不久,纳肖金很快就退伍了。他是莫斯科英国俱乐部的常客,在那里有大型的牌局,有时能赢一大笔钱,有时也能输上一大笔。由于纳肖金心地善良,他家成了"所有受苦之人和穷人"的栖身之地,哪怕只是个路人,他也会收留。

普希金不喜欢他的家中氛围,但力求与朋友密切交流、倾心交谈。

普希金从莫斯科给娜塔莉亚·尼古拉耶夫娜寄过几封信。诗人和妻子的书信往来自此开始。

普希金给娜塔莉亚·尼古拉耶夫娜的信极其真诚、朴实无华、情真意切、充满着爱与温柔、无尽的感动。伟大的普希金在信中表现出一个有七情六欲、儿女情长的普通人的样子。总之,反复研读这些信,你会不断地想,这就是普希金的亲笔信,每一个词、每一句话都是那样非同寻常,因为这些都是他亲笔所写。

对于我们来说,这些信之所以重要,是因为它们反映了妻子的形象。依据书信判断,不难想象,娜塔莉亚·尼古拉耶夫娜在长长的被普希金视为"可爱的"信中,毫不掩饰地写她如何生活,是什么让她激动、担心、喜悦。这是妻子和母亲给深爱的丈夫的信。

在相对短暂的6年共同生活里,普希金几次离开彼得堡,他给妻子写的信最多,多达64封。通常,普希金给所有人写信,甚至亲朋好友,都要提前打草稿(有时多次反复修改)。但他给娜塔莉亚·尼古拉耶夫娜写信却十分随意和无拘无束,"一挥而就"。必须注意的是,除了家事之外,在信中我们能找到他政治观点的反映、与皇室的关系、对文学与文学家的见解、上流社会的新闻、委托出版事宜以及许多其他问题。

但是在这一刻,对我们来说,重要的是娜塔莉亚·尼古拉耶夫娜的形象。长久以来,关于诗人妻子形成的观点将她说成无情的上流社会的美人。在认真公正地阅读普希金的书信时,观点却完全转变成另一样:娜塔莉亚·尼古拉耶夫娜呈现在我们面前的是诗人最亲近的人,是诗人与之能分享内心深处的想法,完全理解他的人。

举几个普希金信中的例子：

你好，我的爱妻，我的天使。请别生气，第三天我只给你写了三行。没力气了，太疲惫……我到纳肖金的老房子那儿没找到他，好不容易在普列斯坚城门伊林斯卡娅家找到他（别忘了地址）。他还是老样子，非常可爱和聪明。他以前总赢，但现在输光了，浑身是债，全是烦心事……我见到维亚泽姆斯基夫妇、梅谢尔斯基夫妇、德米特里耶夫、屠格涅夫、恰达耶夫、戈尔恰科夫、丹尼斯·达维多夫。所有人向你问候，很愿意打听你和你的成就。我开始澄清谣言，可谣言太多。莫斯科的太太们还没遇到，我也许不会出现在舞会和聚会上……我盼望过两星期看见你，没有你的寂寞从我将你留下的那一刻就开始了，我想死你了。你不待在家里，要去宫廷，当心，不要去警备司令室105级台阶那里。我的心肝，我的爱妻，我的天使！对我发发善心吧：在房间里一天要走上两小时，要爱惜自己。让哥哥来照顾你，别的不要做。布留洛夫给你画肖像画了吗？你去希特罗娃或菲克利蒙那里了吗？如果你去舞会，上帝保佑，除了卡德里尔舞，别的舞不要跳。给我写写，有人欺负你，你对付得了他们吗？此致，衷心地吻你。我有客人来了。

(1831年12月8日)

……我还没去你们尼基塔的房子。我不想让你们家的农奴知道我来了，我不想从他们那里知道娜塔莉亚·伊万诺夫娜到来，否则我应该到她身边，并必然和她争吵不休。她在莫斯科向所有人抱怨我有多贪财，够了，我不想听到这些。亲吻你，请求你要在客厅来回地走，别去宫廷，不要到舞会上跳舞。主与你同在。

(1831年12月10日)

第一部分 与普希金在一起

我一下子收到你的两封信,两封信让我难过又生气。瓦西里撒谎说,他给我花了200卢布。我不允许给阿廖什卡钱让他做不道德的事。伙食费我到后即付,没有人要求你偿还我的债务。替我告诉那些人(也就是瓦西里和阿廖什卡),我对他们非常不满意。我不允许他们打扰你,而他们,在我看来,会因我离开而高兴……

我的事情很棘手。我们认为纳肖金把事情搞得很复杂。他有三四个不切实际的计划,还没拿定主意选哪个。我不打算去你爷爷那里。我尽力干预他的事情。我的天使,我如此爱你,以至无法表达。一到这里,我只想跑回彼得堡,去见你,我的爱妻。

我亲爱的朋友,为给你写回信,我拆开了信。不要束身,不要盘腿坐,不要和那些不向观众席致意的伯爵夫人们交往。我没开玩笑,我带着不安严肃地对你说。卞肯多夫的信你做得好,寄去。事情虽不合礼仪,但仍然是必需的。我等他。我向你描述一下这些天我在纳肖金这里的生活……我没读你的诗。真是见鬼!……①最好给我写写你自己,还有你的健康情况。别去厢座,那地方对你不合适……

(大约1831年12月16日)

我亲爱的朋友,你好可爱,你经常给我写信,有一点不好:你的信让我高兴不起来。"**头晕**"是什么意思?……是晕倒还是恶心?你看过巫医婆了吗?给你放血了吗?所有的恐惧困扰着我。我越想越清楚,离开你,我有多愚蠢。没有我,你总是淘气。一不留心流产了。为什么你不走步?你可向我保证了要一天走两小时的。这样不好吗?天晓得,我这里的事情何时能结束,但节前我一定回去看你。我不打算等戈尔康达钻石,新

---
① 信中此处被撕破了。

年时我带给你条项链。我在这里很无聊——纳肖金忙于事务，而他家乱七八糟，一塌糊涂……昨天我们……我对客人的欢呼和茨冈人的歌声很不习惯，到现在头还在疼。思念你，我的天使——再见。

（1831年12月16日）

从信中可以看出，留下怀孕才三个月的妻子，普希金非常不安。纳肖金说过，当普希金收到娜塔莉亚·尼古拉耶夫娜的信时，他高兴地在房间里来回跑，并亲吻着信。

诗人遇到对娜塔莉亚·尼古拉耶夫娜非常感兴趣的朋友。某些关于他妻子的谣言已经传到莫斯科，他驳斥了这些谣言。

普希金毫不掩饰地承认，躲避去"尼基塔的房子"、躲避与岳母见面和以女婿贪财为理由不可避免的不愉快的谈话，也就是最后希望得到给女儿办嫁妆所欠的债务钱。

他也不想和爷爷见面。我们已经提到过，阿法纳西·尼古拉耶维奇张罗出售长子限定继承的地产，冈察洛夫家人坚决反对。我们认为，普希金写的正是这件事，说的是在彼得堡有权势的朋友和熟人。

从诗人的信中我们知道，布留洛夫准备给娜塔莉亚·尼古拉耶夫娜画肖像画。他在1832年画完这幅水彩肖像画，并广为人知。

从"大约12月16日"这个日期来看，诗人在写这封信时无疑相当激动气愤。普希金被仆人激怒了，他们敢趁他不在家时打扰妻子，利用妻子心肠软又没经验，从她那里拿钱。用生硬的口吻道歉，在信的结尾写道："别为我生气的事而生气……"

普希金给妻子信中所提的诗什么样，我们不知道。这诗是娜塔莉亚·尼古拉耶夫娜本人所写还是别人写给她的（这更有可能），这并无法确定，但从整封信的语气上看，普希金对待这些诗的反应是气愤的。

普希金所提及的"戈尔康达钻石"是印度钻石，16—17世纪，戈尔康达以钻石闻名。这是娜塔莉亚·伊万诺夫娜给女儿的结婚"礼物",关于它,我们已经提及过,普希金无论如何也没能赎回它。

"我的事情很棘手。"诗人写到。纳肖金把事情搞得很复杂,看来,这一刻没能帮助朋友。普希金偿还了热姆丘日尼科夫一部分债务,当时此人向多戈诺夫斯基担保。普希金将所有麻烦事留给了纳肖金后,急匆匆赶回彼得堡陪妻子过新年去了。

皇后对娜塔莉亚·尼古拉耶夫娜的好感是人所共知的,在她面前敞开了上流社会客厅的大门。

"普希金的妻子出现在上流社会,这里很好地接纳了她。她凭借举止风度和美貌赢得了所有人的喜欢,她身上总是散发着楚楚动人的魅力。"1831年11月,M.H.谢尔多宾在给Б.A.弗列夫斯基的信中写到。

普希金故交E.M.希特罗沃的女儿达里娅·费奥多罗夫娜·菲克利蒙是奥地利大使的妻子,一个聪明又有修养的女人,普希金的红颜知己,普希金经常参加她的沙龙。她在日记和书信中留下几句关于诗人妻子的描述。现举其中的两个例子:

> 普希金从莫斯科来,带着他的妻子,但他还不想让她在上流社会抛头露面。我在她妈妈那里见过她,她是非常年轻非常漂亮的女人,身材纤细、匀称、修长,圣母般的面庞,肤色极白皙,带着柔和、羞涩和忧郁的表情,绿褐色的眼眸明亮而清澈,目光似看非看地游移,优雅的魅力,一头美丽乌黑的秀发。他非常爱她。

> 普希金娜夫人,诗人的妻子,在这里第一次出现在上流社会里。她非常美,在她的外表中有一种诗意——她的身材妙不可言,容貌端庄,嘴唇优雅,目光虽游移不定,却也很美。她的脸上流露出某种温和娇媚。我还不知道,她怎样说话。要知道,在150人中间,完全不便交谈。但丈夫说,她很聪明。至于普希金,有她在,他便不再是诗人。我认为,他昨天感觉到的……丈夫感受到所有的兴奋与激动,希望他妻子在上流社会获得成功。

后来,达里娅·费奥多罗夫娜记录道:"这容貌是那种可以在它面前停留数小时也不厌倦,就像创作者在自己得意之作面前那样。"

与生俱来的自然之美、合乎情理的娇羞腼腆和身为诗人妻子的谦逊朴实:她才19岁,就这样第一次出现在上流社会。

1831年12月(普希金此时在莫斯科),娜塔莉亚·尼古拉耶夫娜受邀参加В.П.科丘别伊①家的舞会。著名诗人Д.В.韦涅维季诺夫的兄弟А.В.韦涅维季诺夫②关于她这样写道:"舞会上最美的女人,没有争议,就是普希金娜,亚历山大的妻子,尽管在400位来宾中间,有本地所有受到赞美的美人。"

经常在上流社会遇到她的В.А.索洛古勃回忆道:"……我这辈子看见过许多比普希金娜还迷人的美丽女人,但是我从未看见过女人将古典端庄的容貌和匀称的身材完整地结合于一身……是的,这是真正的美人,无怪乎其他所有人,甚至最完美的女人,在她出现时都不知怎地失去光泽。表面上,她总是矜持到冷淡的程度,一般很少说话。在彼得堡,她不断出现在上流社会和宫廷中。但女人们遇见她有些奇怪。我第一次没什么记忆地就爱上了她。"

娜塔莉亚·尼古拉耶夫娜非凡的美貌令彼得堡社会为之倾倒。但是,应该注意同时代人的评价和描述,她不仅具备美人的特征。于是,菲克利蒙提到她温柔羞涩的表情。谢尔多宾写道,娜塔莉亚·尼古拉耶夫娜凭借举止风度让所有人都喜欢她。1831年11月28日,在Ф.Н.格林卡写给普希金的信中,我们读道:"……请让我(像法国人说的那样)跪在您可爱的夫人脚边。我听到许多关于她的美丽和彬彬有礼的传闻。"

Е.Е.卡什金娜③,奥西波娃的亲戚,告诉她:"……结婚以后,诗人完全变成了另一个人:他正派稳重,非常爱自己的妻子,而她值得

---

① 维克多·帕甫洛维奇·科丘别伊(Виктор Павлович Кочубей,1768—1834),公爵,俄国国务委员会和部长委员会主席,娶娜塔莉亚·基里洛夫娜·扎戈里亚日斯卡娅的侄女为妻。
② 韦涅维季诺夫兄弟是普希金的远房兄弟。
③ 上将女儿,与普希金家族熟识。

娜塔莉亚·尼古拉耶夫娜·冈察洛娃,画家А.П.布留洛夫画于1831—1832年。

……我忧伤而又舒畅,哀思明净;
你的倩影充满我的愁肠,
你,只有你一人……无论是什么,
都无法惊扰我的忧伤,
心儿又再次燃烧,又要去爱,
因为,它不能不把你爱上。[1]

(普希金作于1829年5月15日)

---

[1] 本诗选自《普希金全集》第2卷《夜幕笼罩着格鲁吉亚山冈》一诗,顾蕴璞译。——译者注

这样的改变。因为据说,她如此聪明,就如同她极美的女神风度,迷人的脸庞。"

在社交中不善言辞和矜持稳重,或许能用娜塔莉亚·尼古拉耶夫娜的性格特点来解释。许多年后,在诗人去世后,娜塔莉亚·尼古拉耶夫娜这样写自己:"……虽然我被全家人的关怀和依恋包围着,有时一种思念包围着我,以至于我感觉需要祈祷……到时我又得到心灵的宁静,过去人们经常将这种宁静理解成冷漠,并为此责备我。有什么办法呢?内心是羞怯的。允许解读自己的情感,我感觉是种亵渎。只有上帝和不多的出类拔萃的人才有开启我心灵的钥匙。"

不可能绕过这段独白。宗教情结在一位受到家庭严格宗教教育的女人身上是可以理解的,但是我们应该注意到,内向和矜持稳重显然是她性格的重要特点。她不会对每个人都敞开心扉。一般来说,显得冷漠的矜持稳重,是冈察洛夫家族许多人的特点:谢尔盖·尼古拉耶维奇与世隔绝,虽然他曾是心地最善良的人;叶卡捷琳娜·尼古拉耶夫娜不和所有人,甚至亲人,分享自己的情感。

同时,毫无疑问的是,诗人掌控着年轻妻子的行为。担心她由于没有经验和轻信,做出某种招致谴责的冒失行为,这种担心经常困扰着普希金。为此,他不止一次写信给娜塔莉亚·尼古拉耶夫娜,尤其是在最初几年。

"她太出色了。"奥涅金[①]这样写娜塔莉亚·尼古拉耶夫娜,"作为伟大诗人的妻子,作为俄罗斯最美的女人之一,人们发现她极小的错误和不正确的行为,立刻会将赞赏变为忌妒的谴责,严厉而有失公平。"

普希金为自己年轻的妻子和她在上流社会的成就而骄傲。社会地位高的亲属H.K.扎格里亚日斯卡娅,尤其是姨妈叶卡捷琳娜·伊万诺夫娜想必在给她当靠山——后者非常爱娜塔莉亚·尼古拉耶夫娜,并成为普希金家庭最亲近的人。她主要付款购置服装给自己的

[①] 亚历山大·费多罗维奇·奥涅金(Александр Федорович Онегин,1844—1925),著名普希金学家。——译者注

"可人儿",她这样称呼她,像关心亲生女儿一样关心她。

迄今为止,关于娜塔莉亚·尼古拉耶夫娜生平的真实资料还非常少。著名的历史学家、文艺学家П.Е.谢戈廖夫在《决斗与普希金之死》一书中尝试描述诗人妻子的形象。但是他写道:"不能不感到遗憾的是,在我们的能力范围内,没有找到任何娜塔莉亚·尼古拉耶夫娜的书信,尤其是她写给普希金的信。如今,我们只能通过普希金给她的书信设计描绘娜塔莉亚·尼古拉耶夫娜的个性。"然而,谢戈廖夫对待这些信非常不客观。他减少诗人妻子的内心生活的内容,认为她"天生精神贫乏",并一心向往上流社会的浪漫爱情。最主要的是,谢戈廖夫绕开所有说她好的地方——这不但有同时代人的证据,而且还有普希金本人的证明。普希金认为,他的妻子是完美的,他爱"这可爱、纯洁、善良的人儿",爱她的心灵胜过爱她的美貌。谢戈廖夫一旦对娜塔莉亚·尼古拉耶夫娜进行某种正面的评价,随之就会立刻诬陷她:"某处补充上'可爱、聪明'的字样,但是在这样的附加下,感觉只是对她美貌的客气之辞。是的,娜塔莉亚·尼古拉耶夫娜是这样的美丽,以至于可以允许自己奢求没有任何其他优点。"从这些言论的角度来看,娜塔莉亚·尼古拉耶夫娜的形象是负面的,在当时毫无根据,甚至当时远还没有我们现在掌握的这些文件。这是大多数人很久以来注定了的对她的态度,不但是诗人广大的崇拜者,而且还有一系列研究者和作家。许多研究者围绕谢戈廖夫仓促而错误的结论进行写作。

1877年,И.С.屠格涅夫①在巴黎首次出版普希金给妻子的信。然而,屠格涅夫在出版序言中,只阐明问题的一方面,即普希金书信的意义。同时,А.И.库普林②的言论却是非常重要而有意义的。他认为,普希金对妻子深沉而包容一切的爱,使她感到幸福:"我很想触碰普希金的个性中我们还未曾触及的一面。他的信中是这样动情、

---

① 伊万·谢尔盖耶维奇·屠格涅夫(Иван Сергеевич Тургенев,1818—1883),俄国著名作家,主要作品有《猎人笔记》《罗亭》《贵族之家》《前夜》《父与子》等。——译者注

② 亚历山大·伊万诺维奇·库普林(Алекса́ндр Ива́нович Купри́н,1870—1938),俄国作家,主要作品有《阿列霞》《决斗》《士官生》等。——译者注

巧妙地展现了他的家庭生活，他对妻子的爱，读这些信时几乎不能不为之动容。在他的话语和对妻子的昵称中，有那么令人沉醉的爱抚！怕她有闪失，担心她怀孕在身，希望她幸福安康，他有多少牵挂在心间！我想随时写下这些……要知道，可以想象到他的爱情是多么深沉的美，他借此温暖着深爱的女人。他运用特有的语言技巧在玩笑中温柔有加、令人倾倒，在表白中令人感动、深情一片！您或许会说，茹科夫斯基写给普希金的一些新发现的书信已被找到，并且即将出版。或许有的信会言之凿凿地提到，有关他妻子轻浮行为的传闻不是空穴来风、毫无根据。对此我感到遗憾而痛心……我设想普希金深爱的女人正沉浸在拥有这样一个人满满的幸福之中！"

我们想，这些诚挚感人的话语带有某种温暖与真挚，无须注释。库普林似乎能预见未来，诗人妻子将被证明无罪，并且普希金留给后代的遗训是："她没有任何过错"，将被文献证实。

现在，一个又一个作品证实，对于诗人妻子的评价发生了根本的改变。

1832年冬末，娜塔莉亚·尼古拉耶夫娜已经很少外出了。5月19日，他们的第一个孩子，女儿玛丽亚出生了。С.Л.普希金和Е.И.扎格里亚日斯卡娅作为教父教母出席了新生儿的洗礼仪式。普希金一家在彼得堡郊外的黑溪镇旁租下一栋别墅，并在那里度过夏天。

1832年春，阿法纳西·尼古拉耶维奇来到首都，他是为挽救亚麻布厂生意向沙皇请求资助或者准许出售长子继承制的领地而来的。他常到普希金家，正是这时，他的曾孙女玛莎出生了。在阿法纳西·尼古拉耶维奇的记事本中有这样的记录："5月22日，给娜塔莎的新生儿送500卢布礼金"；"6月9日，交给米嘉，在普希金娜的洗礼仪式上，送上100卢布的礼金"。在等待结果的时间里，爷爷在首都"消遣解闷"。从亚历山大·尼古拉耶夫娜的信中我们得知，他给在亚麻布厂的情妇们送去昂贵的礼物。但是老头看来病得很厉害，因为在同一个记事本中能看到请医生和药品的支出。当收到书面请求被拒的消息后，他彻底倒下了，于1832年9月8日去世。人们将他运回亚麻布厂，并葬在那里。

第一部分 与普希金在一起

秋天，普希金因钱财事务前往莫斯科。也不排除一家之长的去世让他提前动身。娜塔莉亚·尼古拉耶夫娜也许想知道，爷爷是否留有遗嘱，母亲和哥哥会有什么样的决定，会不会分给她一部分遗产，还是还清冈察洛夫家欠普希金的那笔1.2万卢布的债。普希金在9月21日到达莫斯科，第二天给妻子写信道：

……看来，我的事情很快就能结束，我的天使，我会一刻不耽搁地奔回彼得堡。你无法想象，没有你，我有多寂寞。我一直放心不下，将你托付给谁！交给彼得，那个半梦半醒的酒鬼，喝酒就叫不醒的家伙，因为他是个酒鬼和笨蛋；交给总和你打架的伊琳娜·库兹米尼奇娜；交给那个勒索过你的涅尼拉·阿努夫里耶夫娜；而玛莎呢？她的淋巴结结核怎么样了？斯巴斯基①怎么处理的？唉，小妻子小心肝儿，你可怎么办呢？再见，快写回信。

（1832年9月22日）

过了三天，又来一封信：

你真聪明，太可爱了！多长的一封信呀！信写得真好。谢谢你，爱妻。既然开始做得这么好，请继续做下去吧，我将一生为你向上帝祈祷。厨师按你的要求找即可，只是别强迫我在家吃中午饭，晚饭在外面吃就行……

你想去拜访普列特尼奥夫是值得称赞的，但是你准备好了吗？小妻子，去一趟吧，我要对你说谢谢。我们的仆人怎么样了？与他们相处融洽吗？昨天我在维亚泽姆斯卡娅那里，车队从她那里出发了，我打算随车给你带去一封书信，但信被他们忘了。我将书信给你寄去，以求给你和后代付诸笔端的话语不

---

① И.С.斯巴斯基是普希金家的家庭医生。

遗落一行。

……我的事情处理得还不错。明天又要开始忙,如果过一个星期还没结束,我就全权交给纳肖金处理,而我动身回你那里,我的天使,我亲爱的小妻子。暂别,主保佑你和玛莎。你总见叶卡捷琳娜·伊万诺夫娜吗?我衷心地问候她,亲吻她和你的手,我的天使。

(1832年9月25日)

娜塔莉亚·尼古拉耶夫娜也许去了掌管普希金出版事务的普列特尼奥夫那里。我们认为,她主动做这件事可能与德米特里·尼古拉耶维奇从亚麻布厂给普希金寄来的那份文件有关。诗人不喜欢任何生意琐事。因此,他在这里写,如果事情不能尽快解决,就将一切留给纳肖金照管。

丈夫不在时,娜塔莉亚·尼古拉耶夫娜接待了远房亲戚,骠骑兵团禁卫军上校Ф.И.穆辛-普希金。普希金为此颇为不满:

"不好的是,"他写道:"你娇媚柔弱,不该接待普希金①。首先,因为我在家时他从未来过,其次,虽然我相信你,但不应该给上流社会留下造谣的口实。因此,我要轻轻扯你的耳朵,温柔地亲吻你,好像什么也没发生过。"(1832年9月27日)

这些年,伊万·尼古拉耶维奇·冈察洛夫在骠骑兵团服役,可能在他的介绍下,穆辛-普希金前往普希金家拜访,没料到亚历山大·谢尔盖耶维奇·普希金没在城里。娜塔莉亚·尼古拉耶夫娜得知他的身份(他是她的堂叔)后,热情地接待了他。难道这就能为造谣留下口实?虽然普希金在下一封信中写道:"你看,我是对的,你不该接待普希金。"

从9月30日的信中我们得知,娜塔莉亚·尼古拉耶夫娜学习下象棋。"我的心肝儿,我感谢你学习象棋。在所有设施完善的家庭里,

---

①这里指的是远房亲戚Ф.И.穆辛-普希金。——译者注

象棋必不可少。以后我会证明这一点。"这种情况下,"教师"应该是兄弟中的一位。普希金本人非常喜欢象棋,在他的图书馆里有多本象棋理论的书籍,他甚至订阅过法国的象棋杂志。从诗人的言语中,娜塔莉亚·尼古拉耶夫娜"象棋下得相当不错。"(后来,普希金的女儿们下象棋,娜塔莉亚·尼古拉耶夫娜在1849年的信中提到过。)

普希金给妻子描述在莫斯科的消遣,告诉她莫斯科的新鲜事儿,顺便提起"忙活的事情",对冈察洛夫家族只字未提。只是在最后的信中(10月3日前后)提到,德米特里·尼古拉耶维奇到了莫斯科。也许普希金在等他。但是他们关于遗产债务的谈话完全没写,看来是想和妻子见面时再谈。

"哥哥德米特里·尼古拉耶维奇在这里。"他告诉娜塔莉亚·尼古拉耶夫娜,"他在卡卢加没找到任何确认父亲病情的证明,才到这里来张罗此事。他与娜塔莉亚·伊万诺夫娜见面,并已和解。她不想管理庄园,所有事情都指望德米特里·尼古拉耶维奇。父亲常说起遗嘱,近日遗嘱将被民事省长证明。他们会给你寄去需要签字的委托书。叶卡捷琳娜·伊万诺夫娜会教你应该怎么做。维亚泽姆斯基一家14日以后走,而我近日回家。没什么事可写了。没有你我如此的孤寂,如此的无聊,简直坐立难安。"

就在不久前,我们在冈察洛夫家族档案中发现了一封娜塔莉亚·尼古拉耶夫娜写给哥哥德米特里·尼古拉耶维奇的信,其中提到了这份委托书。我们发现,有趣的是,这封信是用俄语写的。

> 今天给您寄去委托书,委托书在我们这里耽搁了,是因为任何机构都不同意为您寄来的文件提供证明,因为没有任何文件证明父亲没有能力管理领地,我们甚至不知道在1832年5月31日立了个什么口头证明,所以只寄出那份机构同意证明的文件。因此,在这点上,没有人会比您更有罪的,因为用我们的话说,没有任何文件,别人不会相信我们。昨天我收到您最后的来信,没什么可回复的,给您写信不涉及生意都是徒劳的,因为您应该全身心地忙于生意,无法理解其他的事情。然而我

告诉您的是,万尼亚病得很厉害,他得的是神经热病,有三天完全像个疯子,现在上帝保佑康复了,他希望让他休假,今天在等决定。您去工厂时,请亲吻米金卡和姐妹们。再见吧,衷心地吻您,祝幸福,生意兴隆。

1832年10月31日

说到委托书,是为了让作为长兄的德米特里·尼古拉耶维奇由于父亲生病,绕过法定继承人尼古拉·阿法纳西耶维奇而承担管理长子继承制的地产。所有的家庭成员都应该签署这份委托书。但是,确定监护需要相关的诸多文件,这就出现了困难,因为不存在这样的文件。

娜塔莉亚·伊万诺夫娜放弃了工厂的管理权和监护权,她想必是考虑到长子继承家业负债累累,主要是为了亚罗波列茨和属于她个人的财产免受蓄意侵占。

最后,经过长时间的奔波,监护权获批,德米特里·尼古拉耶维奇成为冈察洛夫家族长子继承制的当家人。他毫无经验,"没有生意头脑",一开始就犯了许多错误,之后不善于整顿企业。他不具备积攒下百万家业的高祖阿法纳西·阿伯拉莫维奇的"经商才干"。德米特里·尼古拉耶维奇按借据与抵押偿还巨额利息(有时利息高于债务总额!),并支付大笔资金维持庞大的冈察洛夫家族的生活开销,而直到他去世也没还清爷爷留下的债务。

阿法纳西·尼古拉耶维奇死后,娜塔莉亚·伊万诺夫娜从公公那里得到价值10万卢布的借据,或许是为了给儿孙提供生活保证。她将这些借据卖给近卫军中尉瓦西里·巴甫洛维奇·勒季谢夫[①]赚得6万现金,但是这笔钱没经她的手("在她那里没转上一圈"),即一切要求都要向德米特里·尼古拉耶维奇提出。后来数年间,勒季谢夫

[①] 瓦西里·巴甫洛维奇·勒季谢夫(Василий Павлович Ртищев)是冈察洛夫家的债主。勒季谢夫一家显然是卡卢加人。因为,在《四等文官官衔名册》(1906)中显示,卡卢加省参议会主席Д.И.勒季谢夫实际上是五品文官。

德米特里·尼古拉耶维奇·冈察洛夫(1808—1860)是娜塔莉亚·尼古拉耶夫娜·冈察洛娃的哥哥,毕业于莫斯科大学,曾任职于外国事务委员会。1835年,经济及家庭状况迫使他离职,成为冈察洛夫家族的当家人和精神病父亲的监护人。

在娜塔莉亚·伊万诺夫娜的信中不止一次被提及,因为她非常害怕这个债主,并且希望儿子"从他的魔掌中挣脱出来"。

正如我们看到的那样,娜塔莉亚·伊万诺夫娜善于安排自己的资金,当然她应该首先拿勒季谢夫的钱还清欠普希金的债。然而她没这么做。依据书信判断,她想方设法逃避替儿子们还债,这些债务无论如何也无法放在德米特里·尼古拉耶维奇规定给他们的生活费中。

总之,冈察洛夫家没有一个人,不管是爷爷,还是娜塔莉亚·伊万诺夫娜,在他们家庭建立之初能帮助年轻的普希金夫妇。当从基斯捷涅夫处抵押得来的1.7万卢布花光时,家中的突出感受是总缺钱。

返回彼得堡,普希金12月2日就在给纳肖金的信中写道:"这不是在为我的不认真作辩解。来到这里后,我发现家中乱得一塌糊涂,我被迫遣散手下人,换了厨师,租下新住所,最后动用了在任何情况下都不能动用的积蓄……入夏前我忙于琐事,娜塔莉亚·尼古拉耶夫娜又怀孕了,肚腹相当沉重。你不来给加弗里尔·亚历山德罗维奇[①]洗礼吗?"

"家中乱得一塌糊涂"可以理解。娜塔莉亚·尼古拉耶夫娜才20岁。丈夫没在身边,她初次独自在家,毫无持家经验。仆人利用她软弱的性格,普希金对此十分清楚。回来后,他被迫采取如此有效的手段。我们想,普希金家换住所与家庭增加成员有关。年轻的女主人对家务事逐渐入门,这一点我们已经从下列信件中看到了。

摆在我们面前的就是最新发现的娜塔莉亚·尼古拉耶夫娜不为人知的亲笔书信!

这些信不是写给普希金的,但终归是"真正幸福的珍宝"。这些书信绝对是描绘诗人妻子形象的珍稀真实资料。这些书信向我们展示了娜塔莉亚·尼古拉耶夫娜全新的精神品质,并且驳斥了谢戈廖

[①] 儿子出生后,他的名字看来是按照娜塔莉亚·尼古拉耶夫娜的意思起的,不是加弗里尔,而是亚历山德罗维奇,是为了纪念普希金的。

夫的观点，说什么"上流社会的浪漫爱情是娜塔莉亚·尼古拉耶夫娜精神生活的主要内容"。在已经出版的书信中，并没有这方面的暗示。在这些信中，没有任何对舞会、晚会以及那些她"光彩夺目和艳压群芳"的地方的描写。我们读这些信，好像第一次认识普希金的妻子一般，人们对她的了解实在太少了！

娜塔莉亚·尼古拉耶夫娜写于1833年的信，如同所有其余的信一样，是寄给大哥德米特里的。所有的信（除了一封写于1832年的，均为上述时间）都是用法语写的。

对我们来说，这些信中最主要的内容是她与丈夫、家庭的关系。我们只是从娜塔莉亚·尼古拉耶夫娜本人那里了解到这方面的内容，并非是对反映在这位可爱、柔弱且十分善良的年轻女人朴实的信中的珍贵史料给予过高的评价。

我们给第一封信注明的日期是1833年3月11日。

> 我这几日收到你的来信，亲爱的米坚卡[①]，但是因为农民已经走了，而我忽然懒惰起来，便没急着回信。乌马还没卖掉，但丈夫告诉我，从维斯特罗姆那里赎回它需要200卢布。这件事上我什么也做不了，因为在你的附信中说，万一效忠你的那人走了，就别对我的主人与君主说这事。既然如此，在没得到你的最新指示前，我就没去办这事。为你寄给我的东西，我对你是千恩万谢。至于小侍从，我刚看见他时，他衣着不甚得体，蹲在厨房的火炉边。明天，星期日，3月12日，他漂亮的仆人制服将准备好，到时他才能到上流社会去亮相。
>
> 还有一个请求，妈妈让万尼亚转告我，我要有一辆四座兰朵车[②]替换那辆有弹簧的四轮马车就好了。我不假思索地就同意了，马上给她写了回信。现在和你说这事，是为了请求你把这件事安排好，并且如果可能，在复活节前把车给我送来。兰朵

[①] 从法文翻译时名字被保留下来，放入俄文的篇章里。
[②] 兰朵车是一种敞篷四座四轮马车。

车那么时髦和漂亮，看在上帝的分上，请努力，而我这方面努力给你和X小姐做媒……我担心这封信寄到工厂时，你却看不到，到时在复活节前就不会再有我的兰朵车了。但是，我仍然希望妈妈能做好这件事，尽管你不在。

　　再见，亲爱的米坚卡，温柔亲吻姐妹们，在她们面前我是有罪过的，我不知道怎样请求她们的原谅。请告诉她们，我像以前一样爱她们，并且期待拥抱她们。我没什么要转告妈妈的，因为我猜她在莫斯科，但是如果她和你们在一起，替我温柔地亲吻她。祝尼娜一切都好，感谢她的轻便靴，靴子很漂亮。

彼得堡

　　1833年3月……娜塔莉亚·尼古拉耶夫娜21岁，她在等待第二个孩子的降生。她会做各种家务活。买马的事（也许，是为了德米特里·尼古拉耶维奇）不该和"主人和君主"说，也就是普希金（当然，这是笑话，但同时承认丈夫有些大男子主义）。亚麻布厂有许多轻便马车和马车工匠。把马车换成更宽敞的兰朵车，普希金家没钱买。雇马车夫在当时相当贵，大概每天20卢布，换句话说，一年超过7000卢布。因此，他们有自家的马匹和车夫。小"侍从"是可供差遣的小男孩，也是从工厂派来的。这样比在彼得堡雇人便宜。娜塔莉亚·尼古拉耶夫娜很理解家里的经济困难，尽量节约开支。

　　德米特里·尼古拉耶维奇给妹妹寄什么了呢？也许，有时候从冈察洛夫庄园给娜塔莉亚·尼古拉耶夫娜送各种各样的东西：果酱、腌菜、打的鸟等，同时还有自家产的亚麻布、毛线袜和给孩子们的长袜。也许还有哥哥送的礼物。她很喜欢冈察洛夫家的家庭教师尼娜送的轻便靴。娜塔莉亚·伊万诺夫娜和姐妹们在信中经常非常亲切地提到她。

　　娜塔莉亚·尼古拉耶夫娜在彼得堡已经住了三年了，却总是没机会拜访一下亲戚。这就是她觉得自己有罪的原因，尤其是在姐妹们面前。最后在信中，提到的"X小姐……"是娜杰日达·切尔内绍娃伯爵的女儿，德米特里·尼古拉耶维奇向她求婚没有成功。

1833年春，普希金一家重新租下黑溪镇的别墅，很快搬到这里。7月6日，娜塔莉亚·尼古拉耶夫娜在这里生下了儿子。为纪念父亲，给这个孩子取名为亚历山大。帕维尔·沃伊诺维奇·纳肖金从莫斯科赶来参加洗礼仪式，因为普希金想让朋友成为他长子的教父。

娜塔莉亚·伊万诺夫娜喜得外孙，看起来分外高兴，甚至给女儿寄去1000卢布作为礼物。鉴于她爱财如命，这个举动值得关注。"普希金写信给我，"我们在她写给德米特里·尼古拉耶维奇的信中读道："告诉我塔莎平安无事，她生了个男孩，起名叫亚历山大。我想他同时也通知了你。他希望过几个星期到莫斯科来，询问我是否允许他们到亚罗波列茨来探望我，我欣然接受了。"

我们已经说过了，沙皇准许普希金到档案馆工作，并给他薪俸。档案吸引着普希金："可以编撰多少单行本！在这里能涌现出多少创作灵感。"我们在1833年3月5日他给波戈金的信中读到。实际上，他在研究彼得一世时期的文献时，接触到许多普加乔夫起义的资料，遂决定写一本关于普加乔夫的书。除了对这个历史事件的兴趣之外，普希金希望借助书籍出版改善自己的经济生活。

这项重要的工作需要探访与起义有联系的地方，然后在波尔金诺与世隔绝地写完这本书。诗人申请数月的假期。在给卞肯多夫最亲近的助手莫尔德维诺夫的信中，他是这样解释自己长期休假的原因的：

> ……两年来，我一直在进行一项历史研究，没写过哪怕一行的纯文学的句子。我必须过上两个多月完全与世隔绝的日子，为了完成一些最重要的工作后稍事休息，同时写完很久以前开始创作的那本书，该书将为我提供所需钱财。虚度光阴，毫无建树，惭愧之至，但做些什么呢？只有这些事才能让我自食其力，是我家在彼得堡安身立命的手段。托阁下的福，我的作品具有更重要、更有意义的目的。
>
> 除陛下慷慨定期赐我薪俸，我没有固定收入。同时，首都

生活费用昂贵,加之家庭成员增加,开支加大。

阁下也许愿意了解我想写完什么书。这本书,是一部中篇小说,很大部分发生在奥伦堡和喀山,所以我才想探访这两个省。

(1833年7月30日)

这封信的字里行间显露出辛酸的讽刺,因为尼古拉一世在将庞大的历史工作委托给普希金后,并不打算给伟大诗人的一家提供起码的生活费。沙皇定期的"慷慨"的薪水只够支付住所和别墅租金。基斯捷涅夫的钱花光了,用在"毫无价值的事",也就是用在作为养家糊口的主要经济来源的文学上的时间是很少的。

我们在1970年找到了普希金写给德米特里·尼古拉耶维奇·冈察洛夫的一封信,可以将日期注明在1833年5—6月间。

这封信是这样的。

亲爱的德米特里·尼古拉耶维奇!

您的信来的时候,我正巧要给您写信,想和您说一说,由于娜塔莎即将生产,我经济困难,极需钱。这样一来,我们之间的请求是双方的。同时,我有些事情已经做了。弗拉基米尔·谢尔盖耶维奇·戈利岑公爵现在在我这里,我和他说起您和您的生意。他随时准备为您效劳,并且说直到月底他都将在莫斯科,您可以找他商谈具体事宜。如果您安排好这笔债务的话,我想请求您借给我6000卢布,为期六个月[①],我非常需要这笔钱,不知道到哪里才能弄到,因为向戈利岑公爵借三万五或者四万卢布,甚至更多[②]反正是一样的。如果可能的话,您借钱给我是做了件善事。我自己不能这么做,因为除了口头承诺

[①] 普希金在此处下面画上线。
[②] 此处是用铅笔写的。

外,我不能向他提供其他担保,也不想有可能遭到拒绝。正因为您是我有幸加入家族的一家之长,是我们真正善良可亲的兄长,所以我决定打扰您,和您说说我的事情。我家添人进口,而工作迫使我住在彼得堡,生活支出一笔接一笔,因为我不打算结婚第一年就限制开支,所以债务不断增加。我知道现在您挽救着破败的家业,承担着整个家族的债务与生活支出。这种情况下,您为我们做不了任何事情。但是,如果娜塔莉亚·伊万诺夫娜能发善心为娜塔莎做点事,哪怕很少的事,那都会是对我们极大的帮助了。您是知道的,我清楚她总是拮据的状况,从不打扰她,向她请求什么,但必要时,甚至债务迫使我这样做,因为我在考虑未来,不为自己,而是为了娜塔莎和我们的孩子。我不富有,只有文学创作能给我提供生活费,而我现在的工作影响着我全身心地投入文学创作中。如果我死了,我的妻子会流落街头,孩子们会陷入贫困。这一切很悲惨,让我郁郁寡欢。您知道,娜塔莎本应从爷爷那里分得三百个农奴。娜塔莉亚·伊万诺夫娜起初也告诉我,她会给娜塔莎两百个农奴。您爷爷不能这么做,我甚至不想这件事了。娜塔莉亚·伊万诺夫娜恐怕我卖掉土地,给她找个不好的邻居。这一点很容易避免,在赠予文件上加上保留条件,娜塔莎无权出售土地就可以了。我十分不愿意提起这次谈话,因为我既不是守财奴,也不是高利贷者,尽管为此有人责备我,但我能怎么办呢?如果您认为这封信中没有什么让娜塔莉亚·伊万诺夫娜不快的谈话,就将信拿给她看,反之就请和她说说此事,但请保留刚才您看到的令她不快的谈话吧。再见。

信中提到的戈利岑公爵是当时非常有钱的波将金侄女的儿子。写信的时候,戈利岑公爵住在莫斯科。德米特里·尼古拉耶维奇认识他,但显然不那么熟,何谈向他求助解决巨额债务的事情呢?普希金不但与戈利岑本人很熟识,而且和他的家人也很亲近,德米特里·尼古拉耶维奇打算利用这一点。

信中提到普希金家经济困难的事（看来急需偿还某份债务），主要目的是竭力给孩子们的未来提供保障。首先我们知道，娜塔莉亚·伊万诺夫娜本打算分给女儿亚罗波列茨的一部分土地，但她的诺言没有兑现。看来，以娜塔莉亚·尼古拉耶夫娜谨小慎微的性格不敢找母亲，而是求助于丈夫。普希金"极不愿意提起这次谈话"，但他为了妻子和孩子们也要这样做。似乎这些年有某种本能的预感掌控着普希金，这使他如此坚定地寻求甚至有些简陋的栖身之所，在那里能居住可写作，这个住所也能作为遗产留给孩子们。萨夫基诺、亚罗波列茨、尼库利诺（在前面提到过的），所有这些尝试都体现着他的生活梦想，但最后都没有实现……

冈察洛夫是否从戈利岑公爵那里弄到了这些钱，我们无从知晓。我们也不知道，德米特里·尼古拉耶维奇给普希金回信的内容。但是毫无疑问，他会将这封信拿给娜塔莉亚·伊万诺夫娜看，因为他们经常相互转寄亲属的信件或复本，并商量在不同情况下该如何行事。我们认为，德米特里·尼古拉耶维奇的答复闪烁其词，于是普希金决定，亲自和娜塔莉亚·伊万诺夫娜谈谈。

第四章 长久分别

1833年8月7日,在获得最高层准许进行为期四个月的休假后,普希金将妻子和孩子们(和从前一样,在姨妈叶卡捷琳娜·伊万诺夫娜的照看下)留在黑溪镇的别墅中,动身上路了。8月23日晚,他到达了亚罗波列茨,在那里逗留了数小时,正如他所预料的那样,那是漫长的一夜。后来,普希金离开莫斯科,给妻子寄去一封描述他在岳母家逗留情况的信。

值此我的天使生日之时,我向你祝贺,我的天使,从你们家尼基塔房子的半楼上,偷偷亲吻你的眼睛,我将继续给你写我的奇异经历。昨天,我从亚罗波列茨顺利到达这里。星期三我到达亚罗波列茨时,天色已晚。娜塔莉亚·伊万诺夫娜接待我是再好不过的了。我发现她很健康,尽管她身边放着一根拐杖,没有拐杖她就不能走远。星期四我待在她家。我们谈了很多,说到你,玛什卡,还有叶卡捷琳娜·伊万诺夫娜。看起来,母亲因为你猜忌她很生气。但是,虽然她还是老毛病,抱怨过去的事,但是已不再痛苦。她很希望你明年夏天在她这里过。她住在破落的宫殿里,既安静,又孤独。她在你外曾祖父多罗申科的安葬之处旁辟出个菜园,我去祭拜过他。我的老朋友谢苗·费奥多罗维奇·杜申带我去他的墓地,带我去其他亚罗波列茨值得一看的各处走了走。我在房子里找到了古老的图书馆,娜塔莉亚·伊万诺夫娜允许我挑选我需要的书。我挑出三十多本,我要把这些书连同果酱和甜酒一起送回我们家。总之,突然造访亚罗波列茨,我收获颇丰。现在,爱妻,请听我说,德米特里·尼古拉耶维奇可怎么办

亚罗波列茨——冈察洛夫家族的贵族家宅,位于拉马河岸边,紧邻沃洛科拉姆斯克。

才好。他像国王的王子一样，凭借画像爱上了娜杰日达·切尔内绍娃伯爵小姐。听说，她是一个身材结实、黑眉毛、面色红润的少女。为了见她，他到亚罗波列茨两次，结果真的在教堂遇到了她。他兴奋异常。他从工厂写信，无法忘记**迷人的天仙似的伯爵小姐**，这让他夜不能寐……他一定要让娜塔莉亚·伊万诺夫娜向迷人的天仙似的伯爵小姐提亲。于是，娜塔莉亚·伊万诺夫娜到克鲁季科娃家，托她说媒。见到了迷人的天仙似的伯爵小姐，可她一口回绝了。娜塔莉亚·伊万诺夫娜担心这个消息会导致某种后果。我认为他不会开枪自杀。你怎么看？你该知道，他冬天还在琢磨这事，非常怀疑迷人的天仙似的伯爵小姐喜欢穆拉维约夫（一个圣徒）。为此，他想尽一切办法巧妙又含蓄地问他，像斯科季宁问侄子那样：米特罗凡，你想结婚吗？你瞧多滑头！和我们什么也不说。穆拉维约夫回答他，他很快就要当修道士去了，哥哥很高兴，**向伯爵小姐求婚**，写信让她相信，**他心情不好**。读他的信时，我要笑死了，可惜的是没将信为你向他要过来。我晚上离开了亚罗波列茨，昨天中午我到了莫斯科……

8月26日，莫斯科

也许普希金很有兴致去这些地方，因为古时就有沃洛科拉姆斯克县。16—17世纪，普希金的先祖，戈洛温和勒热夫斯基的家族就在这里居住，诗人相当熟悉家族历史。[①]

冈察洛夫家富丽堂皇的古老家宅，无疑给他留下深刻的印象，年久失修的院子据说是著名的拉斯特雷利[②]设计的，但现已显得"破败不堪"。

应该说，外孙女出生后，尤其是外孙出生后，娜塔莉亚·伊万诺夫娜和普希金的关系趋于好转。她殷勤招待的原因正在于此。我

[①] 参见И.奥博多夫斯卡娅与М.杰缅季耶夫的《普希金在亚罗波列茨》，莫斯科，1982年。
[②] 巴尔托洛梅奥·弗朗切斯科·拉斯特雷利（Бартоломео Франческо Растрелли，1700—1771），俄国建筑师，巴洛克式建筑的代表人物。——译者注

们接下来看到，1834年，娜塔莉亚·尼古拉耶夫娜带着孩子们到亚罗波列茨做客时，她多么热情地招待着普希金的孩子们。

谢苗·费奥多罗维奇·杜申和普希金一起在公园散步，参观多罗申科墓地，关于这个人应该说上几句。他是亚罗波列茨的掌权人，娜塔莉亚·伊万诺夫娜的近亲。二十年间，他把持着亚罗波列茨的所有事务，并对岳母有很大影响。家里人说，他曾抢劫过她，而1831年普希金写信给纳肖金，希望"挽救我岳母的破产处境，从谢苗·费奥多罗维奇的魔掌下挽救"那些钻石，就是娜塔莉亚·伊万诺夫娜在婚礼前"送给"女儿的那些钻石。因此，普希金那句"我的老朋友"自然是讽刺。

德米特里·尼古拉耶维奇向娜杰日达·切尔内绍娃伯爵小姐求婚之事，在诗人的信中占据很大篇幅。当然，他知道娜塔莉亚·尼古拉耶夫娜对这事特别感兴趣，但是还有另外一个原因，使他如此详细记述此事。这个原因我们接下来就讲。

关于切尔内绍夫一家，普希金什么也没说。然而，他们是冈察洛夫家的邻居（两家的家宅几乎近邻）。有趣的是，他们还是普希金家相当近的亲属。

格里戈里·伊万诺维奇·切尔内绍夫是宫廷显贵，最富有的地主，长子继承领地的主人，他的妻子伊丽莎白·彼得罗夫娜有六个女儿和一个儿子。儿子叫扎哈尔，未来的十二月党人。当时母亲已经去世。所有孩子都受到良好的教育。女儿们都以美貌闻名，在社交界取得很大的成功。

切尔内绍夫一家是有教养、有民主思想倾向的家庭。

我们来简要介绍一下。一位姐姐亚历山德拉·格里戈里耶夫娜嫁给总参谋部大尉尼基塔·米哈伊尔洛维奇·穆拉维约夫，1825年十二月党人起义的参与者，后来被判处做苦役。她随丈夫去西伯利亚，并将普希金的书信转交给十二月党人。

另一个女儿伊丽莎白·格里戈里耶夫娜嫁给亚历山大·德米特里耶维奇·切尔科夫，历史学家和考古学家，著名的切尔科夫图书馆的主人。他们住在莫斯科。在一封给妻子的信中普希金提到，他到切尔科夫家吃午饭。他有时会去他们家，因为他对少见的图书馆感兴趣。

还有一个姐姐娜塔莉亚·格里戈里耶夫娜嫁给尼古拉·尼古拉耶维奇·穆拉维约夫-卡尔斯基，1812年卫国战争的参与者，后来成为著名的统帅，是十二月党人的朋友。

还有个姐姐薇拉·格里戈里耶夫娜的丈夫是费德尔·彼得罗维奇·帕连，还在敖德萨时，他就与普希金一家认识。或许后来在彼得堡他们还见过面。有个有趣的发现是，费德尔·彼得罗维奇是刺杀保罗一世的组织者之一——著名的П.Л.帕连的儿子。

大姐索菲亚·格里戈里耶夫娜·切尔内绍娃替代母亲照顾妹妹们，她嫁给了伊万·加夫里洛维奇·克鲁格利科夫。在十二月党人事件后，判决了扎哈尔·切尔内绍夫，将切尔内绍夫家长子继承的全部地产和亚罗波列茨转给他。娜塔莉亚·尼古拉耶夫娜和冈察洛夫姐妹们在书信中经常提起薇拉·帕连、索菲亚·克鲁格利科娃和娜杰日达·切尔内绍娃。她们常去普希金在彼得堡的家里做客。冈察洛夫家人和娜塔莉亚·尼古拉耶夫娜也总去她们的家。

娜杰日达·奥西波夫娜·普希金娜在一封给儿子列夫·谢尔盖耶维奇的信中写道，她与伊丽莎白·格里戈里耶夫娜·切尔内绍娃见面了，伊丽莎白·格里戈里耶夫娜·切尔内绍娃说："回忆起我们一起共度的时光，真的很高兴。""我们"这个词说的是普希金家的上一辈和切尔内绍夫家很熟悉。

切尔内绍夫家唯一的备受宠爱的儿子扎哈尔·格里戈里耶维奇加入十二月党人组织，起初被派到赤塔监狱服苦役，之后被流放。幸亏父亲上下打点，1829年，他被编入高加索作战部队当列兵。他参加战斗时，子弹穿透胸膛，身负重伤。夏天，他在这里见到了随军到阿尔兹鲁姆的普希金。直到1833年3月，扎哈尔·切尔内绍夫才被提升为军官，获得休长假的权力。我们知道，1833年，他回乡探亲。这年夏天，想必他是在亚罗波列茨再次与普希金见面。可为什么普希金在信中过多关注德米特里·尼古拉耶维奇求婚一事呢？书籍、果酱和甜酒都说了不少，可对切尔内绍夫一家却避而不谈呢？因为担心当局暗中检查信件，出于谨慎，普希金在给妻子的信中对于和十二月党人见面之事只字未提。对于他来讲,与十二月党人的谈话应该十分有趣。

小女儿娜杰日达·格里戈里耶夫娜·切尔内绍娃风姿独具。切尔内绍夫家的亲属 М.Д.布图尔林①在其回忆录中是这样写她的:"男人的身材,皮肤黝黑,像吉卜赛女人,整个面颊泛起红晕直到耳边,漆黑的眼眸明亮动人。眉毛平直而浓密,头发乌黑。"(普希金形容她为"身材结实的少女,黑眉且面色红润"。)

普希金描写内兄求婚时讽刺的口吻十分明显。尽管娜塔莉亚·尼古拉耶夫娜说竭力给他和Х小姐(切尔内绍娃)做媒,但是冈察洛夫姐妹对这场婚姻并不看好。按当时的理解,对于富有尊贵的伯爵小姐切尔内绍娃来说,德米特里·尼古拉耶维奇不是理想的结婚对象。他当时有些耳背且口吃,并且没继承冈察洛夫家族的英俊外表。因此,他的机会非常渺茫。可他没有放弃希望,直到1835年,他再次求婚,遭到断然拒绝。

尽管普希金没有告诉妻子,写给德米特里·尼古拉耶维奇的信中提到哪些问题,无疑一定会谈到和岳母的谈话,同时也会提到声名狼藉的冈察洛夫家欠普希金的1.2万卢布的债。我们猜他没协商成,准备回来时再去亚罗波列茨。然而,娜塔莉亚·伊万诺夫娜料到他有此打算,将下面这封信寄给在莫斯科的普希金。

> 亲爱的亚历山大·谢尔盖耶维奇,您路过亚罗波列茨时,我记起,您说过希望回来时再到这里来看我,可我的好儿子德米特里执意让我回到工厂去。因不知道您返回的准确时间,又担心路上不好走,我今天就离开亚罗波列茨。如果您打算来这里只是为了看望我的话,我认为必须事先通知您,我已离开此地了。但是,如果您就是愿意走这条路,将亚罗波列茨当作您舒适的驿站的话,我会很高兴的。娜塔莉亚给我的信可以证

---

① 米哈伊尔·德米特里耶维奇·布图尔林(Михаил Дмитриевич Бутурлин, 1807—1876),俄国历史学家、回忆录作家。——译者注

明，她等您有多焦急，看来她因您不在家会很生气。她告诉我关于孩子们的消息，让我放心。祝愿您尽快平安地回家，衷心祝愿您幸福，我永远是您的朋友。

娜塔莉亚·伊万诺夫娜
1833年11月4日，亚罗波列茨

附笔：您的书将作为贵重物品，一有机会用雪橇为您送达。

娜塔莉亚·伊万诺夫娜百般辩解，没等女婿就离开是因为好儿子需要她回去，再者妻子焦急地等着普希金，因此他最好回到家庭的怀抱，不要将时间浪费在去亚罗波列茨的路上！显然，在普希金走后，经过思考她决定不与女婿见面，逃避可能承兑某种责任。总之，尽管和女婿的关系改善了，但事情只要涉及钱，娜塔莉亚·伊万诺夫娜显然还是忠于她自己。因此，她没有像承诺的那样，将自己的一部分领地分给普希金夫妇。

收到岳母的信后，普希金自然回来时没再去找她。

遍访普加乔夫故地期间，普希金探访了下诺夫戈罗德、喀山、辛比尔斯克、奥伦堡，有时到周围地方和当地的老住户交谈，他们会给他讲过去的故事。最后，10月时他到达波尔金诺，打算在那里整理收集的资料。总之，普希金整整三个月没在家。

夫妻俩第一次分离这么长时间。我们找到这个时期普希金写给妻子的16封信，只选择其中（已删节）涉及娜塔莉亚·尼古拉耶夫娜的主要形象、描绘夫妻关系的几封：

我的天使，似乎我做了件蠢事，将你留下，我又开始了居无定所的生活。我生动地浮现着每月一日的情景：巴拉什的债务、厨师、马车夫、药剂师、**席勒太太**[①]等人纠缠着你。你那里

[①] 席勒太太是时装店的老板。

钱不够用,斯米尔金①请求你的原谅,你为我担心,生我的气,就该如此。这还是好的呢,要是你又患脓肿,玛莎又病了,该怎么办?还有想不到的意外情况……②普加乔夫不值得如此。我随时有可能抛弃他回到你身边。我还是要到辛比尔斯克,在那里等候你的来信。我的天使,如果你够聪明,也就是健康、心情平静,那么我从乡村给你带回100卢布的商品,我们说好了。我们这里天气非常好!白天炎热,早晨有一丝凉意,好极了!你们那里是这样吗?你在黑溪镇上散步还是闭门不出呢?无论在任何情况下,都要保护好自己。告诉姨妈,虽然她爱你让我嫉妒,但请求主和上帝不要让她离开你,还要照顾你。再见,孩子们,喀山见。深深亲吻每个人,尤其是你。

(下诺夫戈罗德,1833年9月2日)

……今天我到省长布图尔林将军家做客。他和妻子非常周到亲热地接待我。他劝我明天在他家吃午饭。集市散了,我走在荒凉的铺子门前。这些场景给我的印象就像舞会散场时冈察洛夫家的马车渐行渐远一般。你看,尽管有市长之妻和她的姨妈③陪伴,我仍然爱娜塔莎·冈察洛娃,无论我身在何方,都会献上我的亲吻。再见,**我的美人、我的偶像、我最心爱的人,我何时能再见到你……**④

(下诺夫戈罗德,1833年9月2日第二封信)

普希金与娜塔莉亚·尼古拉耶夫娜分享旅行中的感想。他感到烦闷。集市空旷的场景让他想到舞会散场,当时娜塔莎·冈察洛娃

---

① 斯米尔金是普希金的出版商。
② 此处原文即为省略号。
③ 普希金给妻子信中所提的市长之妻和她的姨妈是普希金的旅伴。
④ 此处原文为意大利语,用黑体字体表示,下同,不再标注。——编者注

已经离去……

10月3日,他在省长米哈伊尔·彼得罗维奇·布图尔林家吃午饭。省长夫人的老相识利季娅·彼得罗夫娜·尼科利斯卡娅出席了午宴。诗人给她留下有趣的印象。下面是尼科利斯卡娅写的内容:

> ……今天,一个年轻人在布图尔林家吃午饭,没向我们介绍他,我不知道他是谁。我记得这位客人的外表,看模样他有三十多岁,蓄着短络腮胡子。他那有些黝黑的面庞很独特,但并不英俊。宽额头、长鼻子、厚嘴唇,总之五官不够端正。但他最出色的当属那双深灰略带蓝色的眼睛,大而明亮。无法形容这双眼睛:目光炽热同时不失温柔愉悦。我从未看见过比这更能表达聪明、善良和精力充沛的面孔了。他笑的时候,满口银牙白得闪光。他的举止风度文质彬彬,但十分灵活。他说话很动听。啊,在他朴素自然的话语中蕴含着多少聪慧和活力呀!他那么快乐,亲切,太美妙了!这个人我喜欢……

普希金的绝佳肖像被这个年轻女人生动、传神、真诚地描绘出来!

> 我的天使,你好。我5日就到达喀山,直到现在才有时间给你写下只言片语。现在我要去辛比尔斯克,希望在那里收到你的来信。在这里,我花很多时间与我的主人公的同代人(已是老者)进行交谈,走遍了城郊,参观了战役的遗址,边询问,边记录。我非常庆幸,探访这个地方没空手而回。
>
> 天气相当好,只是怕说多了反而变得不好。希望在雨季前走遍所有想看的地方,并且9月底待在乡下。
>
> 你身体还好吗?你们大家身体都还好吗?在路上时,我看见了一个1岁的小女娃,她像只小猫在地上爬,她已经长出两颗牙了。请告诉玛莎……
>
> (1833年9月8日,喀山)

我从诗人亚济科夫所在的村子给你写信,我到这里找他,他却没在家。这是我在辛比尔斯克的第三天。在扎格里亚日斯基①那里接到了你的来信。这封信让我欢喜,我的天使,但我还是要责备你。你有脓肿,却给我写了满满四页!你怎么不害羞!你就不能用四行字告诉我你和孩子们的近况?唉,好吧,上帝保佑你健康。我很高兴,谢尔盖·尼古拉耶维奇会陪着你,他非常讨人喜欢,你不讨厌他……如果房子还舒适,就什么也别做,租下它,至少可以待在家里。我非常担心你的状况,留给你的钱太少了。旧账没算清,随时添新债。我的旅行很有意义,但还是原封未动,一字未写。我连做梦都想到波尔金诺去,在那里闭门不出……吻你和你们大家。衷心祝福孩子们。保重。我很高兴,你没怀孕。向叶卡捷琳娜和弟弟谢尔盖致意。

(1833年9月12日,亚济科沃村)

我昨天到达这里。筋疲力尽,路上很寂寞,天气寒冷。明天去亚伊克河②流域的哥萨克那里。在那里待上三天,之后路过萨拉托夫和奔萨,然后起程回村里。

小妻子怎么样?你寂寞吗?没有你,我很忧郁,要不是羞愧,我会直接回到你身边,可一行未写。是的,不行,我的天使。既然拿起轭索,就不能说身体弱。也就是,既然出来写作,就要小说一部接一部地写,诗歌一首接一首地创作。我觉得,我有个愚蠢的主意,要在马车上写作,这可怎么好,可在床上做什么去?③……你自己的事安排得怎么样了?我担心,你身边人手少。你不再雇一个吗?我希望你找个女的,你和男仆

---

① A.Мю.扎格里亚日斯基是辛比尔斯克的省长,娜塔莉亚·尼古拉耶夫娜的远房亲戚。后来,1843年,普希金的弟弟列夫·谢尔盖耶维奇娶他的女儿伊丽莎白·亚历山德罗夫娜为妻。
② 亚伊克河,现称乌拉尔河。
③ 普希金喜欢躺在床上工作。

亚历山大·谢尔盖耶维奇·普希金的肖像,画家O.A.基普连斯基画于1827年,他的同时代人都说,这幅肖像与普希金本人惊人地相似。

可怎么处得来。这些我都放心不下，像我父亲一样多疑。我还没提孩子们。上帝保佑他们健康，还有你，小妻子。再见吧爱妻。我回乡下前，别再等我的信。吻你，并祝福你们……

（1833年9月19日，奥伦堡）

在普希金的信中，蕴含着多少爱恋，多少温柔："再见，**我的美人、我的偶像、我最心爱的人，我何时能再见到你**"……对于他来说，没有任何人比这个女人更完美、更珍贵、更亲近。

普希金担心妻子和孩子们的健康。娜塔莉亚·尼古拉耶夫娜在生孩子后时常患乳腺炎。这就是他总问脓肿的原因。

对家庭的关怀像一条红线，贯穿于所有书信之中。普希金明白，他留给妻子的钱不够她维持家用。预料到"意外情况"发生：娜塔莉亚·尼古拉耶夫娜租了新住所。让诗人高兴的是，这段时间，谢尔盖·尼古拉耶维奇住在他家。毕竟家里有个男人在。

还有两封娜塔莉亚·尼古拉耶夫娜在1833年写给德米特里·尼古拉耶维奇的信，应该和丈夫给她的这几封信放在一起。

万分抱歉，亲爱的米佳，我这么迟才给你回信，可是能怎么办呢，我又患了脓肿，像去年一样，这病让我遭受可怕的折磨，因此影响我给你早些回信。现在我急于给你写信，是因为切尔内绍娃伯爵小姐辜负了你的一片深情而要安慰你。可怎么办呢？亲爱的朋友，忍一下吧。我认为你的想法是正确的。我想这个穆拉维约夫（圣徒）在这件事上威胁到你了。我知道，去年他在亚罗波列茨待了整整一个夏天，和他们全家频繁交往。你希望他那英俊的外表没给年轻姑娘留下印象，这不太可能。至于你，我清楚你很理智，希望你的激情像燃起时那般快速地熄灭。只是请告诉我，在得知拒绝后，你没想过自杀吗？

你知道谢廖沙对于你有什么阴险的打算吗？他断言，如果你娶了切尔内绍娃伯爵小姐或者别的女人的话，他会不顾羞耻地诱惑她。据他所说，借助于你的妻子，能从你那里搞到更多的钱。（你怎么发现呢？）建议你提防这个年轻人，你知道他多精明。

关于钱，我对你有个请求，可能会让你惊讶，可是能怎么办呢，我现在处境很困难，又不能求助于丈夫，因为他在俄罗斯游历四方，居无定所，9月末或10月初才会回下诺夫戈罗德的住所。因此，我斗胆恳求你帮我解决所处的窘境。当然，如果这没给你增加负担的话，至少要给我寄几百卢布来。否则就断然拒绝我好了，不必为我的请求而生气。亲爱的朋友，请相信除非迫不得已，我不会向你求援，因为我从未打算在你几乎要自杀的时候打扰你。

我丈夫留给我的钱是足够的，可我被迫将钱都用于给房东交新寓所的房租上了。我没想到要交1600卢布的定金，这就是我现在口袋里一戈比都没有的原因。看在上帝的面子上，尽快给我回信。你的信在本月15号前寄达，我还会在黑溪镇收到，要是晚些，我就已经到城里了。我本想给你我新家的地址，但我还没记准。我想这房子是一位奥利维耶先生的，但这未必对你有用。再见吧，亲爱的米金卡，温柔亲吻你，不要为我的请求而生气，如果你解决不了，就请忘了吧。

1833年9月1日，星期五，黑溪镇

我刚收到你的信，亲爱的德米特里，为这帮我借到的500卢布，对你千恩万谢。钱我已经拿到了，保证11月份还。看在上帝的面子上，像你对我承诺的那样，就请尽量认真些，因为我第一次借钱，还和我了解很少的人借钱。如果失信于人，就会陷入到巨大的困境中。这些钱对我来说犹如从天而降，不知道该怎么感谢你。我还留下不多的钱，不是身无分文，可是带着孩子处在这种境地特别可怕。如果我不付1600卢布房子定金的话，丈夫给我留下的钱，到他回来前本该够用。他没料到我缺钱，我也没有办法通知他，因为只有下个月他才会有固定的住所。现在我只能写到这儿了，我要穿戴一番，去会客、吃午饭了。

温柔地亲吻你，谢廖沙也是同样。他在我这里住到10月8日，之后去诺夫戈罗德。请看背面。

这是我的地址：链桥旁潘捷列依曼对面奥利维耶家。　．

1833年9月27日，彼得堡

娜塔莉亚·尼古拉耶夫娜在收到普希金从莫斯科寄来介绍在亚罗波列茨的情况的信之后，才写这封9月1日的信。这里我们看到他的反应。普希金询问，求婚被拒后，德米特里·尼古拉耶维奇有没有自杀，而娜塔莉亚·尼古拉耶夫娜提的也是这个问题。这当然是在开玩笑。她也开弟弟谢尔盖的玩笑。顺便说一下，普希金对谢尔盖非常好。提到的安德列·穆拉维约夫是切尔内绍夫家的邻居，也像德米特里一样，非常迷恋娜杰日达·格里戈里耶夫娜，可他也没有成功。后来，1838年，她嫁给了Г.Д.多尔戈鲁基公爵。

普希金长期离家，因此，娜塔莉亚·尼古拉耶夫娜不得不在家庭生活中第一次作出重要决定，租住新住宅。应该说这是当时流行的做法，去别墅过夏天（当时他们住在城郊很久了，有五六个月了），出于经济考虑放弃旧房子，而秋天一到就搬到另外的住宅去住。显然，普希金家总这样做。在彼得堡生活的六年间，他们换了几处住宅。

娜塔莉亚·尼古拉耶夫娜这次想必是租住的住宅更大些，以便孩子的房间更宽敞，普希金的书房布置得更舒适。毫无疑问，这件事是在姨妈叶卡捷琳娜·伊万诺夫娜的帮助之下办成的，或许是她找的这套住宅。娜塔莉亚·尼古拉耶夫娜到那里只看过一次，甚至记不准地址。

普希金觉得租金有些贵。9月12日他给妻子写道："如果房子还舒适，就什么也别做，租下它，至少可以待在家里。"而10月8日他从波尔金诺写道："……上帝保佑……尽管有些贵，但房子总算找到了。"

娜塔莉亚·尼古拉耶夫娜给德米特里的第一封信让我们重新评

判她对丈夫的态度。不得已向哥哥求助时,她强调丈夫留给她的钱是足够的,陷入困难局面是她一个人的错。在第二封信中她向哥哥重申:"……丈夫给我留下的钱,到他回来前本该够用……"绝非偶然。德米特里·尼古拉耶维奇在9月1日给妹妹回信时,明显责备普希金临走时没给家里留下足够的钱。这让娜塔莉亚·尼古拉耶夫娜很难受,触犯了她,她不得已再次强调,丈夫没料到她钱不够用。一向谨慎柔弱的她信中所说没有一句不是在暗示哥哥说话不讲分寸,但她的信太短太枯燥,这种情绪只能在字里行间流露出来。

10月1日,普希金终于到达了波尔金诺,第二天就给妻子写信。

> 我亲爱的朋友,我昨天到了波尔金诺,原以为在这里会有你的来信,但一封也没找到。你们怎么样了?你身体还好吗?孩子们健康吗?你想想,我的心都要死了。
>
> ……进入波尔金诺后,我遇到几个牧师,看见他们像看见辛比尔斯克兔子①一样生气。难怪诸事不顺。小妻子,要当心,我不在你身边,你随时有可能染上恶习而忘记我,到处卖弄风情。寄望于上帝,还有姨妈。也许他们会保护你远离闲散生活的诱惑……
>
> 我很荣幸带给你的是,在你面前,我如同新生儿般纯洁。我跟着七八十岁的老妇人们缓慢费力地赶路,年轻些的六十岁的妇人我看都不看……现在希望将许多材料整理好,写出许多作品,之后满载而归……
>
> 请原谅我,为了普加乔夫留下你。主与你们、我的孩子们同在。吻你,小妻子,愿你聪明健康。
>
> (1833年10月2日,波尔金诺)

我的天使,现在我突然收到你的两封来信,这是离开辛比

---

① 在路上遇到兔子和牧师被认为不是好兆头。

尔斯克之后第一次收到你的信。这些信是怎么到我这里的,我不明白:你在下诺夫戈罗德省阿勃拉莫沃村写的信,可关于县城的事只字未提……我想象得出你的奔波与懊恼,上帝保佑,你还健康,玛莎和萨沙还活蹦乱跳的……别吓唬我,小妻子,别说你卖弄风情去了,那样的话,我什么也不写就回到你身边,但是我们没钱会陷入困境的。你最好真的让我保持平静,而我抓紧创作。我在波尔金诺已经一星期了,将整理好关于普加乔夫的记录,诗歌暂时还在酝酿。如果沙皇允许我出版札记,那么我们就会有三万的现金。我们能还一半的债务,会过上非常快乐的生活……吻并且祝福你们所有人。衷心地向姨妈叶卡捷琳娜·伊万诺夫娜致意,并感谢她周到的安排。再见。

(1833年10月8日,波尔金诺)

我的天使,一句话:请到普列特尼奥夫那里去一趟,请求他在我回来前叫人把《法律汇编》(1774年、1775年还有1773年)中所有有关普加乔夫的命令都抄下来。别忘了。你的情况怎么样?你的肚子呢?这个月请不要等我,11月末等着我。请别干扰我,不要吓唬我,健健康康地照顾孩子们,别和沙皇及柳芭的公爵小姐的未婚夫[①]卖弄风情。我非常繁忙,不见任何人,我要带给你许多各种各样的东西……说到你,关于你美丽的传闻都传到我们牧师妻子这里了,她相信你是十全十美的,不仅是容貌,还有身材。你还要什么呢?请原谅,吻你,并祝福。吻姨妈的手。玛莎会说话了吗?会走路吗?长牙了吗?我要给萨沙吹口哨。再见。

(1833年10月11日,波尔金诺)

[①] 她的未婚夫是С.Д.别佐布拉佐夫。娜塔莉亚·尼古拉耶夫娜的爱慕者。柳芭是希尔科娃公爵小姐。

今天收到你10月4日的来信,衷心谢谢你。上礼拜天没收到你的信,还愚蠢地生你的气,昨天我痛苦极了,不记得以前也曾这样忧郁涌上心头。我很高兴,你没怀孕,任何事情都干扰不了你在如今的舞会上大展风采……我不妨碍你打情骂俏,却要你冷静、注意体面、自重——我不是说举止无可指摘,举止不是风度问题,而是更为重要的问题。你想要与索洛古勃伯爵小姐一争高下,随你的心愿,小妻子。你是个美人,是个争强好胜的女人,她不过是个自私的人。你何必将她身边的爱慕者都抢光呢?这一切就像舍列梅捷夫伯爵跟我抢基斯捷涅沃庄园的庄稼汉一样。

除了奥加廖夫还有谁向你献殷勤?给我来份按字母顺序排列的名单。写写你常去的地方,卡拉姆津一家、梅谢尔斯卡娅和维亚泽姆斯基一家怎么样……我的没长牙的普希金娜怎么样了?这些牙真让我伤脑筋!红头发的萨什卡好吗?他那一头红发像谁?我没想到他是这样。现在来说说我自己吧,工作懒散,又慢又马虎。这些天总头疼,忧郁折磨着我,现在轻松些了。很多事开了头,什么都不愿意去做,上帝知道,这是怎么了。人上了年纪,头脑就不灵光了。我的天使,你的青春气息使我精力充沛。11月底前别等我,我不想两手空空地出现在你身旁。既然拿起轭索,就不能说身体弱——既已开始,就要做到底。你也别怪我……

(1833年10月21日,波尔金诺)

昨天收到你两封来信,我的朋友,谢谢,但我还是要数落你几句。看来你卖弄风情不得其法。当心,平白无故地卖俏已经不流行了,并且被当成品行不端的标志,这不无缘由……我求你,我们家别搞这些传统的早餐会。亲吻你,我的天使,就当什么也没发生过,并且为你详细诚实地写你不理智的生活而

> 感谢你。小妻子，你玩吧，只是别玩得过分，别把我忘了……给我写写你在舞会上的表现，从你的信上看，那些舞会大概已经开过了吧。是的，我的天使，别再打情骂俏了。我没有吃醋，我知道你绝不会做出荒唐的事情来。可你知道，我多不喜欢莫斯科小姐们的气味，没教养的模样……我回来要是发现你那可爱质朴的贵族风度变了，我会离婚，基督做证，要伤心地去当兵。
>
> 你问我过得如何、变英俊了吗？首先，我留了大胡子了。髯须和胡须是男子汉的骄傲。走到街上，人家都叫我大叔。七点醒来，喝咖啡，写作到下午三点。不久前才写顺手，已经写了许多。三点骑马，五点沐浴，然后吃饭，吃土豆和荞麦粥。读书到九点。这就是我的一天，而且天天如此……
>
> （1833年10月30日，波尔金诺）

普希金很久没收到妻子的书信了，因为她的地址写得不准确。不安干扰着他集中精力。但最终灵感来临，他着手写作："我在写作、在奔波忙碌，不见任何人，我要带给你许多各种各样的作品……"10月11日，他是这样告诉娜塔莉亚·尼古拉耶夫娜的。

我们认为，诗人在波尔金诺的书信应该被与以前的书信区别对待。但诗人游历四方，忙于为作品收集资料，遇到新朋友。家里人和叶卡捷琳娜·伊万诺夫娜一起住在别墅里，他没有因娜塔莉亚·尼古拉耶夫娜在社交场合出现而感到不安。

然而，10月来临，普希金一家人从别墅搬出来，住进新房里。彼得堡上流社会的"活跃期"又恢复了，上流社会客厅的大门敞开着，开始发放晚会和舞会的邀请，当时人们不习惯拒绝这种邀请。看来娜塔莉亚·尼古拉耶夫娜也应邀参加，当然不是一个人去，是和叶卡捷琳娜·伊万诺夫娜·扎格里亚日斯卡娅姨妈一同前往的。普希金知道，她身边总是围绕着一群爱慕者，这让他担心。没有他的陪伴，她会表现得不如他所愿。诗人比娜塔莎大13岁，通过他的书信，可以感觉到,在最初的几年里,他对待她像对待小姑娘那样呵护、时刻提醒。他相信妻子的爱,但是不喜欢一些围绕在娜塔莉亚·尼古拉耶夫娜身边的迷恋者,他想"按字母顺序"知道这些名字。

作为年轻女人,她喜欢男子的爱慕,这是完全自然的。谁能责备她呢?不应该忘记,把妻子的美貌引以为傲的普希金本人,很愿意让她出席社交活动,尤其最初的几年。

许多都取决于普希金当时的心情和状况。一会儿他写:"不妨碍你打情骂俏",一会儿又说:"看起来你卖弄风情不得要领",马上改口:"亲吻你,我的天使,就当什么也没发生过","小妻子,你玩吧……别把我忘了"。

1834年,娜塔莉亚·尼古拉耶夫娜去莫斯科看望亲人时,普希金写道:"你想怎么卖弄风情我都允许",也就是知道她从未超出行为规范,不必拘束、自由自在。

在普希金同代人В.И.达里的词典里,"卖弄风情"一词的意思为眉目传情、装腔作势、搔首弄姿。当然普希金无法想象,他妻子的举止是这副形象。在他的理解中,"不卖弄风情"意味着在社交场合要矜持,他要她"冷静、体面、庄重",担心娜塔莉亚·尼古拉耶夫娜活泼的性格和自然的举止在拘谨古板的上流社会里会给谴责和谣言留下借口。

甚至给诗人妻子以负面评价的谢戈廖夫也写道:"上流社会对待卖弄风情的态度极大地刺激了普希金。在这暧昧的交往方面担心自己'**戴绿帽子(龟公)**'[①]并没使普希金愤怒。在叙述普希金和丹特士的决斗事件时,应该强调并记起普希金对待卖弄风情态度的特点。"

普希金在宫廷和上流社会的处境非常艰难。他作为伟大的诗人、俄罗斯的骄傲,由于情势所迫在上流社会中游走。忌妒、仇恨和恶毒包围着普希金,年轻妻子每次言谈举止稍有不慎,都给闲话和谣言留下口实。当然,不排除她在步入上流社会之初犯的某个小错误,那是从上流社会规范的角度来看必须严格遵守的。自尊心极

[①]指妻子有外遇的丈夫。

亚历山大·谢尔盖耶维奇·普希金在波尔金诺,画家Г.Д.韦涅奇安画。

强、为人骄傲的诗人正是担心这点。

普希金创造了一个年轻女人的理想形象,他将其如此情真意切地反映在《奥涅金》中的达吉雅娜身上。他希望他深爱的妻子像已婚的达吉雅娜一样:

> 她就像一幅肖像,
> 端庄、稳重,
> 没人比她更美丽。
> 但在她身上,从头到脚
> 找不到任性和专横
> 令人感到庸俗的气质。

这里我们看到的端庄和稳重这些词句,都是诗人在给妻子的信中提到的。但是,娜塔莉亚·尼古拉耶夫娜还是很完美的。在彼得堡社交界的最美女人中,没人能和她媲美。

她的举止自然、矜持羞涩、信任他人(这一切都让普希金如此喜欢他的娜塔莎),都与上流社会的太太们的举止形成鲜明的对比。忌妒她美丽的这些太太们傲慢、爱搬弄是非、善于将自己的想法掩藏在殷勤的笑容背后,而背地里散布谣言,对诗人妻子的行为造谣中伤。

诗人去世之后,П.A.维亚泽姆斯基在给娜塔莉亚·尼古拉耶夫娜的信中写道:"您的心灵太过纯净,太过自然,没有远见……美丽是一种恩赐,但很昂贵。您就是上流社会的权力和力量,但您知道,所有人竭力扑向每一个权力,即便这个权力只能给人留下再小的借口。"

维亚泽姆斯基的话再次印证了普希金担心的事情。

"她太出众。"前文已经提到的普希金学者A.Ф.奥涅金写道:"作为伟大诗人的妻子、俄罗斯最美的女人之一,她极小的疏忽、不当的举动都会被人立刻发现,进而赞赏变成妒忌的谴责,严厉且不公正。"很不公正……

普希金与娜塔莉亚:渴求平静的心

普希金这样说自己:"我像我父亲一样多疑。"这种多疑滋长了诗人的想象,有时让他在信中直言不讳,让他害怕,他不在时妻子突然不明缘由地改变品行。然而,我们记起叶罗普金娜在讲娜塔莎年轻时说,她极有分寸,善于自持,一切都是端庄正派的。

但是,也许甚至诗人妻子毫无过失的举动也会给普希金招致不好的谣传,不仅出自上流社会的沙龙,而且来源于他不曾怀疑的朋友家的客厅里。接下来我们会看到,谣言和对娜塔莉亚·尼古拉耶夫娜行为的误解,甚至来自于卡拉姆津家。

根据1833年普希金的书信判断,娜塔莉亚·尼古拉耶夫娜非常想让丈夫尽快回家。她无端地吃他的醋,但一定是了解他生性热情而吃醋。在给丈夫的书信中,看来是夸大了自己在社交界的成功和爱慕者的求爱,认为这样会让普希金尽快回来。

"别吓唬我,爱妻,别说你在卖弄风情。"诗人在11月11日写到。"在我男子汉分内的忙碌之外,别再给我增添家庭纠纷、争风吃醋等。"(1833年11月6日,波尔金诺)

婚前,普希金喜欢过许多女人。对其中一些女人,他曾疯狂地爱过(两情相悦或无疾而终,幸福或不幸),而另外一些则"半死不活"之后是大失所望,很快忘却。我们推测,他大部分的罗曼史娜塔莉亚·尼古拉耶夫娜是知道的,是从他的话语中知道的。

已经结婚了,普希金还喜欢彼得堡的美女。娜塔莉亚·尼古拉耶夫娜并不是毫无根据地吃他和非常漂亮迷人的娜杰日达·利沃夫娜·索洛古勃伯爵小姐的醋的。他在1832年献给她一首极好的诗:

> 不,不,我不该,不会,也不能
> 陶醉在失去理智的爱情冲动中。
> 我应十分珍视心灵的平静,
> 不要让自己的心灵燃烧而忘怀……

在从波尔金诺寄出的许多信中,诗人千方百计地消除妻子吃醋的疑虑,一会儿开玩笑说只追七十多岁的老妇人,一会儿又保证他像新生儿一样纯洁,甚至叫索洛古勃为"自私的人",想以这种方式让娜塔莉亚·尼古拉耶夫娜相信,她要比伯爵小姐漂亮百倍(虽然无论如何也不可能称娜塔莉亚·尼古拉耶夫娜为"争强好胜的婆娘")。还有,他和索洛古勃什么关系都没有……除了一时被年轻漂亮的姑娘吸引,一点都不认真。

普希金从波尔金诺写给娜塔莉亚·尼古拉耶夫娜最后的一封信时间是1833年11月6日,11月中旬他已经到莫斯科了,而20日就回到了彼得堡。

"我发现家中井井有条。"他11月24日从彼得堡给帕维尔·沃伊诺维奇·纳肖金写信,"当时妻子去参加舞会了。我去找她,像市长夫人命名日酒宴上带走县城来的小姐那样,将她领回家。"

1833年,波尔金诺之秋是普希金创作的高产时期。他完成了《普加乔夫史》(*История Пугачёва*)、《死公主与七勇士的故事》(*Сказка о мёртвой царевне*)、《渔夫和金鱼的故事》(*Сказка о рыбаке и рыбке*)和一些诗歌,最后是他那分量超重的长诗《青铜骑士》(*Медный всадник*)。因此,如他所写,诗人带着"丰盛的成果"回到了娜塔莉亚·尼古拉耶夫娜身边。

但遗憾的是,这却没给普希金带来他预想的经济收益。

第五章 亚麻布厂的夏天

1833年12月初，普希金将《普加乔夫史》和《青铜骑士》呈交给"帝王的检查员"。他通过卞肯多夫请求沙皇，准许他自费在官家印刷厂印刷《普加乔夫史》，并给他担保，贷款两万卢布，两年还清。沙皇准许出版这本书，但要求将书名从《普加乔夫史》改成《普加乔夫叛乱史》。普希金指望这本书能卖四万卢布，在还清官家部分债务同时还清部分急需还清的欠款之后，手中还有一定的闲钱。《青铜骑士》没有通过审查。沙皇要求改动长诗的一系列地方，普希金拒绝了。

根据1833年12月31日沙皇的命令，普希金突然被赏赐成为宫廷低级侍从，这是沙皇给他的新年"礼物"。

"……再告诉你一些消息。"普希金给纳肖金写道，"从1月起我当了宫廷低级侍从。《青铜骑士》没有通过审查，这让我蒙受经济损失和心情不快！不过，好在《普加乔夫史》通过了审查，沙皇出钱给我出版。这实在让我甚感欣慰。沙皇加封我做宫廷低级侍从，当然只是考虑我的官衔，却没考虑我的年纪——真没想到会刺痛我。"（1834年3月中旬）

普希金用非常温和的口气告诉纳肖金自己当上了宫廷低级侍从的事（我们注意到，这件事情已过了两个多月了），他不想在信中表达得更直白，知道朋友能明白一切。他在1834年1月1日的日记中写道："第三天，我被赐予宫廷低级侍从身份（对于我的年龄相当不合适）。但是宫廷希望娜塔莉亚·尼古拉耶夫娜常到阿尼奇科夫宫跳舞。"1月7日，普希金在剧院遇到米哈伊尔·巴甫洛维奇大公，他祝贺普希金有新的头衔。"十分感谢，殿下。"普希金在日记中写道："迄今为止，大家都嘲笑。您是第一个祝贺我的人。"我们猜，他说这话就是为了让沙皇知道……

宫廷低级侍从是一个很小的宫廷头衔，通常被赐予年轻人。比如，德米特里·尼古拉耶维奇，就是娜塔莉亚·尼古拉耶夫娜的哥哥，1829年就得到了这个头衔，当时才21岁。当然，沙皇同样的"恩赐"对于诗人是一种侮辱。H.A.斯米尔诺夫在《纪念笔记》中谈道："他们让普希金做宫廷低级侍从，激怒了他，因为这个头衔对于一个34岁的人显然不合适。更为侮辱他的是，有些人说，给他这个头衔是为邀请他妻子到宫里来提供借口。"

众所周知，尼古拉一世喜欢娜塔莉亚·尼古拉耶夫娜，按普希金的说法，像个"小军官"那样，对她大献殷勤。可能沙皇很希望在宫廷舞会上看到她。但是我们认为，在宫廷低级侍从事件中，这不是主要的。普希金写道，《青铜骑士》没有通过审查。赐封普希金这个小官衔难道不是尼古拉一世对《青铜骑士》的报复，"你等着瞧吧！""你是谁呀？"沙皇想，"像你的叶甫盖尼那样，胆敢叛乱不成？我就要侮辱你，践踏你。"尼古拉一世很清楚，宫廷低级侍从对于普希金意味着什么。当然，普希金参加这些宫廷舞会和接待备感煎熬（而拒绝邀请是不可能的，我们后来看到，因普希金没出席沙皇的命名日庆祝，沙皇是怎样对待他的）。穿梭在胸前挂满勋章和绶带的将军和穿着"条纹长袍"的高级宫廷侍从中间，他打心底感到厌恶。因此，我们认为，娜塔莉亚·尼古拉耶夫娜出现在宫廷里不是起因，而是结果。可是沙皇也知道，普希金不喜欢他对其妻子献殷勤……

1834年，《普加乔夫史》出版紧张的准备工作摆在普希金的面前。此外，他不得不为抵押父亲的地产奔波忙碌。谢尔盖·利沃维奇轻率鲁莽，完全信任监守自盗使农民破产的管事，导致必须用领地抵债。希望挽救父母免于彻底的破产，普希金亲自管理领地。但是除了麻烦事，没带给他任何东西。

年初，普希金接到朋友纳肖金的信。信上说，他娶了薇拉·亚历山德罗夫娜·纳加耶娃为妻。诗人1833年就认识她，那时她还是纳肖金的未婚妻。普希金非常喜欢这个姑娘，他建议朋友立刻娶她。

> 你不曾想到，你的来信让我有多高兴，我的朋友……看了来信的开头我就知道，你很平安也很幸福……娜塔莉亚·尼古拉耶夫娜很想结识你的薇拉·亚历山德罗夫娜，在她们还没见面的时候，请你帮她们成为朋友，她真心地爱你，向你表示祝贺……常言道，不幸是一所好学校，也许吧。但幸福是一所最好的大学。幸福能培养人向善向美的心灵，我的朋友，你的心灵就是这样向善向美，我的心灵亦是如此，这你是知道的。当然我们两不相欠，假如你要为自己的婚姻感谢我，我也希望薇拉·亚历山德罗夫娜爱我，如同娜塔莉亚·尼古拉耶夫娜爱你那样。

（1834年3月中旬）

幸福是一所最好的大学……多美妙的话语。已婚的普希金在这所"大学"学习。如果此前他还只想着自己和工作，那么现在就应该关心家庭。对于他来说，这些新的责任唤起他新的情感，是丈夫又是父亲，为创作注入了新鲜力量。普希金30年代的创作充分说明了这一点。

"今年冬天舞会多得可怕……"普希金在3月中旬给纳肖金的同一封信中写道，"好不容易到了大斋前那个星期天，我想，谢天谢地，舞会终于完了。她常常进宫。突然我察觉情况不对，她流产了，必须把她送走。谢天谢地，现在她痊愈了，过几天去卡卢加她姐姐那里，她们被我顽固的岳母害苦了。"

还在1833年，娜塔莉亚·尼古拉耶夫娜就打算探望亲友。为了妻子流产后能恢复健康，普希金决定让她带着孩子们到亚麻布厂德米特里·尼古拉耶维奇那里度夏。

1834年4月中旬，娜塔莉亚·尼古拉耶夫娜去了莫斯科。普希金留在彼得堡度夏，因为要到档案馆工作（公差），并为《普加乔夫史》出版做准备。

"你好吗，爱妻？你干吗要走？萨什卡和玛什卡没什么吧？基督与你们同在！愿你们朝气蓬勃，健康无恙，快回莫斯科来。"普希金4月17日写信给妻子。

> 我的心肝儿，给你寄的两封信，出于好奇还有吝啬（想少付邮资）才这样分装，并寄去滴剂制作方法。劳驾别忘了仔细读一下斯帕斯基的，按照说明去制作。爱妻，这会儿你该快要到莫斯科了吧，你越来越轻松，我……你的姐姐们都盼着你，我能想象到你们的快乐。当心别像个小姑娘，别忘了你已是两个孩子的母亲，还流过一次产。爱惜自己，小心点，跳舞要节制，少散步，快到家乡了……
>
> （1834年4月19日）

> 我的爱妻天使！我刚接到你从勃隆尼齐写来的信，真心感谢你。我焦急盼望着托尔日科的消息，希望你旅途的疲惫能尽快消散。愿你在莫斯科健康愉快、心情舒畅。我将你的信捎给姨妈了，不是自己送去的，因为我在装病，害怕遇见沙皇。这几天节日我都待在家，不想去祝贺，迎接皇位继承人。皇位近在眼前，或许我看不到那一天。我见过三位沙皇，第一位命人摘去我的帽子，因为我数落我的保姆；第二位看不起我；第三位至少在我年事已高之时，让我去宫里当低级侍从。我可不愿带着这个头衔去服侍第四位沙皇。不是身在福中不知福！让我们看看，我们的萨什卡和这位同名的皇族能否处得来。我和同名人就没处好。上帝保佑他别走我的老路，不要写什么诗，不要跟沙皇吵架！在写诗方面他超不过他爹，毕竟姜还是老的辣……
>
> （1834年4月20日）

这封信是夫妻间亲近真诚关系的证明。普希金写沙皇的话还是很坦率的，他没白说，我们接下来就会看到。

在莫斯科等待娜塔莉亚·尼古拉耶夫娜的有亚历山德拉、叶卡捷琳娜、德米特里·尼古拉耶维奇。他们都是从亚麻布厂来迎接妹妹的。他们在尼基塔大街的房子里共度复活节。

娜塔莉亚·尼古拉耶夫娜是否和生病的父亲见面,不得而知。我们认为,当时由于复活节,不是他的酗酒期,还是会见面的。娜塔莉亚·伊万诺夫娜没到莫斯科来,不想看见和她吵架的女儿们。

1834年4月28日,普希金在给妻子的信中写道:"拿母亲能怎么办呢?既然她不愿意自己上门来看你,那你就上她那儿住一两个星期,虽然这样既增加开支又让你劳累。家中吵嘴,我真替你担心。记住先知大卫王和他的风流韵事!"

看来,5月7日至8日娜塔莉亚·尼古拉耶夫娜带着孩子到亚罗波列茨去看望母亲。然而,普希金对于"家庭纠纷"的担忧显然是多余的。阔别三年之久和女儿及外孙们相见的喜悦,娜塔莉亚·伊万诺夫娜将之非常亲切地表达在1834年5月14日给普希金的信中。

在给您回信之前,我亲爱的亚历山大·谢尔盖耶维奇,我要衷心感谢您,让您的妻子和孩子到我这里来,给我带来了欢乐。三年的分别,因为她对我的那份感情,再次相见不能不使她激动。但是她没有感到任何的不适。看样子,她十分健康。我保证,她住在我这里的这段时间里,我不会给她带来任何的不快,只不过我希望她更愿意在我这里多住一段时间。不过如果你们已经商量好,我当然不能阻止。

您在信中对我的信任,珍视我给娜塔莉亚的爱和您给她的爱,这都让我十分感动,您给予的信任我不会辜负,我愿用我的有生之年来证明。

您的孩子们实在太好了,他们和我开始熟悉起来,虽然一开始玛莎抗拒外祖母。

您信中写,您打算秋天到我这里来,我特别欢迎您到我这里团聚。

虽然娜塔莉亚看起来在我这里感觉不错,但是很容易发现

普希金的孩子们,Н.И.弗里津戈夫给娜塔莉亚·尼古拉耶夫娜·冈察洛娃的纪念册画的插图。

那份因您不在而产生的落寞。再见,衷心祝您永远幸福。请您相信,我永远是您的朋友。

这封信不知道为什么直到今天始终没引起普希金学界应有的关注。同时,这封信首先对于评价娜塔莉亚·尼古拉耶夫娜对普希金以及娜塔莉亚·伊万诺夫娜对女婿的态度都非常重要。

显然,担心"家庭纠纷"的普希金写信告诉岳母,娜塔莉亚大病初愈,请求照顾她,这就是娜塔莉亚·伊万诺夫娜写不会给女儿带来任何不快的原因。

在我们看来,为了不让普希金担心家人,她想尽快寄出这封信。这无疑是在普希金来信的影响下,可惜,我们没有找到普希金的这封信。

孩子们在改善他们的关系中起了很大作用。娜塔莉亚·伊万诺夫娜非常爱所有的孙辈们,无论是普希金家的,还是冈察洛夫家的,应该考虑对这个女人的重新评价。

前文已经不止一次提到,婚前及婚后初期,娜塔莉亚·伊万诺夫娜与普希金关系紧张,有时甚至是敌对的关系。她的性格确实是很难与人相处。她很不讨人喜欢,比如她自私贪婪,与信仰上帝又假仁假义没什么两样。实际情况亦是如此。迄今为止,研究者掌握的大部分文件都证明了她性格恶劣的一面。

但是,只用黑色调描绘娜塔莉亚·伊万诺夫娜未必公正。她也有好的一面。我们接触到,她从未刊登的书信(多达200多封)涉及不同年代,直到1848年她去世。这些信大多是写给长子德米特里·尼古拉耶维奇的。据此评价娜塔莉亚·伊万诺夫娜可能就是另一样了。尽管她的性格中有自私的一面,但娜塔莉亚·伊万诺夫娜力图维持家庭和睦应得以重视。为此,她多次给儿子德米特里·尼古拉耶维奇和他的妻子伊丽莎白·叶戈罗夫娜去信。

彼此之间的和睦是首要的幸福,上帝的仁慈赐予和睦的家庭,上帝让我们所有人承蒙恩泽。

……彼此之间真诚地相爱——上帝仁慈赐予你们家庭安宁,我最希望如此。

这些话与祝福普希金和娜塔莉亚·尼古拉耶夫娜始终不渝的幸福交相呼应。

自从女儿出嫁,已经过去三年了。似水流年,许多事改变了。改变的还有岳母和女婿的关系。她不是笨女人,她清楚女婿的高尚和无私,十分珍惜他对女儿的一片深情。而富有同情心的诗人立即作出回应。"我已经给娜塔莉亚·伊万诺夫娜写信。"在4月30日的信中,他告诉亚罗波列茨的妻子,"代我亲吻她的手,多说点好话。"E.A.多尔戈鲁科娃公爵夫人证明,娜塔莉亚·伊万诺夫娜"喜欢上普希金了"。而且毫无疑问的是,伟大诗人的荣耀及和宫廷的亲近关系使她心生敬意。

根据娜塔莉亚·伊万诺夫娜给普希金的书信判断,娜塔莉亚·尼古拉耶夫娜向母亲谈到自己的家庭生活、她和丈夫的关系及他们在一起很幸福。"……衷心祝您永远幸福。请相信,我永远是您的朋友",这些话出自娜塔莉亚·伊万诺夫娜口中说明许多事情。娜塔莉亚·伊万诺夫娜书信的语气是真诚的,看来这是对普希金给她的信和离别三年母女谈话的反应。

娜塔莉亚·尼古拉耶夫娜随之附信。这是我们知道的她写给丈夫仅有的几行信。

我下不了决心写信给你,因为我没什么跟你说的。这些天我一有机会就告诉你我这儿的新闻。妈妈险些将信放到下一个邮递时间,但是她害怕,你会为没有我们的消息而担心。这让她熬夜写了这封信,她和我都很疲惫,因为我们整天都待在户外。

从妈妈的信中你可以看出,我们大家都很好,因此我没什么写给你的。我在结束这封信时,温柔地亲吻你,我打算一有机会就给你写信。总之,再见,祝健康,别忘了我们。

1834年5月4日,星期一,亚罗波列茨

娜塔莉亚·尼古拉耶夫娜的附笔总共只有几行，没给我们机会对她给丈夫的书信进行总体评价。我们发现，这封信是用法语写的，可是如果她给哥哥德米特里写信的话，总是会用亲属间习惯用的法语词"您"，那么我们这里看到，她给丈夫写信用的法语词是"你"。应该说法语的"你"比俄语的"你"亲密得多。无疑语气上的拘谨说明，这是母亲信的附笔。显然是在母亲的坚持下写的，娜塔莉亚·尼古拉耶夫娜知道，母亲一定会读这几行信的，她感到情感宣泄不自由。

娜塔莉亚·尼古拉耶夫娜住在母亲那里大概两个星期。无疑，和母亲见面，故地重游让她非常高兴。普希金给妻子往亚罗波列茨寄了四封信。这些信饱含温柔的关心与担忧。

"没有你，我很寂寞。"他在5月18日写道，"时时刻刻都想回到你身边，哪怕待上一个星期也好。我离你而去已月余，还要挺到8月。你要保重，担心你去骑马散心。还不知你骑术如何，不过很勇敢，马鞍你坐得住吗？这就是我想问的问题。上帝保佑，让我看见你健康无恙，孩子们活泼快乐！我总是不喜欢彼得堡，总想辞职，总想跑到波尔金诺去，总想逍遥自在地过日子！依赖别人真没意思，特别是20多岁的人还不独立。我说的不是你，而是自我解嘲。祝福你们大家，祝福孩子们。"

普希金提到的"骑马散心"让人有理由推测，在亚罗波列茨，娜塔莉亚·尼古拉耶夫娜和那个着迷于骑马、身边总是围绕着附近庄园年轻人的娜杰日达·格里戈里耶夫娜·切尔内绍娃一起到公园和小树林里散步。可能，那时扎哈尔·切尔内绍夫也在亚罗波列茨，和娜塔莉亚·尼古拉耶夫娜相识。

就在这封信的开头，普希金告诉娜塔莉亚·尼古拉耶夫娜，他的一封信"落到警察局等地方去了"。他警告妻子，不要将这些信给任何人看："任何人也不该知道我们之间的事情。我们的卧室任何外人都不能进。没有秘密就没有家庭生活。"诗人也许不单指的是4月20日寄往莫斯科的信，而是全部的信件，担心都被拆封了，诚实的妻子会和娜塔莉亚·伊万诺夫娜及亲戚说，而通过他们这件事能传得更远。普希金警告的"等地方"是什么意思,我们现在看一下。

普希金的这些书信中的一封,即4月20日被警察暗中检查的那封信,我们前文已经提过了,它甚至传到沙皇手中。得知此事后,普希金为与妻子私人通信的内容不但在第三厅广为人知,而且连沙皇都知道,而深感受辱与愤怒。

诗人久久无法平静("邪恶的不是你而是其他人"),因此他的信是如此的冷淡和气愤。后来他写信给她:"对此事我已不再生气,因为**从本质上讲**,身处在肮脏环境中不是他的错。久居茅房,不觉其臭……这么一想,你就不会厌恶了,亏他还是位绅士。唉,我好想逃到空气清新的地方去呀。"难道普希金打算让这封信送到沙皇那里去……(1834年6月11日)

5月末,娜塔莉亚·尼古拉耶夫娜辞别母亲,答应她从彼得堡回来的路上还会再来,到哥哥那里度过整个夏天。5月29日,普希金给她寄信,已经寄往亚麻布厂了。

……你问我在做什么。没有什么正经事,我的天使,在家一直写作到四点,没去过社交活动……领地的事让我很窝火。你同意的话,看样子我该辞职不干了,松口气,脱下那身满足我的虚荣心的低级侍从制服。遗憾的是,我还没穿过它炫耀一番。你虽年轻,却已是一家之母。尽一位好母亲当尽之责,对你来说并非难事,如同你做好诚实善良妻子的本分那样。经济依赖与家庭氛围不好是可怕的,任何表面的成功都抵不过安逸与满足,这就是对你说教吧。你让我8月前到你那儿去。我愿意进天堂,可罪孽深重不让进。难道你认为我不厌恶这肮脏的彼得堡吗?生活在诽谤和告密之中,我会快乐吗?

你问我《彼得一世传》写得如何?进展缓慢,我在积累素材,一切就绪,突然我又要浇铸铜纪念碑,不可能将它从城东拖到城西,拖过一个又一个广场,一个又一个胡同……姨妈很疼我,为了给我过生日,她送来一箱好吃的东西,有甜瓜、草莓和麝香草莓,因此我担心拉着肚子迎接我不平静的36岁生日。再见吧，我的朋友。我很苦恼，所以请原谅我几封气愤的信件。

暗中检查事件、经济困难、令他不胜其烦的父母领地的处理，所有这一切都让普希金产生了去乡下住上一段时间的想法，以便可以放松、休息、创作文学作品。彼得堡令他厌恶。他毫不怀疑，妻子会支持他。

娜塔莉亚·尼古拉耶夫娜对他《彼得一世传》的进展情况感兴趣。说到"铜纪念碑"，普希金指的是彼得一世纪念碑安放情况（1744年，拉斯特雷利的雕塑作品），这座纪念碑多次由一个地方移到另一个地方。这同时在暗示他的作品的意义，他的作品能历经风雨，屹立不倒。

与其他许多信一样，这封信说明妻子是普希金分享心中所想的"情投意合"的最亲近的人。但是当局侵犯他的私生活，甚至偷看他和妻子的通信，给诗人留下不可磨灭的印象。

> 我没给你写信，是因为邮局的龌龊行径搅得我意兴阑珊，连拿鹅毛笔的力气都没有。思及有人偷听我俩说话，让我**真的**怒不可遏。没有政治自由也能生活，但如果家庭生活受到侵犯却无法生活：服苦役也比这强得多。这不是写给你的……别为我信中的冷漠而生气，我是硬着头皮写的。

（1834年6月3日）

> 我亲爱的天使，我已给你写好了四页的信，可是因为写得太痛苦、太忧郁，我就没给你寄去，只好另写一封。我无法排解，没有你，我生活得寂寞，甚至不敢将心中所想全都写给你。你提到波尔金诺，住到那里倒是好，却难以做到。此事我们还来得及再续。别生气，爱妻，我对你诉苦，别往坏处想。我从未想过为你的依赖而责怪，我就该娶你为妻，因为没有

你,我将一生不幸。但我不该任公职,更糟糕的是债务缠身。家庭生活的依赖让人更道德。我们出于虚荣心或贫穷产生的依赖性降低了我们的人格。现在,他们将我看作随心所欲的使唤奴隶。失宠比鄙视要轻松些,就像罗蒙诺索夫说的那样:甚至在上帝面前,我也不想当侍从丑角。各方面你都没错,错的是我,心地善良,善良到愚蠢的程度,尽管阅历丰富也是一样。

(1834年6月8日)

宫廷低级侍从的名声,公职的束缚,向官家借钱出版《普加乔夫史》,这一切都让诗人不得安宁。显然,娜塔莉亚·尼古拉耶夫娜在给丈夫的信中提到,家庭生活困难是因为她过于依赖,若是不结婚,他还是自由和幸福的。"我就该娶你为妻,因为没有你,我将一生不幸。"普希金这样回答。

妻子不在身边,普希金很寂寞,晚上的孤单让他苦恼,于是他去饭店,俱乐部。"……主要是我习惯去久马那里和英国俱乐部了,没有什么可夸耀的。""……在金钱方面,我实在愧对你,钱是有过……①却输光了。怎么办?我性格暴躁,要找点消遣才行。全怪某人,可上帝又护着他,他要放我回家该有多好。"(大约1834年6月27日、28日)普希金没对妻子有任何隐瞒,和她分享沉重的心理负担。

……我在郑重考虑辞职一事,必须考虑我们孩子的前途。我已查明,父亲的领地已无药可救地破败了,只有厉行节俭才可能好一些……这件事上你是正确的,我不该管这件麻烦事,我为此奔波劳碌,无人会对我说谢谢……倘若我今天死了,你们会怎么样?身穿条纹制服,埋在拥挤的彼得堡公墓,不像上流社会的人那样风光地安葬在教堂开阔地,这对我的安慰很少。你是聪明贤惠的女人,你能理解这个道理,让我变成富人

---
① 此处原文就是省略号。

吧，那样的话，我们就能随心享乐……

这封信大约写在1834年6月28日左右。6月25日，普希金以受家事所累及不可能常住彼得堡为由，通过卞肯多夫向沙皇呈上辞职申请书。回复接踵而至：沙皇不想勉强任何人在违背意愿的情况下为他工作。只要他本人愿意，就准许他辞职，但不再有权使用档案馆。这意味着普希金要中断刚开始的历史题材的鸿篇巨制《彼得一世》的创作。茹科夫斯基劝说诗人放弃这个打算，在老友的压力下，普希金硬着头皮收回了申请书。7月22日，他在日记中写道："上个月暴风骤雨。险些没和宫廷吵翻，好在一切都平安无事，我总算挺过来了。"

这个夏天他去找妻子的事，不止一次被打断。

……因事没去找你，要交付印刷《普加乔夫史》，要抵押领地，还要去张罗事情。你的信让我难过，同时又让我高兴。如果你因没收到我的来信而哭泣，表明你还爱我，爱妻，为此我要亲吻你的手和脚。你要是能看见我有多努力、多忙着看校样、使劲儿催雅科夫列夫就好了！只等8月份回到你身边。

（1834年7月11日）

7月底，普希金完成了校对，8月4日呈交到下诺夫戈罗德和卡卢加休假三个月的申请。普希金临行前更换了住所。他租下了位于加加林河岸普拉切奇桥（洗衣桥）旁的巴塔舍夫房子的整层楼。

看来，普希金于8月16日—8月17日间离开了彼得堡。在莫斯科几乎没有停留，在娜塔莉亚·尼古拉耶夫娜命名日前赶到亚麻布厂。普希金和全家人一起庆祝这一天和生日。他给娜塔莉亚·伊万诺夫娜寄去贺信。

尊敬的娜塔莉亚·伊万诺夫娜母亲大人：

尼古拉·巴甫洛维奇（1796—1855）——1825年至1855年，俄罗斯帝国沙皇，波兰沙皇和芬兰大公，被称为尼古拉一世，沙皇保罗一世与玛丽亚·费奥多罗夫娜的三儿子，沙皇亚历山大一世的亲弟弟，沙皇亚历山大二世的父亲。

我很遗憾，自彼得堡返回途中没能前往亚罗波列茨。否则，就能有幸看望您，也可少走几俄里路，还可绕过我不喜欢的莫斯科，不至于在那里逗留数小时。此时我已到亚麻布厂，除萨沙外，我看大家身体都还健康，我还得离开她们几星期，为父亲的事到下诺夫戈罗德乡下走一趟。我送妻子去您那里，我也会尽快赶去。不能跟您一起庆贺你们母女的命名日，她很不开心。这有什么办法！对我的无能为力感到抱歉。暂且向您祝贺8月26日，并为27日衷心感谢您。我的妻子太可爱了，和她生活得越久，我就越爱这可爱纯洁又善良、我在上帝面前哪方面也配不上的人。在彼得堡我常遇见哥哥伊万·尼古拉耶维奇，谢尔盖·尼古拉耶维奇在我那里几乎一直住到我离开。他正忙着张罗家当。一切平安，两位都健康。

亲吻您的手，我和家人全凭您照顾了。

亚·普希金
大约（不晚于）1834年8月25日，自亚麻布厂

普希金结婚已经四年。这些年越来越使他深信，自己的选择是正确的。在这些给妻子的不多却如此情真意切的话语里，有多少爱意和温柔……27日是娜塔莉亚·尼古拉耶夫娜的生日，诗人感谢娜塔莉亚·伊万诺夫娜，为她给予这美妙纯洁的人儿以生命。我注意到书信热情的语气。这证明普希金在妻子不在时，保持着和她兄弟们的良好关系。谢尔盖·尼古拉耶维奇应征入伍。在下一封信中普希金写道，他穿上新制服英姿飒爽。

娜塔莉亚·尼古拉耶夫娜这个夏天在亚麻布厂住在被称作红楼的不大的房子里。这里远离嘈杂的纺织厂，毗邻冈察洛夫家主楼，她感觉非常好。房子是木制的，两层楼，有14个房间。随时能为大家提供舒适住宿，还能沐浴。爷爷阿法纳西·尼古拉耶维奇为了招待许多客人，将房间布置得很好。

这栋楼坐落在非常美丽的花园之中，花园中有观赏植物和灌木丛，富丽堂皇的花坛。楼的正面对着水池，由倾斜平缓的石阶通向水池。水池的岸边被修剪成奇特造型的云杉环抱。难怪老住户将花园的这个角落称为人间天堂。在花园中曾有爷爷留下的暖房，在这些暖房中种植着珍稀的水果树，有柠檬树、橙树、杏树甚至菠萝树。那里曾是"果实累累的果园"。

普希金在亚麻布厂将近两星期的时间里，和全家人就住在这栋楼里。从那时起，这栋楼很长时间成为"普希金楼"。那时，娜塔莉亚·尼古拉耶夫娜和普希金有时带着孩子们，有时就两个人在花园中散步、骑马，有时和冈察洛夫家聚会。也许，大家一起到大房子里吃午饭，晚上经常在那里共度时光。普希金在冈察洛夫家的图书馆里写作，那里有很多他感兴趣的古老书籍，其中包括和彼得一世历史有关的书籍。他离开时，带走了一堆德米特里·尼古拉耶维奇送给他的书。

然而，对于普希金在亚麻布厂逗留，还有一种说法。

普希金一直想在乡村有自己的一方角落，在那里他能待上几个月，休息和写作。结婚后，他立刻开始尝试购买小块地产。1831年，他还住在皇村时，就与米哈伊洛夫斯克的邻居普拉斯科维亚·亚历山德罗夫娜·奥西波娃通信，商讨购置邻近庄园萨夫基诺的事宜，但由于一系列的原因，这桩交易没有成功。

"我的天哪，亚麻布厂要是我的，任何东西都不能把我引诱到彼得堡来。"普希金从彼得堡给娜塔莉亚·尼古拉耶夫娜的信中写到。"睡梦中我都想到你那里去，我要是能待在你们莫斯科城外乡下，可要烧高香了。让我挣点钱吧，不是为了我自己，而是为了你。我不爱财，但尊重金钱是维持我体面和自立的唯一方法。"

1834年，冈察洛夫家打算出售离亚麻布厂不远的庄园尼库利诺。显然，娜塔莉亚·尼古拉耶夫娜在丈夫到来之前筹备地产事宜，并和哥哥谈希望将尼库利诺卖给他们。普希金考虑到《普加乔夫史》可以收入一大笔钱。可以推测，他同意拿出一笔钱购置这所不大的庄园，而其余的钱用冈察洛夫家欠他的债（前文提过的1.2万卢布）

和给娜塔莉亚·尼古拉耶夫娜的嫁妆抵补。

根据晚些时候（1859年之后）卡卢加省居民居住地清单记载，尼库利诺列为"业主村庄"，从而那里有教堂和贵族的房子。尼库利诺距亚麻布厂55俄里的路程。虽无直接证据表明，但完全有理由认为，他带着娜塔莉亚·尼古拉耶夫娜到过那里，否则他人在莫斯科也不会决定买下尼库利诺。

这个庄园的遗迹今天还能找到。在原址附近是如今的尼库利诺，它离美丽如画的沙尼亚河不远，可以看到残存的古老楼房的底座、石头围墙、通往宅院的椴树林荫路和公园遗迹。我们提到的贵族宅院在1859年时还存在，这栋老宅记载于冈察洛夫家族档案1863年的清单之中。在俄罗斯，还有一个地方与亚历山大·谢尔盖耶维奇·普希金有关，尽管时间很短……

在莫斯科，普希金以С.Г.克瓦斯尼科夫（冈察洛夫家前任管家）的名义提交委托书，这个人有权在拍卖会上竞拍（地产因债务拖欠卖给卡卢加社会救济厅），并为他买下尼库利诺。

然而，这桩买卖没有做成。我们认为，拍卖被叫停，是因为尼库利诺属于长子继承制地产，不应当出售（在1843年娜塔莉亚·伊万诺夫娜写给儿子的信中提到了这件事情）。

在亚麻布厂的家庭会议上，还讨论了一个重要的问题，是关于冈察洛夫姐妹，叶卡捷琳娜和亚历山德拉要搬到彼得堡的事情。

当时对于贵族女子来说，改变命运唯一的机会就是出嫁。冈察洛夫姐妹整年住在乡下，出嫁无望。事实上，1831年，县首席贵族亚历山大·尤里耶维奇·波利瓦诺夫曾向亚历山德拉·尼古拉耶夫娜求婚，普希金和纳肖金做媒，但是娜塔莉亚·伊万诺夫娜不想听到有关这桩婚姻的事情。我们推测，可能与波利瓦诺夫的兄弟参与1825年十二月党人起义事件有关。

如我们所说，叶卡捷琳娜及亚历山德拉同母亲的关系时常紧张。也许双方都有错。

娜塔莉亚·伊万诺夫娜，虽然在信中大谈她当母亲的感受，但实际上并不关心女儿们，不愿意冬天住在莫斯科，以便将女儿们嫁出去。

这是亚历山德拉·尼古拉耶夫娜1832年给在彼得堡的德米特里的信,那时爷爷还健在,在首都挥霍生命:

> 我们又被上帝的意愿所抛弃了。妈妈刚才去了亚罗波列茨,她要到那里住上一段时间,如她所想,几个星期,之后当然还要再几个星期,因为一旦她住到那里,就不会很快离开。我已经预见到可亲爷爷的愤怒,当他知道她离开了,如果他不命令我们从这里离开去她那里,我们无论如何都会惊讶的。
>
> 妈妈离开前夕,卡列奇茨基一家来了,在这里住到1号。说说爷爷可别见怪,我遇到极其荒唐可笑的事,他生我们的气,原因是我们邀请他们住这么短的时间。况且,他自己总是装出年轻人的派头,在所有的消遣上花大把的钱。塔莎写信说,在这里等他完全是徒劳的,因为他特喜欢住在彼得堡。其实这并不难,我很乐意做这样的事,假如他给我哪怕他花的一半的钱。那里不适合老头寻欢作乐。然后他当我们是疯子,将我们丢在亚麻布厂或亚罗波列茨。这太不合我的意。如果情况没好转,我们还要在这里度过冬天。我非常想知道,他们打算对我们的迷人人物做什么。亲爱的米坚卡,难道不把我们从深渊中拉出来,实现我们经常和你说的计划吗?这种情况下,如果你同意的话,我希望也能说服妈妈。尽快给我们回复。

冈察洛夫三兄弟和娜塔莉亚·尼古拉耶夫娜都住在彼得堡。姐妹俩自然向往搬到这里,也许这就是她们的计划。

按普希金的一封信判断,起初本打算借助扎格里亚日斯卡娅和娜塔莉亚·尼古拉耶夫娜的帮助,两姐妹能被安排到宫中做宫廷女官。但是,普希金不喜欢妻子管这些操心事。

> ……你何必把姐姐们安排进宫呢?第一,人家可能不同意。第二,即便接收了,你想想看,在这肮脏的彼得堡,又会流传出

些什么乌七八糟的议论呢。为别人求人情，你太好了吧。我的天使，等着吧，你守了寡，老了，到那时你或许能成长舌妇、当上九级文官夫人。我对你和姐姐们的忠告是，离宫廷远点，宫里没好事。你们都不富有，不可能什么都指望姨妈。

1834年6月11日，彼得堡

看来，之后的话就不便说，话题就涉及叶卡捷琳娜·尼古拉耶夫娜一个人，最后决定，亚历山德拉·尼古拉耶夫娜住在普希金家。

但是应该说，诗人不同意姐妹俩搬家。他习惯了自己安排一切（我们通过他的书信可以看出这一点），认为她们的到来将会限制他，给妻子带来麻烦。

> 你却想把两个姐姐带在身边，唉，爱妻！小心……我的意见是：一家人应当单独住在一所房子里，丈夫、妻子、孩子，暂时他们还都小。如果父母都已年迈，也可以住一起。要不然麻烦事不断，家也不得安宁。不过此事我们以后再谈。

（1834年7月14日）

但这个问题也许在普希金家里出现得还要早，原则已经定下来，普希金给妻子的信证明了这一点。

> 我和房东奥利维耶大吵了一架，要另找房子，尤其是姐姐们和你要来。

（1834年6月30日）

> 如果你真想把姐姐们接来这里，我们不可能留在奥利维耶的住宅里：没地方。

(1834年7月14日)

普希金和奥利维耶吵架是因为,他让守门人晚上10点锁大门,限制了普希金的自由。因此,或许普希金家搬家和姐姐们没关系。顺便说一下,正赶上一个合适的方案:维亚泽姆斯基一家出国了,普希金喜欢他们的房子。

娜塔莎,我的天使,你知道吗?我租下了维亚泽姆斯基现在住的一层楼房。公爵夫人即将出国,她女儿的病可不是闹着玩的,恐怕是肺病。

(1834年7月26日)

我租下维亚泽姆斯基的住宅,要搬过去,把家具和书籍搬过去,那时才有希望启程。上帝保佑我,顺利到达你家的领地……

(1834年8月3日)

因此,在亚麻布厂,关于这个问题商谈的基础实际上已经准备好。当然,叶卡捷琳娜和亚历山德拉请求普希金夫妇收留她们,其实姐妹俩在家庭中的地位相当悲惨,使他们不可能拒绝她们。

9月初,普希金一家和冈察洛夫姐妹离开了亚麻布厂。普希金将大家留在莫斯科,前往波尔金诺处理父亲领地的事情,他通常更愿意在波尔金诺居住和写作。

姐妹们在莫斯科住上一段时间,为去彼得堡做准备。娜塔莉亚·尼古拉耶夫娜去了一趟亚罗波列茨和母亲告别,她只带着玛莎去,这让一向疼爱外孙的娜塔莉亚·伊万诺夫娜非常伤心。无论是叶卡捷琳娜·尼古拉耶夫娜还是亚历山德拉·尼古拉耶夫娜,都没去看望母亲。

大概9月25日,普希金全家和姐姐们前往首都。可以想象一下全家人出行的场面:孩子一群、保姆一帮、女仆好几个、大包小裹!德米特里·尼古拉耶维奇护送他们到彼得堡。10月末,他去了娜塔莉亚·伊万诺夫娜那里,向母亲汇报对彼得堡的印象以及姐妹们安顿的情况。

我们知道,普希金在波尔金诺有领地的事情要处理。他那部分领地原属于父亲已故的哥哥瓦西里·利沃维奇·普希金。他的私生女玛格丽特没有继承权,其丈夫是别佐布拉佐夫,但她仍然想得到点什么。玛格丽特的丈夫别佐布拉佐夫到波尔金诺找到普希金谈判,因为普希金有父亲授权管理普希金家族地产的委托书,父亲是"瓦西里·利沃维奇的合法继承人"。普希金设想将波尔金诺的两部分土地重新合并。

他将别佐布拉佐夫的造访情况告诉了妻子。

> 哈哈,好不容易把他打发走了。他在我这里坐了两个钟头,我们俩都在耍滑头,愿上帝保佑,事实上我能胜他一筹,言语上我已经胜过他了。我能想象到你一定在偷笑,你当我是傻瓜,又上了他的圈套,走着瞧吧。我一到莫斯科,两天便能了结此事,回彼得堡我就是好汉一条,就是波尔金诺之主了……
>
> 现在我这里有两个农夫,带着呈文来找我。我不得不与他们周旋,这两位也许比我更狡猾……①
>
> 也许你现在在亚罗波列茨,说不定在考虑何时动身。急盼你的来信……我在这里很好,就是寂寞,一感到寂寞就想回到你那儿,就像你感到害怕时就往我身边挤那样。亲吻你和孩子们,为你们祝福。我还没有开始写作。

(1834年9月15日、17日,波尔金诺)

"我能想象到你一定在偷笑……"娜塔莉亚·尼古拉耶夫娜对丈夫很了解,知道他不善于进行生意谈判。我们先将结果说一下,普

---

① 此处原文就是省略号。

希金没能买下波尔金诺的第二块地产，这块地产后来被拍卖售出。

这个秋天，诗人工作得并不顺利。他担心一家人怎样到达彼得堡，在新房子里怎样安顿下来。因为搬家，娜塔莉亚·尼古拉耶夫娜很久没有写信。

> 我到乡下快两个星期了，尚未收到过你的来信。非常寂寞，我的天使。既没有写诗灵感，也没有抄小说。我在读瓦尔特·司各特①的作品，还有《圣经》。总在想你们……看来这个秋天我在波尔金诺不会住太久。我的事总算办成了。我写得顺不顺手，还要再等等看，否则上帝保佑我尽快离开这里。计划在莫斯科停留两三日，在娜塔莉亚·伊万诺夫娜那里住一天一夜，然后去见你。实际上，没你在身边就是写得不起劲嘛，脑袋里空空如也。

（1834年9月20日，波尔金诺）

诗人这次没在波尔金诺停留多久，10月4日，他到达莫斯科。

之前一直不知道，1834年普希金去没去娜塔莉亚·伊万诺夫娜那里。但是，我们在冈察洛夫家的档案中找到了一封信，这封信让我们查明了普希金生平中这个有趣的事实。普希金在莫斯科逗留几日，大概10月9日至10日到达亚罗波列茨。娜塔莉亚·伊万诺夫娜非常殷勤地招待了女婿。我们认为，他到岳母那里是为了谈两个问题。其一是关于购买尼库利诺的问题，其二是关于姐姐们搬到彼得堡的事情，我们认为这是主要的。自己家接纳姑娘们，普希金在某种程度上要对她们负起责任。当然经济方面也要讨论，因为姐姐们应该从德米特里·尼古拉耶维奇那里获得一定数额的生活费，而没有母亲的同意，他在家庭问题上什么也做不了。

---

① 瓦尔特·司各特（1771—1832），英国著名的历史小说家和诗人，欧洲历史小说的创始者。——译者注

亚历山大·谢尔盖耶维奇·普希金与娜塔莉亚·尼古拉耶夫娜·冈察洛娃夫妇,普希金画在1832年《北方之花》选集出版记录背面的画。

还有一个情况让娜塔莉亚·伊万诺夫娜盼望女婿的到来。1833年起,切尔内绍夫家发生几件大事。8月,在亚罗波列茨,他家一下子举办两场婚礼:1834年3月,退伍的扎哈尔·格里戈里耶维奇·切尔内绍夫迎娶叶卡捷琳娜·阿列克谢耶夫娜·捷普洛娃,而娜塔莉亚·格里戈里耶夫娜·切尔内绍娃嫁给省长H.H.穆拉维耶夫-卡尔斯基。总之,切尔内绍夫家只剩下一位姑娘待字闺中了,她就是娜杰日达·格里戈里耶夫娜。我们知道,她没嫁给安德列·穆拉维耶夫,拒绝了德米特里·尼古拉耶维奇。但是,娜塔莉亚·伊万诺夫娜大概想要决定借普希金的帮助再试一次。她希望她和著名诗人的亲属关系(同时普希金本人和切尔内绍夫家也有亲属关系)可以影响长姐索菲亚·格里戈里耶夫娜·克鲁格利科夫,她会说服娜杰日达·格里戈里耶夫娜答应德米特里·尼古拉耶维奇的再次求婚。

为了这个目的,她将诗人领到切尔内绍夫家。

"普希金路过亚罗波列茨来到我这里,我和他一起去了切尔内绍夫家。"娜塔莉亚·伊万诺夫娜10月23日给儿子写道,"大家都好心要促成你的好事,可是这件事我们拿不定主意,什么也没说。"

普希金对内兄求婚这件事的态度我们已经知道了,他想必是回避当媒人的使命,而娜塔莉亚·伊万诺夫娜为了不让儿子伤心,这样介绍情况,好像环境不合适,他们还"拿不定主意"开始谈德米特里·尼古拉耶维奇提亲这件事。然而正如我们在后文看到的,倔强的德米特里并没有放弃。

第六章 冈察洛夫姐妹在彼得堡

就这样，冈察洛夫姐妹住进了普希金家。在《普希金周围》一书中，我们刊登了叶卡捷琳娜·尼古拉耶夫娜和亚历山德拉·尼古拉耶夫娜写自彼得堡的44封信。在这里，我们引用了其中的一些信，因为这些信反映了普希金家的情况、娜塔莉亚·尼古拉耶夫娜及普希金对待她们的态度。姑娘们在妹妹家找到了温暖友好的栖身之地。同时也不要忘记，姨妈叶卡捷琳娜·伊万诺夫娜在姐妹们的命运中起到了积极的作用，她在服装方面帮助她们，正如我们所见，这些服装十分昂贵。姐妹俩连桌子和房间都有份。她们的钱总是不够，经常给哥哥德米特里写信，要求帮助。

现引用叶卡捷琳娜·尼古拉耶夫娜的一封信。

刀不砍认罪的人，我希望得到最尊敬的兄长的最大的宽恕。唉，懒惰是极美好的东西，对吗？请想象一下，已经两个多礼拜我们一直打算给你写信，但一天拖一天地耽搁了。然而，今天我鼓足最大的勇气，要寄出所有的信件，因为，说实话，我一开始写信，一切都会变得美好。

我给你讲些什么呢？是否应该从最大城市的新闻讲起呢？就这样吧。因此，我应该告诉你，在14日至15日的深夜，别人用无赖的行为，就像大炮射击那样，将正处于最安静和香甜梦境中的我们唤醒，迫使我们分享公爵夫人顺利分娩的幸福喜悦，她还是生了一个客厅中无用的点缀，我指的是女儿安娜，也许这会让公爵极其高兴。而现在该告诉你，在所有你亲爱的妹妹中，我是你的最懒惰、最卑微、最忠诚的仆人。因此，向你献上一千零一次亲吻的普希金娜夫人让我向你转达下列嘱托：1.写信给安德列耶夫，让他尽快给我们寄来装舞会礼服的箱子。它落在莫斯科的房子里，我们托他寄过。2.给我们寄些甜酒来，也许要从伊利伊奇诺寄，还有麝香草莓或草莓，问一下费菲娜。3.在新年前给我们送四轮马车来，用紫红色①黑铜装饰，紫红色丝绸包边。4.上文提到，普希金娜夫人请你慷慨些，为仆人的制服付钱，因为你的穷妹妹们付不起钱，钱刚刚够用到1月份。这方面是开玩笑的，我们花了不多，我们手边的钱非常少。我们用它来应急。你看，我们是非常节俭的，每花一分钱都很伤感。如果你赐予我们的爱是最昂贵的东西，那么塔莎就会寄给你账单。现在，亚历山德拉小姐让我亲吻你并转告你，她将通过第一趟邮班、第二趟邮班或第三趟邮班给你寄信，也就是她那里一有什么有趣的事就告诉你。让先生②相信，他是最先给你写信的，他是第一趟邮班寄出信的，但是我们之间说，我想他在撒谎。现在他忙着弹钢琴。他几乎所有的时间都待在我们这里，只在给他送东西时才回皇村，并且像获得自由般地立刻回来。普希金是前天早上10点到的。他告诉我们你们所有的新闻。他去过母亲那里，天知道她跟他说了我们许多什么坏话，此外还断言，塔莎最后一次去母亲那里时，是我们背地唆使她没带儿子去看她。我们知道，这又是一桩归咎于我们的过错。我们看过两次法国剧和一次德国剧，出席娜塔莉亚·基里洛夫娜家的晚会，在那里我们无聊极了。在菲克利蒙伯爵夫人的招待会上，别人把我们介绍给几个上流社会的人物，一些年轻人要求和我们介绍认识，我们希望他们是首场舞会的男伴。我们要去好多家拜会，这让我们很不开心，人们像看北极熊一样看着我们，想知道普希金娜夫人的姐姐们长什么样，因为菲克利蒙伯爵夫人在自家招待会上正是这样将我们介绍给几位女

---

① Массака——微带紫色的深红色。
② 让指的是伊万·尼古拉耶维奇·冈察洛夫。

士的。在那里，我们认识了整晚都在塔莎身边的帕连伯爵夫人。她非常殷勤。昨天她到我们这里来，但这不合规矩，相信要立刻回访她。听帕连说，你的伯爵小姐11月份要和克鲁季科夫一家一起来这里，因此请安排相应事务，圣诞节前带着我们的马车快来吧。姨妈对我们非常好，已经送给我们每人两套晚会的裙子，并且还要再送两套给我们。她说专给我们拨了一笔钱。从她那方面来说非常热情，当然，如果她不给我们提供帮助也有理由，我们不可能把我们的钱拖延到需要的时候。再见，衷心地亲吻你，姐妹们也是同样。孩子们很健康，塔莎又雇了以前的保姆。

1834年10月16日，彼得堡

现在我们要通过亚历山德拉·尼古拉耶夫娜的信了解一下姐妹们的日常生活。

我想改正我的错误，亲爱的哥哥，于是给你写上一封非常长的信吧。我为自己的懒惰感到非常惭愧，因为全家人都得了这种懒病，你不要过于生我的气，因此我期望你的宽宏大量，希望获得我请求的原谅。

我有好多话要对你说，但不知道从何说起。首先，我要完成我最亲爱的妹妹普希金娜夫人给我的委托。她要求转告你，你和米亚特列夫的事情已经安排好，你的信已转交给他，并且他答应完成你的请求。然后你应该给塔莎钱。她寄信给诺索夫，但是这位先生保证他没收到你的吩咐，因此塔莎请求你安排好给她钱的事情，因为她非常需要这些钱。最后夫人托我告诉你，波特①送过去不是为了奥古斯特②，她要是知道，他骑

---

① 波特是可以骑乘的马的名字。
② 据推测，奥古斯特是阿法纳西·尼古拉耶维奇·冈察洛夫的私生子。

着这匹马去打猎,她就把马要回来。因此,你若想将它留在身边,就掌握好分寸,禁止你们给他打猎用。还有最后一个委托:别把萨什卡派来,娜塔莉亚不太需要她,那只会增加开销。关于克里瓦娅,我们现在不需要她,并且我们的钱没那么多,养活不了那么多女仆。只是请努力,让她在费多西娅夫人身边找到个位置,因为可怜的姑娘在家里就相当不幸。现在该告诉你我自己的一些事了。我和奥古斯特开了一个不好的玩笑,给我带来了不幸。我甚至觉得自己都无法改正。在邮出这封倒霉的信的第二天,我就感冒了,得了热病,让我经历了多少痛苦时分,因为我相信这一切会以热病告终,平安无事,我不得不卧床四五天,错过了一场舞会和两场演出,可这也不是小事情。我有这么好的护理员,简直都不可能死了。实际上,你回想一下,我们在家怎样过的日子,我们偶尔生病都要不停地给我们读训诫教令,因为疾病本身被认为是上帝的惩罚,我不能不感激姐妹们对我的照顾和普希金对我的关怀。真的,我觉得不好意思,看着他们如此同情我,我甚至因为幸福而哭泣。我特别珍惜这份关心,我在家有些不习惯这样了。

万尼亚在我们这里度过大部分时间,有时去拜访自己的女舞伴。他已提交休假申请,希望得到一年假期。前天,我们在布尔图林家的舞会上看见了大公,他允许我们和他交谈,答应塔莎,让谢廖沙进近卫军,但是要两年后,不能再早。姨妈设法让卡坚卡在12月6日前当上宫廷女官,希望她能成功。我想,如果姨妈的努力有成效的话,上流社会的人会很好地接纳我们的,当然,对我们的态度会十分尊敬的。暂时我们没有听到你的伯爵小姐的任何消息,她也许还没来。我们已经很久没见到帕连伯爵夫人了。可是她应该11月就到了。以适婚青年的身份来一趟吧,希望在我们这里举行婚礼。

亲爱的哥哥,虽然我们节约一切开支,但手里的钱还是要用完了。真的,我们还有不多的钱放在塔莎那里,我希望这些钱能用到1月份,我们尽量延长争取用到这个时间,但亲爱的哥哥请原谅，别让我们等钱等到比1号更长的时间。你不信，我们向你提这个请求有多难，知道你生意上的困难情况，但是你对我们一贯的善良给我们勇气打扰你。我们甚至把我们的开销账单寄给你，为了让你看见我们不允许自己花任何多余的钱。直到现在我们还没有给自己做一件舞会的裙子。多亏姨妈，她给我们礼服，够我们暂时所用，但是现在很快就要过节了，应该考虑我们的服装问题了。沙皇和皇后前天来了，我们在法国剧院看见了他们。现在城市活跃起来。亲爱的哥哥，我们相信，你不愿意我们需要的只是必需品，像你答应我们的那样，1月1日前你会给我们寄来钱。如此强烈地要求是因为要买些必需品。至于钢琴，我在莫斯科的确告诉顿夫人①，价钱出到200卢布，我就能把钢琴转让给她，但是因为我发现这个价钱太低了，我不打算兑现承诺，而后告诉她的理由是万尼亚要去亚麻布厂，他想要一架钢琴，因此我就不能卖给她了。如果你找到别的买家，能出到更多的价钱，比如400卢布，到时就请卖了吧。卡金卡要求转达有关杂志的事情，她已经告诉万尼亚了，可万尼亚说没钱，因此请吩咐诺索夫给他发钱，到时他就能做这件事了。

你写道，一个团驻扎在亚麻布厂。我们真不走运，在我们到美丽的首都前，这个团一直还在那里。我们在那里白白过了三年，现在他们又回去了，这些年轻的美男子太遗憾了。谚语说得好，坏事变好事，城堡的美丽的女住户想必留下来，看不到彼得堡了。

再见，到了你我分别的时候了，写得太入迷了。请告诉奥古斯特，我没料到，他在上帝先生那里博得那么多好感，下次我再也不取笑他了。再见吧，吻你。姐妹们吻你，万尼亚也是如此。

1834年11月28日，彼得堡

---

① 顿夫人是冈察洛夫家的家庭医生的妻子。

叶卡捷琳娜和亚历山德拉的书信作为冈察洛夫家年轻人的普通书信，是用完美轻松的法语写成，行文自如、有时俏皮可爱。从这些信中我们知道了好多新鲜事，不仅有姐妹俩的，还有娜塔莉亚·尼古拉耶夫娜和普希金的，以及他们家各种各样的事情。

在1834年10月16日的第一封信中，对米哈伊尔·巴甫洛维奇大公因女儿降生而怎样强迫她们分享快乐的讽刺描写引起注意，"还是一个徒劳无用的宫廷会客厅点缀"。

正是从这封信中首次获悉，普希金在从莫斯科回来的路上再次前往娜塔莉亚·伊万诺夫娜那里，之前我们已经写到过。

亚历山德拉·尼古拉耶夫娜的病让她有机会去评价不仅来自姐妹们的关心，而且还有普希金的关心，也许他多次请来医生，表现出对病人极大的关注。这再次证明了诗人善良亲切地对待妻子的姐姐们。

娜塔莉亚·尼古拉耶夫娜通过姐姐转告德米特里·尼古拉耶维奇许多家务事的请托，请求他给姐姐仆人的制服付钱，为出入上流社会给她们送来漂亮的马车。提到的费多西娅是亚麻布厂的女管家，我们已经写到过。1835年她去世时，亚历山德拉·尼古拉耶夫娜给德米特里去信写道："……现在没人和你们跳华尔兹舞了，有无蜜酒也无人可问了。可怜的费多西娅。"

娜塔莉亚·尼古拉耶夫娜希望姐姐们尽快嫁出去，她们刚一来就立刻开始"带她们出入上流社会"。她送她们到菲克利蒙伯爵夫人家参加招待会，那里常有上流社会的聚会，外省的姑娘们常到那里去。按照叶卡捷琳娜·尼古拉耶夫娜自嘲的评论，她们好像"北极熊"。

冈察洛夫姐妹在彼得堡的最初几步并不令人愉快。上流社会接待她们是冷淡的。接纳她们只是为了妹妹普希金娜夫人。姑娘们寄托很大希望的是，在姨妈叶卡捷琳娜·伊万诺夫娜卖力地斡旋下，叶卡捷琳娜·尼古拉耶夫娜很快将获得宫廷女官的头衔。在12月8日的信中，叶卡捷琳娜·尼古拉耶夫娜告诉哥哥这件在她生活中重要的事情。我们应该着重研究一下这封信。

仁兄，请允许我向您表示祝贺，卡特琳·德·冈察洛娃小姐新晋为宫廷女官。您迷人的妹妹于6日日祷后获得了花字章①，她在宫廷教堂听合唱团演唱，去那里是为了有机会欣赏美丽的穿着宫廷礼服雍容华贵、光彩夺目的普希金娜夫人。不可能遇到谁会比这个可爱的太太更完美的，我认为你不会想到别人。

因此6日晚上，当时正好有舞会，我在皇后的书房中被介绍给陛下。他们对待我和善得不能再和善，而我太害羞，以至于人们怀着极大的慈悲纷纷向我提问，我只会不停地客套。皇后走进来几分钟后，沙皇进来了。他拉着我的手，对我说了很多称赞的话，最后说，每当我在上流社会遇到困难时，我只要抬眼就能看见他首先对我微笑的友善的脸，永远愿意见到我。我认为这只是客气而已，因此我真的为陛下的赏识而感到非常难为情。沙皇和皇后一走出书房，近侍女官吩咐我跟着她，以便和其他女官会合，我出现在舞会上陛下的侍从中。舞会极其奢华，我非常疲惫地回来了，而美丽的娜塔莉亚精疲力竭，尽管她只跳了两场法国舞。但是应该告诉你，她非常顺从、有分寸，因为不让她跳舞。她和沙皇跳波洛涅兹舞。他总是向她献殷勤，虽然因为她丈夫会训斥她几句，她丈夫称病是为了不穿制服。沙皇告诉她，他太理解病因在哪儿，因为他欣赏他们，普希金甚至感到惭愧，不想成为他们的客人。同时夫人的美丽是避雷针，能消灾解难。

在我的事业开始时，我需要知道我何时搬到宫廷，具体搬到哪里，因为扎格里亚日斯卡娅夫人请求把我派到皇后身边。叶卡捷琳娜姨妈今天当班，她想问陛下给我什么指派。我希望，我宣传自己是个迷人的人物的做法已经足够了，让你厌烦了吧。现在我打算说说美丽的伯爵小姐，但事实上这么做对我来说很困难，因为我们还没见到她。塔莎6日在宫廷里见到克鲁

---

① 花字章是皇后姓名首字母组成花字，别于宫廷女官的宫服上。

冈察洛夫姐妹：叶卡捷琳娜、亚历山德拉、娜塔莉亚，画家Д.Д.阿尔谢宁作。

格利科娃，她告诉塔莎，她住在姐姐帕连那里，但是这些女士中没有谁参加舞会。

我们已经参加了几场舞会，我向你承认，我开始极其喜欢彼得堡，我如此幸福，如此平静，我从未幻想过这种幸福，因此真的不知道，我该怎样向塔莎和她的丈夫致谢，为他们为我们做的一切致谢，神会因对我们的善待而褒奖他们。

如果我搬到宫里去，我会通知你，但是首先请尽快将克雷瓦娅送到我这来，我需要她，但是请将她从头到脚打扮得体面些，我不想替她难为情。姨妈太善良了，送给我宫服。这样为我节省了1500至2000卢布。我恳求你别耽误寄钱，让我们1月1日前收到钱。给孩子们的一大瓶玫瑰水已经送来，尽快给我们寄来甜酒。

1834年12月8日，（彼得堡）

叶卡捷琳娜·尼古拉耶夫娜写道，普希金"称病是为了不穿制服"。这里与诗人日记的记载不一致，日记中说，他没有制服。大概，制服终究是有的，但是普希金不想去，他决定称病不参加。想必是除了他说的原因，还有别的原因。

A.H.武尔夫①在日记中写道，他发现"普希金因婚姻生活改变得很少，但是因沙皇给他穿上制服很愤怒……他说要回到反对立场上去"。

12月6日是尼古拉一世的命名日，在宫廷里总要大肆庆祝一番。沙皇被普希金的故意缺席激怒了，以至于他在跳舞时对娜塔莉亚·尼古拉耶夫娜不留情面地说出这些话。可以推测，叶卡捷琳娜·尼古拉耶夫娜在给哥哥写信时，说起这事时故作温和。

过了几天，普希金在日记中写道："6日那天，我终究没进宫，称

---

① A.H.武尔夫是三山村所有者Π.A.奥西波娃的儿子。

病没去，沙皇想派传令官或者阿连特①到我这里来。"也许叶卡捷琳娜·尼古拉耶夫娜在给哥哥的信中正是回避了尼古拉一世和娜塔莉亚·尼古拉耶夫娜谈话的这部分内容。时至今日仍不知晓，普希金是从哪里得知沙皇的这个想法的。现在可以推测，是妻子告诉他的。

娜塔莉亚·尼古拉耶夫娜当时怀孕三个月，医生担心她流产，嘱咐她要非常小心。在沙皇命名日和姐姐接收为宫廷女官的日子里，她不能不到场，并且早晨还要去教堂。此外，普希金夫妇明白，尼古拉一世会怎样对待夫妇俩示威式的缺席。叶卡捷琳娜·尼古拉耶夫娜写道，她很快就要搬到宫廷里去了。但不知为何这事没成，在信中没找到任何的线索。

冈察洛夫姐妹的到来无疑使普希金的家庭生活更加复杂。姑娘们极力频繁参加交际活动，娜塔莉亚·尼古拉耶夫娜只得陪伴她们一同前往。姐姐们称她为"我们的保护神"绝非偶然。当她怀孕不能去时，姐妹俩不知"怎样与众人周旋"。

我们一共找到了两封娜塔莉亚·尼古拉耶夫娜在1834年写的信。当然，她写的信未必有很多，因为她几乎有半年时间没在彼得堡：春天和夏天她都住在亚麻布厂德米特里·尼古拉耶维奇那里，到母亲家做客，两次在莫斯科逗留。

娜塔莉亚·尼古拉耶夫娜书信的风格体现了那个时代的风格，语言生动，自然而流畅，就像与亲近的人交谈，熟知对方所有的优缺点。根据这些信，一定程度上能判断出收信人。我们认为，德米特里·尼古拉耶维奇就是那个善良软弱，有时暴躁固执，可以说是"志大才疏的主儿"。他和姐妹们的关系非常友好亲近，然而她们总是开他的玩笑。这说明关系很亲近。我们应该考虑到，1834年，冈察洛夫家的长子才26岁，对于他们来说，他不仅是冈察洛夫家的"家长"，还是和她们在尼基塔房子里共度童年和青年时代的米坚卡。

亲爱的德米特里，你问我你的事情进展得怎么样。我真不

----
① 阿连特是沙皇的御医。

知道对你说些什么好。我们和帕连伯爵夫人的交往仅限于两次拜访,从那时起,我们只是有时在上流社会碰面,但我们之间还不是极亲密的关系。我们没在乡村,否则就相当容易了。亲密的友谊在大城市里很少见,那里的每个人都忙于在自己的社交圈子里交往,而主要的是,消遣和愚蠢的上流社会的应酬太多,友谊所需的时间就不够用。

  不过,这里流传着不同的传闻,对于你的愿望非常有利:前不久,有个人从莫斯科回来说,卡特琳·多尔戈鲁卡娅曾表示,你和伯爵小姐的婚姻大事能成,举例证明说,娜金娜一向对男人很羞涩,却整个晚上向你频频示好。还有个关于娜金娜的消息会对你有用。尼娜给我们写信,从曾住在他们家的某人处得到了这些消息。以下是她的原话:"据说这个姑娘性格非常奇怪,和仆人们一起玩捉人游戏。只要她喜欢,嫁给仆人她都不害臊。"正是这样,利用好这些消息,努力变成那个最幸福的凡人,她会将手和心奉上的。全心全意祝你如愿,你任何时候都不能攀上比这更好的亲事了①,就像索科列夫所说②:"她掌握一切。"我丈夫和姨妈得出结论,凭借你的执着,在这件事情上定会取得成功。原谅我,这种情况下,你的执着非但不是缺点,还可以视为优点。这里说的不是骑马游玩,你性格里的这个缺点让我们仨气得发疯。你的窄前额没白长,前不久我们在《国外评论》中读到一篇文章,文章指出,头部构造的这个缺点代表着某种性格特点,我觉得你着手办的事还是符合这种性格特点的。我住在你那里时,这种性格让我愤怒不已。

  爱情和娶妻的事说得够多了,现在我们说个事情。我为500卢布的事给诺索夫寄去信,他告诉我没收到任何您仁慈的指示安排这笔账目。因此,如果你还没有写,请赐信给他写上几句。之后,在你的允许下,我为姐姐的仆人订制了仆人制服,

---

① 以下在原稿中删除了整行。
② 索科列夫是冈察洛夫家的远亲。大概他的法语不太好,本想说"她拥有一切",却说成"她掌握一切"。

礼服270卢布,帽子16卢布,因此你一共应付我286卢布。如果不困难的话,你帮我通过诺索夫付钱,我要对你负责任,因为我还没给裁缝付钱:我告诉他,这笔债务不涉及我,让他将账单拿给有意付钱的人。别想了,我要是逼你付两套制服的钱,应该是540卢布,可我只让你付一半。

你的表最后交到我手,我委托万尼亚张罗此事。钟表匠着手修理好。至于和萨什卡换表一事,你那表也买得太久了吧。请告诉我,装着我们东西的这些倒霉的箱子发生什么事了,至今还没到我们手中。你写信告诉我们,箱子应该在收到你的来信之前一星期运来,我收到你的信已经一周多了呀。你是让可靠的人运送的吗?那里面有我的贵重物品,包括我的银头饰,丢了的话就太可惜了。你开始改造马车了吗?我们可以盼望谢肉节前乘坐马车上路吗?我们为你秉烛感谢。别打算从我们这里夺走马车为了结婚之用。先生,我请求您,让马蒂尔达①今年夏天到我这里来,我也倔强,尽快让她驯服。上帝保佑,伯爵小姐喜欢你,要像我喜欢马蒂尔达那样就好了。

我向干亲家谢尔盖·加夫里洛维奇问候,而奥古斯特那个粗俗讨厌卑鄙的笨蛋,吻他会咬掉鼻子的。卡坚卡给大家鞠躬,除了奥古斯特。萨什卡要给奥古斯特写封短信,通知他快点去死,只是你别笑,事先什么也别和他说。他到你那里暗暗告诉这个消息,因为萨沙故意不准他给你看这封信,怕你激动。你收到我的信时,他也收到那封信。因此,为了他给你看他那封信,必须努力,这将驱散不少你的烦闷,至少你会笑。老习惯拿奥古斯特取乐。当你收到这封信时,请告诉奥古斯特:"多奇怪,所有的姐妹都给我写信,而萨什卡却一个字都没有,她不会出什么事吧?"她要求转告给你,她打算第一邮班就给你写信,但却为了奥古斯特病了。

再见,亲爱的德米特里,健健康康的,别忘了我们,尽快

---

① 马蒂尔达是娜塔莉亚·尼古拉耶夫娜坐骑的名字。

结婚。你是否有足够的耐心读完我的信,这封信太长太长了。

1834年11月12日,彼得堡

你给米亚特列夫的信随着我丈夫的札记在同一天寄出,他给普希金的回信我放入到这封信里。很久很久以前,我们三个人都和他说过这件事,答复是令人满意的,他甚至答应为此写信给你,但是做没做,我就不知道了。如果他至今延误回复的话,要一封一封地去信烦扰他,使他不得不去做,如果他不太积极,也至少要为了摆脱你而去做。我知道,赫柳斯京那伙人竭力骗取这个面粉厂。不过,明天我见到米亚特列夫,一定要和他谈谈此事。

你美丽的伯爵小姐昨天到我这里来了,但是我无法告诉你任何感兴趣的事,因为根本没有谈到你。卡佳在宫廷中见过她两次,但是你的事丝毫没有进展。我要对她答应你求婚一事失去希望了。星期四,我们应该到帕连伯爵夫人那里喝茶,我不知道会有什么进展。亲爱的德米特里,姨妈收到你的来信,让我告诉你不要担心债务。如果格列科夫①和你说起此事,这简直是他的蠢话。她无意中写信告诉他,你打算将这笔钱转交给他。目前情况是,他应该将钱转寄到彼得堡给她。

再见,亲爱的德米特里,我的信简短而平淡,因为我感觉一点也不好,心情很差。在第一封信中,我给你写得很详细,而今天我勉强握住笔。姐妹们亲吻你,丈夫向你转达问候。尽快给我们送些甜酒来。

(1834年12月末,彼得堡)

在第一封信中,娜塔莉亚·尼古拉耶夫娜对上流社会的评论引

---

① A.C.格列科夫:大概是在冈察洛夫家工作。1843年起,他执掌亚波列茨。

人关注。如果在以后的通信中，冈察洛夫姐妹满怀欣喜地告诉哥哥，舞会和她们在上流社会客厅中的表现，那么娜塔莉亚·尼古拉耶夫娜讲到她周围的上流社会只有这一次，她的评论带有批判的特征："……亲密的友谊在大城市里很少见，那里的每个人都忙于在自己的社交圈子里交往，而主要的是，消遣和愚蠢的上流社会的应酬太多，友谊所需的时间就不够用。"

娜塔莉亚·尼古拉耶夫娜这段表述对于她的评价无疑是有着重要意义的。

彼得堡的生活、与诗人朋友们的交往，此外还有普希金本人的影响，不能不在娜塔莉亚·尼古拉耶夫娜的精神世界中凸显出来。22岁的年轻女人，已远不是在舞蹈教师约格尔家舞会上普希金初次见到的那个涉世未深的女孩。

11月12日的信中，过多关注了德米特里·尼古拉耶维奇向伯爵小姐切尔诺绍娃那场远近皆知的求婚。但是娜塔莉亚·尼古拉耶夫娜对这个婚事前景的态度是非常明确的：她不相信这桩婚事能成，只是出于善良尽量安慰和鼓励哥哥，虽然用的是玩笑讽刺的语气。

我们现在来谈一下娜塔莉亚·尼古拉耶夫娜信中说到的人物。

我们还记得，帕连伯爵夫人就是薇拉·格里戈里耶夫娜，娘家姓为切尔内绍娃，是娜杰日达·切尔内绍娃的亲姐姐。显然，冈察洛夫家和切尔内绍夫家在彼得堡经常来往，尽管还没建立"亲密的友谊"：娜塔莉亚·尼古拉耶夫娜评论，由于"愚蠢的上流社会的应酬"，友谊所需的时间就不够用，这证明她知道"友好"关系的价值，通常真实的感情不需隐藏。

娜杰日达·切尔内绍娃"古怪的性格"引起她的好感：她不认为和女仆玩捉人游戏，如果喜欢的话，就嫁给普通人，是不体面的事情。

彼得·伊万诺维奇·诺索夫是彼得堡的生意人，德米特里·尼古拉耶维奇和他在亚麻布和纸张生意上有往来。冈察洛夫姐妹经常在信中提到他，因为德米特里·尼古拉耶维奇安排他给姐妹们发生活费。

需要详细地说说奥古斯特·伊万诺维奇·敏杰利的情况。

这个人无疑与家庭关系密切，然而对待他的态度是双重的：如果

娜塔莉亚·尼古拉耶夫娜·冈察洛娃的肖像,画家В.И.加乌画于1844年。

是时候啦,我的朋友,是时候啦!心儿要求安静——
日子一天天地飞逝,每一个小时都带走一部分生命,
而我和你两个人还想长久地生活下去,
但也可能——就突然死去,
世界上没有幸福,但却有安静和志向。
我早就对那个令人羡慕的命运抱有幻想——
我这个疲惫的奴隶啊,早就打算逃避到
那能从事写作和享受纯洁的安乐的遥远的地方。①

---

① 该诗题为《是时候啦,我的朋友,是时候啦!》,普希金作于1834年,戈宝权译。——译者注

姐妹们不断地拿他取笑,那么兄弟们、娜塔莉亚·伊万诺夫娜和尼古拉·阿法纳西耶维奇对待他是非常关心的,至少在他能读到的信中。兄弟姐妹经常给他写信。家人送给奥古斯特·伊万诺维奇名贵马匹。按照姐妹的信判断,他骑着她们的马去打猎。娜塔莉亚·伊万诺夫娜经常让德米特里·尼古拉耶维奇转达对奥古斯特·伊万诺维奇的问候。1834年7月6日她写道:"问候奥古斯特·伊万诺维奇,你对会计满意吗?①"

但是,冈察洛夫家对于奥古斯特这位普通会计也太重视了。我们找到了一封说明其神秘身份的信。在一封伊万·尼古拉耶维奇从皇村写给哥哥的信中我们读到:"……至今我没有他②的地址,我不知道怎么给他转寄奥古斯特·伊万诺维奇的信。为了解莫斯科的新闻,擅自拆开此信,因为这位先生总是有一大堆新闻,在那里我顺便了解到,名门之后带着他的母亲大人在伊利茨诺住了下来。"

得知奥古斯特不在亚麻布厂,伊万·尼古拉耶维奇完全是另一种语气写他。

根据这封信可以推测,奥古斯特·伊万诺维奇·敏杰利可能是阿法纳西·尼古拉耶维奇和德国女家庭教师的私生子。这个推测完全可以被确定。冈察洛夫家族一位后人家中保存着一小幅水彩画像,背面写着:"爷爷德米特里·尼古拉耶维奇的叔叔德国人奥古斯特·伊万诺维奇。"画像上是一位衣着考究的年轻人,非常像阿法纳西·尼古拉耶维奇。但他是什么身份,至今不为人知。我们所发现的冈察洛夫家的这封信,帮助考证了这幅画像。

显然,奥古斯特·伊万诺维奇和冈察洛夫家的兄弟姐妹们一起被培养(由此他们通晓德语)。他在家庭中的地位是可以理解的:他当不成冈察洛夫法律上承认的儿子,看来被父亲安排进事实血缘关系的家庭环境中。在一封信中,亚历山德拉·尼古拉耶夫娜讽刺性地在他的姓氏前加上贵族姓氏的单音节词"冯"③绝非偶然。但是,如

---

① 此处原文为斜体字,用楷体字体表示,下同,不再标注。——编者注
② 指的是谢尔盖·尼古拉耶维奇。
③ 原文为von,译为"冯",作为西欧贵族姓氏的一部分单音节词。——译者注

果家庭年长的成员对待奥古斯特·伊万诺维奇的态度是谨慎而殷勤的话，却不可能告诉姐妹们这些事。她们不断地开他的玩笑。娜塔莉亚·尼古拉耶夫娜无疑是不喜欢他的，称他是卑鄙粗俗的傻瓜，愿意加入姐妹们"拿奥古斯特取乐的老规矩"中来。

第七章 家庭的关怀

娜塔莉亚·尼古拉耶夫娜在1835年间的五封信被保存下来。我们来看一下这些信。

亲爱的哥哥，这就是你的文件。至于你的书，我列出了一个清单，但要等卡夫里金先生来送走这些书。我认为，周末你会在工厂，所以将这个文件邮到你的首都去。你在亚罗波列茨做什么好事，有什么新鲜点的事吗？请告诉我。伊万哥哥怎么样，也许和你们在一起，他是怎样结束惩罚的？你别忘了我们的马车和马鞍。再见，亲吻你，还有万尼亚。复活节星期日，我看见帕连伯爵夫人在宫廷参加合唱，她询问你的情况，同时我考虑，你已经到达目的地了。

再见，米图什，请尽快给我们送马车来。

（1835年4月10日，）复活节周的星期三，（彼得堡）

这封短信只是附上某个文件。娜塔莉亚·尼古拉耶夫娜通过和德米特里有生意往来的商人卡夫里金，将文件转交给哥哥。书也随信一同送去。姐妹们不止一次提到，将书和乐谱送到亚麻布厂，说明冈察洛夫家又大又古老的图书馆不断地补充着新书籍。

至于"惩罚"，这里讲的是伊万·尼古拉耶维奇每年一次的休假。他不得已休假，因为在团里欠了好多债。看来，他能乖乖待在厂里是打算还债，主要是给哥哥施加点"压力"。

1835年春，娜塔莉亚·尼古拉耶夫娜生下儿子格里戈里。"我急着告诉你,亲爱的德米特里。"5月15日,叶卡捷琳娜·尼古拉耶夫娜给哥哥写道,"塔莎昨天晚上6点37分顺利分娩。她非常痛苦,但是谢天谢地,一切平安。现在她感觉很好。大家都在等着你来参加洗礼仪式,塔莎请你确定一下到达的日期,因为到时她要做相应的安排。你将是漂亮的小男孩格里戈里的施洗人。普希金在普斯科夫住了八天,今天早上回到家。看在上帝的分上,别让我们等太久,快点来吧。写下你打算到达的日期……请你一定要带件大披肩来,你答应过塔莎给她换件披肩的。现在她产后非常需要它,我知道,这样她会非常高兴的……"

因为儿子出生,普希金写信给娜塔莉亚·伊万诺夫娜:

亲爱的娜塔莉亚·伊万诺夫娜母亲大人:

我有幸恭贺您喜得外孙格里戈里,希望他能得到您的垂青。娜塔莉亚·尼古拉耶夫娜顺利分娩,不过所受折磨更胜从前,谢天谢地,尽管无甚危险,现在仍未康复。她分娩时,我未及身边,我迫不得已因事前往普斯科夫农村,分娩翌日返回家中。我的到来惊扰了她,昨天她很难受。今天轻松好些了。她要我请您为她与新生孩儿祝福。

昨天收到您寄来的装有一顶帽子的盒子,还附有字条,我没给妻子看,以免她病中难过。看来您的嘱托她完成得不甚理想,她看了字条会认为您在生她的气。

亲吻您的手,有幸向您致敬,您最忠实的仆人和女婿。

亚·普希金
(1835年5月16日)

普希金怕妻子激动,没给妻子看那张有关帽子的字条,亚历山德拉·尼古拉耶夫娜是这样给哥哥写的:"……想象一下,母亲跟我们玩什么把戏。是我们给她订制了这顶倒霉的帽子,你记得吗?就是这样,她觉得帽子的颜色太浅,盛怒下附上那张给塔莎的字条返还给我们。但是我们什么也没损失,因为是姨妈替我们买给她的。因此母亲不会料到,她还在为我们效劳。但是她太任性固执了。"叶卡捷琳娜·伊万诺夫娜想必是为了帮助外甥女而买下这顶帽子,因为当时帽子是很贵的。

德米特里·尼古拉耶维奇最终没来参加洗礼仪式。可能是生意令他难以脱身,也可能是他不想为路途和给新生儿的礼物破费。亚历山德拉·尼古拉耶夫娜在5月20日的信中"暗示"这一点:"尽快来吧,大家都在等你参加洗礼仪式,赶快过来,别让大家等你。作为富有的继承人,请给我们带来你所有的宝贝,我想你那里可以找到好东西的。"格里沙·普希金的教父教母是В.А.茹科夫斯基和Е.И.扎格里亚日斯卡娅。

娜塔莉亚·伊万诺夫娜为祝贺外孙降生,给女儿寄来了礼物。普希金写给岳母:

亲爱的娜塔莉亚·伊万诺夫娜母亲大人:

衷心感谢为小儿寄来礼物,这礼物来得十分及时。我们期待德米特里·尼古拉耶维奇来参加洗礼,但是没等到。他写信告知,事务缠身,还有对N.伯爵小姐的求婚未能成功。似乎他仍未绝望。按照您的吩咐,我尽可能温柔地亲吻妻子。她亲吻您的手,并准备给您写信……

(1835年7月14日,彼得堡)

我们认为,母亲给娜塔莉亚·尼古拉耶夫娜寄来1000卢布作为贺礼,像女儿的第一个儿子出生时那样。我们注意到,娜塔莉亚·伊万诺夫娜单独写信给普希金表示祝贺,因为他完成了她的嘱托。

娜塔莉亚·尼古拉耶夫娜产后恢复好时已进6月,全家人搬到黑溪旁的别墅去住。姐妹们坚决要求德米特里·尼古拉耶维奇给她们送四匹马来,其中一匹是给普希金的。

"看在基督的分上,普希金请求别给他一匹驽马,他不期望得到什么好的,只是看得过去就行。作为朋友,他希望您如此。"亚历山德拉·尼古拉耶夫娜在给哥哥的信中写到。

骑马散心是诗人在米哈伊洛夫斯克村和波尔金诺最爱的消遣。显然,他在别墅旁也骑马,有时一个人,有时和妻子及姊妹几个一起。至于姐妹们,她们当然想在别墅区的交际中展现高超的骑术。"我们是这里有名的女骑手。"后来叶卡捷琳娜·尼古拉耶夫娜写道,"总之,当我们骑马经过时,所有人从四面八方用能想象得到的各种语言欢呼雀跃,为完美的骑术赞叹不已。""……我们在骑术上的天赋轰动一时,以至于我们颇感不安……"

而普希金的妻子却关心着另外一件事。

亲爱的德米特里,我刚刚得知,奈加尔特在莫斯科接替了希尔科夫公爵。凭借你和切尔卡斯卡娅公爵夫人的良好关系,你应该跟她说句话,让她求将军关照谢廖沙,有可能将弟弟调进驻扎在莫斯科的团里。看,这么做不可能吗?请尽力将谢廖沙从深陷泥潭的处境中拉出来吧。看着这个可怜的男孩子,心情沉重,他甚至失去了以往的乐观。他的情况很糟糕,还没有钱。军官每月的250卢布怎么能养活马匹和仆人。他真的只能吃黑面包……①各个方面都节衣缩食,但还是欠了债。他绝望地想离职,当他将想法告诉母亲时,母亲却回答他:"当然可以,谢廖沙,如果你的身体需要如此的话,就这样做吧。"现在,请告诉我,他没了公职能做什么?这个年轻人几乎要死了,可他还保证不知何时还会大有作为。看在上帝的分上,把他从诺夫戈罗德弄出来吧。就让他在莫斯科吧,房子和生活费都不成问题,他可以住在我们家的房子里。在那里能养活一大家子人。到时母亲给他的钱会够用的,我向你发誓,否则这个可怜的男孩子就会完全毁了的。

今年春天他到我这里来住过一段时间,不知何故,我完全

---

①此处有一个词模糊不清。

不了解那个总是快乐没烦恼的年轻人。他像伊万哥哥那样患上了忧郁症,对公职完全失去了信心。看在上帝的分上,救救他吧,想到不幸的弟弟,我就无法平静。这该死的钱,钱,钱,永远是钱,离了钱,无论何时,任何东西都无法得到。

再见吧,亲爱的德米特里,我温柔地亲吻你,真诚地爱你,衷心祝愿你事业顺利,多少人的幸福都取决于此。我没有什么事情要转告让先生的,他在给萨沙姐姐的信中没有提到我或普希金娜夫人,只是在信的结尾处记起他有个卡佳姐姐,并向她转达问候,而对塔莎妹妹只字未提。因担心纠缠不清,我没敢提醒他想起我,因此他不会惊讶的。至于你,德米特里,你任何时候都没停止向我证明你的友谊。我也在找机会向你表达我的感激之情。深深地亲吻你。

(1835年夏初,彼得堡)

很遗憾,关于谢尔盖·尼古拉耶维奇·冈察洛夫的信息,我们掌握得太少。保存下来的他给哥哥的信证明,他经济很困难,通篇都在求助。他是娜塔莉亚·尼古拉耶夫娜最爱的弟弟。普希金和谢尔盖的感情非常好。

……我很高兴,谢尔盖·尼古拉耶维奇将和你在一起。他很可爱,不会让你讨厌。

(1833年9月12日)

……猜猜现在谁在我这儿?谢尔盖·尼古拉耶维奇,他到皇村找哥哥,但是他们吵起来了,迫不得已带着行李走了。我很高兴见到他。又可以下棋了。

(1834年6月3日)

……谢尔盖还在我这儿，昨天穿着一身军装到我这儿来，真是好样的。

（1834年6月30日）

我们想，最小的冈察洛夫在性格上与娜塔莉亚·尼古拉耶夫娜有很多相同的地方，他是个快乐善良的年轻人，正因如此，普希金喜欢他。他经常到普希金家住上好长一段时间。

……我住在塔莎这里已经两个多星期，我在这里非常好。房间真的有点小，可因为我本身也不高大，所以我很满意。

（1832年9月30日）

最终，在娜塔莉亚·尼古拉耶夫娜的上下打点下，事情被成功解决了，谢尔盖·尼古拉耶维奇被派到莫斯科去。可是伊万·尼古拉耶维奇的性格看起来并不随和。有时他和谢尔盖"吵上一架"，有时又对妹妹塔莎产生点什么误会。然而娜塔莉亚·尼古拉耶夫娜心地善良，只要伊万·尼古拉耶维奇打算和解，她马上响应。

1835年至1836年间，冈察洛夫家族的生意越来越差。爷爷阿法纳西·尼古拉耶维奇在世时，不想管理亚麻布厂和造纸厂，1804年将厂子交给卡卢加商人乌萨乔夫代管。可是过了15年，乌萨乔夫开始不按合同支付租金，很快欠冈察洛夫家租金超过10万卢布。这样没完没了的诉讼审理开始了。诉讼更加扰乱了冈察洛夫家的资金状况。在姐妹们的信中，我们不断看到提及"该死的乌萨乔夫官司"的内容。

与此同时，冈察洛夫家和卡卢加教会也在打官司。当年，经彼得一世批准，亚麻布厂建在教会的地皮上。年轻、毫无经营经验还魄力不足的德米特里·尼古拉耶维奇在得到150万债务的"遗产"后，又接手无休止并且昂贵的诉讼官司，他作了许多错误的决定。

娜塔莉亚·伊万诺夫娜有一次"趁机挖苦"大儿子说:"要是阿法纳西·阿伯拉莫维奇①和蔼地出现在你的梦境中,教导你该怎么经营生意,我想你就不会为此难过了。"

这些年来,娜塔莉亚·尼古拉耶夫娜的书信为我们从不为人知的新角度描绘了诗人妻子的形象。我们指的是她参与丈夫作品的出版事务和为冈察洛夫家的家事操劳,尤其在乌萨乔夫诉讼的事情上。在许多情况下,她都表现出真正惊人的毅力与顽强。"至于诉讼,我尽其所能,倾尽全力。"1835年10月1日,娜塔莉亚·尼古拉耶夫娜在给哥哥的信中写到。普希金当时没在彼得堡,也许在与H.K.扎格里亚日斯卡娅和姨妈叶卡捷琳娜·伊万诺夫娜商量之后,娜塔莉亚·尼古拉耶夫娜开始积极行动起来。她抄下文件的副本,邮给彼得堡著名的律师列尔赫,邀请他负责谈判,征求枢密官布图尔林的意见,通过H.K.扎格里亚日斯卡娅引荐,与枢密院御前大臣洛吉诺夫见面,甚至打算以自己的名义向沙皇上诉状!在为乌萨乔夫诉讼奔走的过程中,她不停手地贿赂有关官员。这没有什么可奇怪的,在那个时代,不行贿什么事情也办不成。但是应该说,在这起冈察洛夫家族的诉讼官司中,娜塔莉亚·尼古拉耶夫娜考虑的不是自己的利益(她得到的比其他人都要少许多),而是希望对家族有所帮助。

我们顺便要提醒读者的是,1833年,娜塔莉亚·尼古拉耶夫娜参与到普希金卖叶卡捷琳娜二世铜像的事情上来。这个铜像是爷爷"赠给"年轻夫妇作为嫁妆的礼物……她给宫廷大臣Π.M.沃尔孔斯基写信。②

公爵!

我打算将一尊青铜像卖给宫廷。据说,我爷爷为这尊青铜像开价10万卢布,我想卖到2.5万卢布即可。派来检验的院士们

---

① A.A.冈察洛夫是亚麻布厂的创始人。
② 参阅《普希金全集》第15卷,第213页。

娜塔莉亚·基里洛夫娜·扎格里亚日斯卡娅(1747—1837),叶卡捷琳娜二世的宫廷女官,陆军元帅К.Г.拉祖莫夫斯基的女儿,画家П.Ф.索科洛夫画于1821年。

说，它是物有所值的。但我还未得到进一步的消息，故斗胆求你宽宏大量。宫廷是否有意购买这尊青铜像，还是我丈夫定的价钱太高？如果是后一种情况，至少先付给我们铜像的材料价钱，也就是青铜的钱，等您方便时再付余下的钱。

公爵，请接受并相信我想给您的最美好的感情。

娜塔莉亚·普希金娜
1833年2月18日，星期六

信封上的地址是普希金的笔迹[①]。

沃尔孔斯基在回复1833年2月18日署名普希金娜的信时称，目前宫廷不打算出这么一大笔钱[②]。

普希金参与了冈察洛夫家的所有事务。他认识司法部大臣Д.Н.达什科夫、内务部大臣Д.В.布鲁德诺夫，还有高官Ф.Ф.维格尔。通过他们，普希金尽力帮助德米特里·尼古拉耶维奇。

但是，在娜塔莉亚·尼古拉耶夫娜的信中，对我们来说最重要的部分是与普希金有关的一切。

1835年，普希金和普列特尼奥夫考虑出版选集。在8月18日和10月1日的信中，娜塔莉亚·尼古拉耶夫娜不仅以普希金的名义，而且以自己的名义请求德米特里·尼古拉耶维奇为他准备纸张。

我们在冈察洛夫家的档案中找到了一些文件，文件显示，纸张运输相当紧迫，10月26日运42俄令纸，12月12日又运了45俄令纸，总共87俄令纸。来年4月28日，她又给哥哥写信要纸，转达丈夫将纸张的费用算在德米特里·尼古拉耶维奇付给姐妹的生活费里的请求。或许，以纸张抵账的新鲜想法来自于娜塔莉亚·尼古拉耶夫娜，并且得到了姐妹们的赞同。根据普希金的书信，我们可以探究到，他不在家时，经常委托妻子处理出版事宜和其他事务。

[①]信的正文大概也是出自他的手笔。
[②]后来，诗人去世后，青铜像被卖给叶卡捷琳诺斯拉夫，一共卖了7000卢布。

"我的天使,一句话,"普希金1833年10月11日在信的开头这样写道,"到普列特尼奥夫那里去一趟,请他在我回来前叫人把《法律汇编》中有关普加乔夫的所有命令都抄下来。别忘了……我在写作,在奔波劳碌,谁也不见,要给你带回许多各种各样的作品。但愿斯米尔金守规矩。过几天寄给他几首诗。"

……附上的那份公文是给普列特尼奥夫用在《现代人》上的。如果检察官克雷洛夫不同意,就交给委员会,看在上帝的面子上,在第2期登出来。

(1836年5月6日)

……感谢奥多耶夫斯基在印刷事务上的操劳。告诉他想怎么印就怎么印,顺序说明不了任何事情。杜罗娃的札记怎么了?检察官放行了吗?我很需要这些札记,没有的话,我就完蛋了。你信里提到科利佐夫①的文章,这是怎么回事?是科利佐夫的还是果戈里的?果戈里的文章可以发表,科利佐夫的文章还要再审阅一下。不过,这不重要。

(1836年5月11日)

我们再回到娜塔莉亚·尼古拉耶夫娜的信上来。

亲爱的德米特里,为该死的乌萨乔夫诉讼官司尽快来一趟吧。大家认为你到这里来非常有必要。只要你一到,马上去见律师列尔赫,他为你调解此事。尽量在我丈夫离开前赶到,他很快就要去乡下了。他将你托付给几位在这件事上能帮上忙的

---

① 阿列克谢·瓦西里耶维奇·科利佐夫(Алексе́й Васи́льевич Кольцо́в,1809—1842),自学成才的俄罗斯民间诗人。——译者注

朋友。只要你一收到此信,请立刻赶来。别浪费时间,时间浪费不得。

再见,我担心我的信赶不上邮班。

(1835年8月15日至17日,黑溪镇)

亲爱的德米特里,我丈夫委托我请你费心给他准备85俄令纸,就像我给你邮的这封信一样的纸。他急需这种纸,请尽快安排。他请你定个供纸期限。只要你一收到这封信,就请给我回信,以便让他知道接到纸张的日期是否快到了。反之,他只得想别的办法。亲爱又可爱的哥哥,如果我们向你提的要求没给你带来任何困难、增添任何麻烦的话,我求你不要拒绝我们。

你可能非常惊讶一下子接到我两封来信。说到诉讼官司,丈夫想事先通知维格尔和大臣达什科夫,以便案子到他们那里,在宣判之前能好好研究一下。但你别对此期望过高,反正你要来一趟的,因为没有你,什么事情也办不成,这是姨妈让我转达给你的。至于洛吉诺夫,这方面都可以做到,你在这里才能做,你也许还记得此事。但是据知情人士讲,尽快找列尔赫完全有必要,因为担心对方抢先找到他,到那时我们的官司一定会输的。

再见,亲爱的德米特里哥哥,温柔地亲吻你,热切期盼你事业有成。卡坚卡已经写信告诉勒季谢夫[①]的事。看过我们文件的人都不建议你这么做,因为类似的事情只能在亲密的朋友或没有猜疑坦诚相待的人之间才能办理,否则这只是个打官司的理由罢了。我想勒季谢夫不可能属于这类人。

温柔地亲吻妈妈的手,明天我打算给她写信。

1835年8月18日,(黑溪镇)

[①] 勒季谢夫是德米特里·尼古拉耶维奇的债主,以后成了他和同样欠其巨款的娜塔莉亚·伊万诺夫娜的"瘟神"。

亲爱的德米特里，我不久前收到你的信，如果说我没提早给你写信，只是因为关于纸的事情要给你个答复，我必须见一下普列特尼奥夫，我丈夫不在时，他负责此事。他恳请11月将纸寄来，1月就太晚了。以我丈夫的名义一千次地感谢你如此周到办理此事。

至于诉讼，已尽我所能。首先，我刚一收到你的文件，就吩咐人抄录副本，并请列尔赫到我这儿来，将副本交给他。我和他谈了我们的官司，请他接手，研究所有文件。几天后，他将全部文件退还给我，并附上便函，上面写道，他不能接手这个官司，因为这个官司已经在莫斯科审理。他说应该向沙皇上诉状，让其决定该案件能否在彼得堡枢密院审理。我对这个答复不满意，又去咨询布图尔林先生，他盛情难却翻阅了全部文件。他发现，我们是无辜的，而对方的行为是卑鄙的诈骗。他建议我去见一下洛吉诺夫，如果可能的话，撤回诉状，以我的名义再写一份。请原谅，因为按他的说法，在陛下那里，我的名字及身份与你相比，知名度要大很多。不过他补充说，只要你们在上面签名就行。但是我确实不记得我是否应该签字，我通过扎格里亚日斯卡娅夫人想与洛吉诺夫见面。随即我们就见面了。按约定时间，我到了他那里，以下就是我和他谈话的结果。他一开始就告诉我，我们的案子还没审理，因为负责此案的官员得了肺炎，甚至快要死了。但在我来之前，我们的案子被重新审理，现在他们推掉所有事情，专门处理我们的案子。案子很严重，他补充说，至少需要15个工作日。他说："过了这段时间我能给您答复，即使不是官方的，也会是私下的。"我的问题是，是否可以认为，他会给我们投表决票。他回答说，他读了我们的诉状，觉得我们是无辜的，但只有他一个人的支持是不够的。因为除他之外，还有六个人决定审理我们的诉状。至于查封我们财产一事，直到他们作出裁决之前，你没什么可担心的。他说，他给你一份文件，如果有人设计你，你可以在此情况下出示这份文件。它将证明，法律完全站在我们这边。

现在我想知道，决定我们命运的六个人是谁，如果他们中有谁是我的好朋友，那么到时我将尽力把他们吸引到我们这边来。我想知道的第二个方面是，洛吉诺夫的右手出现了吗？也就是说，负责我们案子的人是个正直的人，还是需要行贿的人？在这种情况下，应该采取相应的行动。只要我一了解到详细情况，就立刻告诉你。

现在我要和你谈谈我个人的事情。看在上帝的分上，你要是能帮我，就给我几百卢布，我会非常感激你的。我处于非常困难的情况中。我丈夫走了，只给我留下全家糊口的钱。如果你不能帮助我，请不必为我不知分寸的请求而生气，直接拒绝好了，别动怒。

再见，亲爱的兄长，温柔地亲吻你，还有谢廖沙和万尼亚。感谢后者还记得我。母亲写信说，他请求向我转达许多美好的祝愿。

（1835年10月1日，彼得堡）

普希金寄托在《普加乔夫叛乱史》一书上的希望没有实现。该书在1834年12月末问世，一开始卖得很好，但卖书得来的钱都用去还清急需还的债务了。"……普加乔夫竟成了认真支付代役租的人。叶梅利扬·普加乔夫，我那交代役租的农夫啊！"1835年1月20日，普希金在给纳肖金的信中写道，"他给我送来了不少钱。近两年我却靠借贷生活，而且身上也是一个钱都没有，不过欠的债都会付清的。"

然而，三四个月之后，这本书的销售就基本停止了，因为对历史书籍感兴趣的人毕竟还是很有限的。普希金去世后，还有一大部分没卖完。总之，普希金本来预计能赚4万卢布，可后来一共赚得1.6万卢布，这些钱顷刻间就被花光了。

所有这一切都证明，家庭的经济状况相当不好。

他接管父亲的领地，要偿还领地的债务，同时要支付父母、兄弟姐妹的部分支出。列夫·谢尔盖耶维奇肆意挥霍金钱，普希金只得为他还债。奥莉加·谢尔盖耶夫娜的丈夫帕夫利谢夫要求给她增加生活费。最终，普希金为了支持姐姐，不得已去掉自己的部分开支。后来，诗人家增加了人口，有了三个孩子。由于彼得堡的公务，他无法从事纯粹的文学创作，而这正是他用于家庭生活支出的必要手段。到1835年，普希金有6万卢布的债务。

所有这些原因再一次让他产生了到乡下住上一段时间的想法，在那里他可以不受干扰地潜心创作。

1835年6月14日，普希金给娜塔莉亚·伊万诺夫娜写信道："……目前我们住在黑溪边上的别墅，打算离开这里去乡下，迫于形势，可能要住上几年。"显然，离开这里去乡下的决定是夫妇二人共同作出的。对于普希金最后的日子，他在普希金皇村中学的同学K.K.丹扎斯在回忆录中是这样写的，娜塔莉亚·尼古拉耶夫娜建议丈夫和她离开彼得堡。并非妻子不愿意，正如诗人姐姐所写，是更重要的原因使普希金放弃了这个想法。

普希金吸取初次辞职失败的教训，决定申请三至四年的休假。可立即就被尼古拉一世拒绝了，而向他提供1万卢布的"救济"和六个月的休假。诗人当然不会接受这笔钱。拒绝这笔钱的同时，他请求借款3万卢布，从任期薪水中扣除。"圣上"随即恩准了这个申请，可是六个月的假期变成了四个月。这样，普希金又要被束缚在首都任职几年。现在他必须还上第二部分欠款。他一休假，就前往米哈伊洛夫斯克工作去了。

……离开你已经一个星期了，我亲爱的朋友，可我看不出这其中的好处。我还没开始写作，也不知道什么时候能开始。一直都在想你，可任何有用的都想不出来。很后悔没将你一起带来。我们这儿天气真好！已经三天了，我不是散步就是骑马，到处闲逛，就这样逛上一个秋天，直到上帝让一贯的寒冷来临，我便一事无成地回到你身边……今天我看见了月亮左半边了，于是就开始惦念你。我们的考察怎么样了？你见到坎克林娜伯爵夫人了吗？怎么答复的？如果坎克林伯爵为难我们，我们还有尤里耶夫伯爵,我介绍你去找他。尽量多来信,告诉我你在做什么,让我知道你在向谁卖弄风情,常到哪些地方去,举止是否端庄,搬弄什么是非,跟你的同姓人争风吃醋是否幸福。再见,亲爱的。亲吻玛丽亚·亚历山德罗夫娜①的手,请她在你面前保护我。亲吻萨什卡的圆额头,祝福你们大家,衷心问候两位姨妈及阿奇亚和科科②姐妹。告诉普列特尼奥夫,让他写信给我谈谈我们共同的事情。

(1835年9月14日,米哈伊洛夫斯克村)

秋天原本是普希金硕果丰盛的时期:雨雪总是有利于他燃起创作热情。这里天气好,还有日思夜想的米哈伊洛夫斯克,他多想休息一下,整理一下思路。可是心总是无法平静。

诗人说的"考察"是指娜塔莉亚·尼古拉耶夫娜对财政大臣Е.Ф.坎克林伯爵夫人的拜访。她此行的目的是以丈夫的名义请求,不要从他向官家借的3万卢布中扣除旧账。尤里耶夫是高利贷者,普希金称他为伯爵是为讽刺他。而"同姓人"指的是埃米利娅·卡尔洛夫娜·穆辛娜–普希金娜,一个非常美丽的女人。大家经常将她与娜塔莉亚·尼古拉耶夫娜进行比较。

离家时,普希金忘记将详细地址留给妻子。因此信邮了很长时间。

我的爱妻,已经21日了,还没收到你的哪怕一行字。虽然我知道17日前也许你不知道我在巴甫洛夫斯克的详细地址③……但我还是担心,什么也写不下去,而时间却在流逝。你无法想象,当我一人独自面壁而坐或漫步林间,任何人都不会打扰我的思考,思考到头脑发晕时,想象力是多么活跃。可我在想什么呢?想的是我们将来如何生活?父亲不会给我财产,他已将

---

① 玛丽亚·亚历山德罗夫娜是玛莎·普希金娜,普希金的大女儿。
② 阿奇亚和科科是娜塔莉亚·尼古拉耶夫娜的两位姐姐亚历山德拉和叶卡捷琳娜。
③ 普希金父母那里。

家产挥霍过半，你家的家产也所剩无几。沙皇不许我当地主，又不准我当撰稿人。我不能为钱财写书，上帝可以作证。我们没有一点固定收入，固定的支出却有三万。所有的担子都压在我和姨妈身上，我和姨妈总不能长生不老。天知道那时候又会怎样。所以我发愁。吻吻我吧，说不定苦难会过去。可是你的嘴唇够不到四百俄里之外。坐着难过，可怎么办！……

（1835年9月21日，米哈伊洛夫斯克）

后来，普希金在9月29日一下子收到妻子的两封来信，她告诉他，叶卡捷琳娜·伊万诺夫娜得了重病。诗人很难过。对未来的忧虑使他迷茫。

……陛下恩准我办报纸，那里却不许，逼着我住在彼得堡却又不给我手段谋生。我白白浪费时光与精神，抛洒血汗钱，看不到任何前途……

（1835年9月25日，米哈伊洛夫斯克村）

怎样解释家庭困顿的经济状况呢？原因有如下几个。当时，许多贵族因为"名望"入不敷出。普希金身为著名诗人，有一定的社会地位，也不能免俗。家里雇了好多佣人，还养马。有时诗人打牌会输掉不少钱。我们已经说过，5000卢布的薪水只够付房租的。可后来他连薪水都没了。如果家里出现一大笔钱（如出版作品的稿费），这笔钱基本用来还急需还的欠款，然后再去借钱。诗人写给妻子和纳肖金的信中多次提到过。普希金掌管着家庭开支，他给妻子过日子的钱。"所有的担子都压在我和姨妈身上。"普希金写到。

众所周知，指责娜塔莉亚·尼古拉耶夫娜据说是因为她买衣服花销太大。可事实并非如此。叶卡捷琳娜·伊万诺夫娜·扎格里亚日斯卡娅非常疼爱外甥女，以她为荣，引以为傲。她没成家，从领

亚历山大·谢尔盖耶维奇·普希金在米哈伊洛夫斯克村,俄国著名画家尼古拉·尼古拉耶维奇·格画于1874年。

地上得来的许多钱都花在她的漂亮人儿身上,希望她穿得比谁都好。所以我们不要指责娜塔莉亚·尼古拉耶夫娜挥霍金钱。

普希金需要可观的薪水,而不是区区5000卢布。每年需要长期休假才能到乡下进行文学创作,冬天的时候需要档案馆的使用权。作为伟大作家和诗人的普希金,将这些视为必备条件。而尼古拉一世对此却不理会,只想将普希金留在彼得堡,置于第三厅的严密监控之下。

娜塔莉亚·尼古拉耶夫娜得知普希金在流放期间曾喜欢过三山村的几位女邻居后,开始吃丈夫的醋,尽管好像并没针对谁。叶夫普拉克西娅·尼古拉耶夫娜已经嫁人(普希金去探望过她,弗列夫斯基的庄园并不远),亚历山德拉·伊万诺夫娜①也出嫁了,而且没住在三山村。况且,普希金与她开玩笑,邀请她来:"我为你准备了一大堆表白、解释和各式各样的东西。也可能有空闲时间谈谈恋爱……请原谅我友好的唠叨。"按诗人所说,娜塔莉亚·尼古拉耶夫娜心思敏锐,难道没感觉出来吗?

> 亲爱的娇妻,我们这里有匹小马,既可拉辕,也可以骑,什么都好。在路上只要稍稍加鞭,它便咬紧马嚼子,在坎坷不平的路上跑上十几里,不累绝不停下。我收到温柔美丽的天使的来信!你咬紧马嚼子,在卡特琳夫人②那里钉上了掌的优美可爱的那对小蹄子正在刨蹶子呢。但愿现在你精疲力竭,平静下来了。我等着你正常的来信,可以让我看到和听到你的音容笑貌,而不是我全然不该受到的责骂,因为我处世为人宛如处子……我眼望窗外遐想:若是能突然有一辆马车驶进院子,车上坐着娜塔莉亚·尼古拉耶夫娜……

(1835年10月2日,米哈伊洛夫斯克村)

---

① 叶夫普拉克西娅·尼古拉耶夫娜·弗列夫斯卡娅是 П.А.奥西波娃的女儿,而亚历山德拉·伊万诺夫娜是她与前夫所生的女儿。

② 这里卡特琳夫人显然是指叶卡捷琳娜·尼古拉耶夫娜。

娜塔莉亚·尼古拉耶夫娜当然不能去米哈伊洛夫斯克村。带着孩子一起去？深秋时节带着孩子们奔波400俄里，这么冒险是不可能的。她一个人去？孩子们怎么安排？……普希金自己明白，这不现实。

斗转星移，天气变差。他开始写作。然而这个秋天并没带来期待的成果。突然从彼得堡传来娜杰日达·奥西波夫娜病情恶化的消息。诗人立即动身前往首都。从那里他写信给Π.A.奥西波娃：

夫人，我已回彼得堡。请想象一下，我妻子之所以沉默，原来她把信寄到奥波奇卡去了。你看，天晓得她怎么会这样。总之，求您打发人去告诉那里的邮政局长，我已经不在乡下了，请他把我在局里的信件都退回彼得堡。

我见到可怜的母亲几乎是在她弥留之际。她从巴甫洛夫斯克来找房子，暂住在克尼亚日尼娜夫人①家时突感不适。劳赫和斯帕斯基已不抱希望了。在这悲伤之际，我还痛心地发现，我那可怜的娜塔莉亚成了上流社会憎恶的对象。到处都在议论纷纷，说不管公婆一无所有，还是婆婆眼看就要死在别人家里，她都打扮得花枝招展，太可怕了。您是知道事实真相的。当然不能说有1200个农奴的人一贫如洗，应当说父亲还有点家当，我却一无所有。但无论如何，娜塔莉亚与此毫不相干，对母亲负责任的应该是我。如果母亲决定住在我们家，娜塔莉亚自然会欢迎的。可是冷冰冰的屋子，到处是孩子，客人又多，这对病人未必合适。母亲住在自己家里更好些。我见到她时，她已搬家了。父亲处境也很可怜。至于我，走到哪里都怒火中烧，并对此深感吃惊。

亲爱的奥西波娃夫人，请相信我，尽管生活就是美好甜蜜的习惯②，可是生活也隐藏着无限痛苦，因此令人厌恶，而社交

---

① 克尼亚日尼娜是娜杰日达·奥西波夫娜童年的好朋友。谢尔盖·利沃维奇带着妻子曾在托尔斯泰伯爵家住过。

② 此处原文为德语。

界不过是一堆龌龊的垃圾。三山村对我来说更可爱。衷心向您致敬。

（大约1835年10月26日）

奥莉加·谢尔盖耶夫娜，诗人的姐姐带着小儿子列夫和父母住在巴甫洛夫斯克。从她的信中，我们了解到事情的全部详情。母亲生病时，父母通知女儿，她就进城了。娜杰日达·奥西波娃早就忍受着肝病的折磨，任何刺激她都受不了。可是突然她的心肝宝贝，小儿子列夫从高加索来信了……

我们摘录了几段1835年10月奥莉加·谢尔盖耶夫娜写给丈夫的几封信中的片段：

……我16日从巴甫洛夫斯克出发，在克尼亚日尼娜夫人家找到病重的母亲……斯帕斯基说，她的生命没有指望……劳赫说，母亲的病是慢性病，她不再会彻底康复了……

……我打算让他①把不应该现在偿还的债务写一下。我担心母亲的病会因此恶化，能安慰她的亚历山大又没在（至少他有时能够安慰她）。

列夫·谢尔盖耶维奇告诉母亲，他穷得一分钱都没有，甚至连寄信的钱都没有。"他觉得给他2000卢布都没有什么作用。"奥莉加·谢尔盖耶夫娜写道，"他住在梯弗里斯，像个能一下花光上万卢布的有钱人。然而我可怜的母亲差点死了。她只要一看到这封信，准会气得冒烟……"

看来，住在克尼亚日尼娜夫人家很不方便，奥莉加·谢尔盖耶夫娜立即就近租下房子，将病人转到那里住，女儿就和父母住在一起。

---

① 指的是列夫·普希金。

你能想象愁眉不展的父亲是个什么状况，何况还没有钱……他们从乡下带来1000卢布，过了一星期一分钱都没剩下……亚历山大昨天回来了，他相信斯帕斯基，就像犹太人相信耶稣来临一样，附和着他，说母亲情况非常不好，但事实并非如此，大家都看到了，她好些了。

（1835年10月24日）

然而，斯帕斯基显然是正确的。娜杰日达·奥西波夫娜病得很重。她病了整整一个冬天，1836年春便与世长辞了。

普希金写的上流社会对娜塔莉亚·尼古拉耶夫娜的诽谤，据说是因为她不接纳生病的婆婆。对此，奥莉加·谢尔盖耶夫娜是这样写的：

　　他①的妻子又怀孕了。请想象一下，她因母亲从巴甫洛夫斯克到此没有在她家住而遭受指责，有多可怜。首先，母亲没想到会生病，住在克尼亚日尼娜家15天，我去过弟媳那里，任何时候都不会将家搬到那里，居住条件很差。他们家的确房子很大，但条件很不好，还有两个姐姐，三个孩子，再说亚历山大如何看待这件事呢，他离家在外。母亲不想这样做。克尼亚日尼娜夫人是她儿时的伙伴，比儿媳妇好得多，这是明摆着的，我的弟媳不是善于装假的人。母亲会让她很拘谨，完全可以理解。可这里有人指责她出入剧院的包厢，说她穿戴讲究，此时丈夫的父母还处在困境之中，总之，找不到能比斥责她一顿更有趣的事情了。当然，别人也骂我们：亚历山大是丑八怪，我是冷酷无情的女儿……其实，亚历山大夫妇有很多支持者……

　　……可父亲只是哭泣，唉声叹气，抱怨所有来他这儿和他遇到的人。

---

① 指的是普希金。

普希金因针对妻子不公正的指责非常激动，如果婆婆要来，她当然接受。但是看来娜杰日达·奥西波夫娜理解普希金家庭环境的复杂之处，不想这样做。

我们选中这起偶然事件细细道来，只是为了再次证明普希金家与上流社会的关系——上流社会利用每一次合适和不合适的机会散布他家的谣言。

娜塔莉亚·尼古拉耶夫娜考虑到家里困难的状况，去求母亲帮助她，哪怕每个月寄给她200卢布也好。我们是从1835年11月1日叶卡捷琳娜·尼古拉耶夫娜写给德米特里的信中得知此事的：

……塔莎衷心地拥抱你，永远感谢寄来的钱，无异于雪中送炭，因为她非常需要钱。她很生母亲的气，她向母亲每月要200卢布，可是母亲以经济状况不好为由拒绝了她。

普希金两星期前从普斯科夫领地回来了，他是去那里写作的，比预想的时间要提前一些回来，因为他本打算在那里住上三个月。这对他们的事业非常不利，到现在他什么也没做成，这个冬天对他们来说并不轻松。真的很羞愧，母亲不想为他们做任何事，这种漠不关心是不可饶恕的，况且，不久前还为此给她写过信，她只给他们出一钱不值没有任何意义的主意，仅此而已。

1835年秋天，在乡下一事无成的普希金正在寻找另一种途径来摆脱经济困境。他决定去找沙皇（通常通过卞肯多夫）请求允许他出版杂志。

……卑职斗胆有一事相求：卑职想于明年1836年出版四卷纯文学（如小说、诗歌等）、历史性、学术性作品，以及国内外文学评论，类似英国的季刊《评论》[1]。卑职没有参加一家杂志

---

[1] 此处原文为英文：Review译为《评论》。

的工作，没有收入。出版上述作品，可为卑职提供再次自立之机，同时也使卑职得以把已经动笔的著作写下去。如能遂愿，这将是陛下赐予的新的恩赐……

(1835年12月31日)

尼古拉一世赐予了"新的恩赐"，普希金立即动手筹备《现代人》杂志的第一期。

第八章 最后的一年

对于普希金家来说，1836年是极度恐慌、忧愁痛苦和经济匮乏的一年。娜塔莉亚·尼古拉耶夫娜有四封信属于这一年。对于普希金学来说，其中7月份的信尤为重要。

普希金极其沮丧，是因为1835年他被迫离开米哈伊洛夫斯克村，比预定期限提前了好久，所有考虑好的文学工作都泡汤了。诗人失去了薪水，还欠下官家3万卢布的债。第一期的《现代人》还在准备阶段。此外，在得到出版自己杂志的许可后，普希金不能在其他的出版物上发表作品。年初时他已负债高达7.7万卢布，其中有大约2.9万的个人欠款。

雪上加霜，他"心情不好时"（像诗人在给喀山大学法国文学教授A.诺贝尔的信中所写）发表了长诗《讽卢库尔病愈》（*На выздоровление Лукулла*），本质上是讽刺教育大臣С.С.乌瓦罗夫。这件事给普希金招来很多麻烦。书刊检察官尼基坚科在1836年1月17日的日记中写道："普希金写的东西是对教育大臣的讽刺……大部分有教养的评论者都对诗人相当不满……陛下通过卞肯多夫下令给他严厉申斥。"

讽刺诗导致了诗人与上流社会的关系恶化。正是这个时期他一会儿与赫柳斯京吵架，一会儿与列普宁争执，一会儿与索洛古勃斗气，差点没去决斗。

诗人能找到心灵安宁和休息的唯一地方就是家，他1836年1月10日在写给朋友纳肖金的信中如此温暖地表露出这种感情。

> 我没给你写信，因为和莫斯科邮局吵起来。听说你要去乡下

找我，你没去，我很高兴，因为此时你去乡下找不到我。母亲病了，我无奈又返回城来……我想你一定不在莫斯科。你那里有我住的地方吗？如果有，我们就可以畅谈一番了！此处无人可以畅谈。我的收支情况糟极了，只好操起杂志这个行当来，还不知道发行情况会怎样。斯米尔金已经出1500卢布，要我放下自己的事情再次当他《文库》的合伙人①。

我多想看看你的家庭生活……我的家庭不断壮大，增长，在我身边喧闹。如今似乎觉得对生活没有什么可抱怨的，对生老病死毫无畏惧。一个人活在世上是了无生趣的：他看到新的年轻一代会感到痛苦。身为人父，望着身边的孩子就无须忌妒。我们做得不错，因为我们结婚了……

在娜杰日达·奥西波夫娜生病期间，普希金和娜塔莉亚·尼古拉耶夫娜经常去看望母亲，母亲因此深受感动。据同代人证明，她在去世前请求儿子的原谅，因为活着时她很少重视他。尽管诗人和父母的关系不太亲近，但是我们推测娜杰日达·奥西波夫娜的去世对于普希金来说是一大损失。他赶到米哈伊洛夫斯克安葬母亲。他好像预感到即将死去，在母亲墓地旁也给自己买下了一块地……

从米哈伊洛夫斯克回来后不久，普希金去了莫斯科。他准备在档案馆为《彼得大帝》查资料，并且安排好《现代人》的工作：吸引莫斯科著名文学家参与工作，洽谈在莫斯科售卖杂志一事。他在那里待了不长时间，从5月2日至19日。娜塔莉亚·尼古拉耶夫娜即将临盆，也许这让他十分惦念，他赶紧回家去了。

在莫斯科逗留期间，普希金给妻子写了六封信，这里我们摘录几个片段。从他的信和娜塔莉亚·尼古拉耶夫娜给德米特里·尼古拉耶维奇的信中可以研究出，诗人妻子这些年是怎样变化和成长的。如果说在1831年至1832年间他常建议如何持家，担心她可能在上流社会出差错，那么在后来的几年诗人更多地想与妻子分享思

---

① 《文库》（*Библиотеки*）是斯米尔金创办的杂志，1834—1835年，普希金在这里刊登文章。

亚历山大·谢尔盖耶维奇·普希金的肖像。画家托马斯·莱特画于1837年。关于这幅肖像,伊利亚·叶菲莫维奇·列说:"请注意……普希金被赋予英国人的外表,善于交际的头脑,思想家的额头,雄才大略的智慧……"

想、与会面和创作构思密切相关的情绪。我们不断相信，娜塔莉亚·尼古拉耶夫娜是丈夫事业的帮手，尤其在《现代人》上完成了他的委托及书商谈判等。

我的女皇，今向你详细禀报如下。我的旅行一路顺利。5月1日在特维尔过夜，2日夜间抵达此地。如今在纳肖金府上，**他的宅第极为漂亮**。他的妻子十分漂亮，他很幸福，有些发福。自然，双方见面相谈甚欢，昨天一整天都在漫无边际地闲谈，只有上帝知道聊的是什么……恰达耶夫、奥尔洛夫、拉耶夫斯基与观察家们①（纳肖金称他们为"**十三点**"②）我还没来得及见到。我打算向观察家们和出版商们卖弄一番，努力办好《现代人》。纳肖金来了，为了他，我只好把你丢开。亲吻并祝福你和孩子们。向你的女伴们致敬……

(1836年5月4日)

我到莫斯科已经三天，什么事也没有干成：没见到档案，同书商也没谈成，所有的人都没见，也没去拜会索恩采夫③一家。有什么办法？纳肖金起得晚，跟他闲谈，瞧，又该吃午饭了，过会儿又该吃晚饭了，再过会儿又该睡觉了，日子便这样一天天过去啦。昨天待在德米特里耶夫、奥尔洛夫和托尔斯泰家，今天准备去看望其他人……

你上果戈里④那儿去一趟，把以下的话念给他听：我见到了演员谢普金⑤，他诚心诚意邀请果戈里来莫斯科朗诵《钦差大臣》。

---

① 观察家们指的是《莫斯科观察家》的编辑人员和撰稿人，其中有波戈金和亚济科夫。
② 巴尔扎克的长篇小说《十三人故事》暗示当时的新作品。参阅普希金1834—1837年间最后的书信，列宁格勒，1969年，第307页。
③ С.Л.普希金的姐姐伊丽莎白·利沃夫娜嫁给М.М.索恩采夫。
④ 尼古拉·瓦西里耶维奇·果戈里（Николай Васильевич Гоголь, 1809—1852），俄国现实主义文学的奠基人，俄国自然派的创始人，主要作品有《死魂灵》、《钦差大臣》等。——译者注
⑤ 谢普金（Михаил Семёнович Щепкин, 1788—1863），俄国演员，俄国现实主义舞台艺术的奠基人，戏剧改革家，赫尔岑、果戈里、别林斯基的朋友。——译者注

他不在场,演员们演不好……从我这方面来说,也劝他不能让《钦差大臣》在莫斯科演砸了,莫斯科人爱果戈里胜过彼得堡人。此信所附纸包是给普列特尼奥夫在《现代人》上用的,如果书籍检察官不批准,就得报送检查委员会,务必在第二期登出来。

  焦急地等待着你的来信,你的身孕如何?你的钱还够用吗?我来莫斯科并不后悔,只是挂念彼得堡。你住在别墅吗?跟房东相处得如何?孩子们呢?太痛苦!我知道一定要有八万收入。会有这笔钱的,也不枉我办杂志一场,这毕竟是在淘金。别佐布拉佐夫的母亲想买它的专利权:她想净化俄罗斯文学,就是说,她想打扫茅厕,还要依赖警察局。弄不好就……见他们的鬼吧!我的一腔热血正变成满腔怒火。吻你,问孩子们,为他们也祝福你。向女士们致敬。

(1836年5月6日)

  你的来信刚收到,让我柔肠百转,赶忙给你寄去900卢布,以后再写回信,现在,暂时再见吧。伊万·尼古拉耶维奇①就在我旁边。

(1836年5月10日,莫斯科)

  非常非常感谢你的来信,我想象着你的忙碌,也请你宽恕我和书商。他们是一群可怕的无赖,正如果戈里说的那样,他们比骗子还可恨。但是上帝会帮助我们的。感谢奥多耶夫斯基在印刷方面的帮忙。告诉他,按他的想法去刊登,前后顺序没有什么关系。杜罗娃的札记怎么样了?检察官放行了吗?我很需要这些札记,没有它们,我就完了。你信里提到科利佐夫的文章,这是怎么回事?是科利佐夫的还是果戈里的?果戈里的

---

① 伊万·尼古拉耶维奇·冈察洛夫。

文章可以发表，科利佐夫的却要仔细审阅。不过这无关紧要。昨天伊万·尼古拉耶维奇到我这里来，要我相信他的事情进展得很顺利。德米特里·尼古拉耶维奇比他本人更了解这一点。

我过着不务正业的日子，在家坐不住，查阅档案也静不下心来……因为现在我的头衔，又加上了新闻撰稿人的头衔，因此对于莫斯科来说，我又有新的魅力了。不久前别人告诉我，切尔特科夫①找过我。我们从未打过交道。说来也怪，他居然想起他妻子跟我沾点亲，就把他写的《西西里游记》(*Путешесивие в Сицилию*)捎给我一本。我不能**像亲戚那样**说他一通？……纳肖金是我在这里的唯一快乐，可是他一觉睡到中午，而晚上又去俱乐部玩到天明。恰达耶夫只见过一次。我的信就像屠格涅夫写的，可以告诉你莫斯科和巴黎②的不同。我常为《现代人》的事情奔走，怕书商利用我心地善良的弱点要我作出种种让步，所以就顾不上你那些严格规定了。不过，我尽力表现出贵族的坚强来……

（1836年5月11日，莫斯科）

怎么了，爱妻？开头你做得好，结尾很糟糕！见不到你的只言片语，你难道已经分娩了吗？今天是格里什卡的生日，祝贺他和你，我要为他的健康干杯。他没有新的弟弟或妹妹吗？等着我回去，我已经准备去你那里了。我去过档案馆了，还要在那里东翻西找五六个月。到时你会怎么样呢？今后你要愿意就把你带在身旁。

……我要尽我所能向莫斯科文学界卖弄一番，可是观察家们对我不赏识……听到当地文人墨客的闲谈，我很吃惊，他们的作品那般高贵典雅，谈吐却如此愚蠢粗俗。快坦白，我是这

---

① 亚历山大·德米特里耶维奇·切尔特科夫（Александр Дмитриевич Чертков，1789—1858），俄国著名的历史学家、档案学家和古钱学家，和诗人的妻子Е.Г.切尔内绍娃结婚。

② 普希金借引证А.И.屠格涅夫的书信，指发表在《现代人》第一期上屠格涅夫写自巴黎题为《巴黎（俄国酒鬼）》的信，其中说到了巴黎的政治、艺术及剧院生活的新闻。

样吗?我真怕。巴拉丁斯基倒是很可爱,可不知为何我们彼此又很冷漠。这里的人们想为我塑个半身像,可我不愿意。我这个丑陋的黑人死后才会永垂不朽。我说,家里有位美人儿,何时我们给她塑个像……

(1836年5月14日,莫斯科)

附信:

……我在考虑离开的事。可能你已经到郊外沼泽地了吧?我的孩子们和书籍怎么样了?你是怎么将这些运去的?你挺着大肚子怎么去的?祝福你,我的天使,上帝保佑你,保佑孩子们。祝你们健康。向你的女骑手们致意。亲吻叶卡捷琳娜·伊万诺夫娜的手。再见。

亚·普

你那非常讨人喜欢的信我收到了,没时间写回信,多谢了,亲吻你,我的天使。

(1836年5月16日,莫斯科)

爱妻,我的天使,虽然感谢你那可爱的来信,我还是要骂你几句。为什么你要这样写:"这是我最后一封信,你再也收不到我的来信了?"你想逼我26日以前到你那里去吗?这不可能。上帝保佑,《现代人》没有我也出版,可你没有我却不能分娩。在收到的钱中,你能拿出500卢布给奥多耶夫斯基吗?不行的话,那就让他们等着我吧,就这么办……布柳洛夫[①]现在要离开

[①] К.П.布柳洛夫。

我去彼得堡了，他硬着头皮去，担心水土不服和不自由。我竭力安慰他，鼓励他；其实，一想到自己是新闻撰稿人，也胆战心惊的。我安分守己时，还遭到警察局几次申斥，他们说**"你别狡辩了"**……现在他们又会如何对待我们呢？莫尔德维诺夫会把我当作法拉依·布尔加林和尼古拉·波列沃伊那样的奸细，谁让我这样一个有灵魂的天才诞生在俄国呢！祝你快乐，暂时就写到这里，再见，祝你健康，吻你。

(1836年5月18日)

尽管普希金给妻子写信说，没有他的陪伴，她没法生孩子。可是这次，他是在妻子生完孩子后才回到家的。

我亲爱的帕维尔·沃伊诺维奇：

23日半夜我回到自家别墅，在门口得知，在我到家几小时前，娜塔莉亚·尼古拉耶夫娜已顺利生下小女儿娜塔莉亚。她睡了。第二天向她道贺，礼物用你送的项链替代金钱，为此她高兴不已。但愿上帝不用毒眼看，保佑我们一切平安……第二期《现代人》非常好，为此你应代它向我致谢，我自己也开始喜欢这本杂志，或许我要积极地办下去。再见，祝你打牌[①]等走运。衷心问候薇拉·亚历山德罗夫娜，她托我办的事还来不及办，近几天就办。

5月27日

告诉你有关我的萨什卡的一个笑话吧：人家不准他要他想要的东西（我不知为什么）。这几天他总对他姨妈说："阿奇亚，给

[①] Тинтер是扑克牌的一种玩法的名称。

我倒茶！我不会请求你的。"

(1836年5月27日，彼得堡)

现在让我们详细看看本章开始时提到的1836年娜塔莉亚·尼古拉耶夫娜写给哥哥的那些信。其中一封写到普希金离家去莫斯科的事情。

亲爱的德米特里。收到你的来信，我立刻执行你的指示。茹科夫斯基已着手过问布卢多夫的事情，乃至达什科夫的，如果这段时间你在莫斯科没做蠢事，将可恶的乌萨乔夫的案子提交莫斯科法庭，应该转而提交到彼得堡枢密院的话，成功应该还是有希望的。当时我能保证赢这场官司，因为我在枢密院有很多朋友，他们答应我支持我们，我不认识莫斯科的人，在那里我什么也做不了。

亲爱的朋友，如果我至今没怎么给你写信，你是知道我很懒惰的。当我知道我的信会对你有帮助时，这种情况下，我才会给你写信。你不要抱怨，我真的不是一个不好的代理人，因为只要你委托我任何事情，我就会立刻努力去完成它并及时告诉你我奔波的结果。因此，如果你有什么事情让我去做，请相信，我总是竭尽全力去做，只是担心能力不够。

现在我要和你谈谈我丈夫的事情。因为他现在是新闻撰稿人，他需要纸张，如果你不为难的话，他想让你负责这个事情。你能否每年给他提供价值4500卢布的纸张，这相当于你给每位姐姐的生活费。纸张要是超出这笔费用，年底他补钱给你。同时他请求你，如果你同意上述条件的话（如果此事没给你添麻烦的话，就这样做。因为如果给你添麻烦的话，他会十分难过的），今年扣除因我一时糊涂向你借的那笔钱。明天他就要去莫斯科了。到时，你也许会看见他，你能和他私下聊聊，如果不行的话，那也就我信中的这部分内容给他往莫斯科回个信。在那里他打算逗留两三个星期。

完成丈夫的请托后,现在要转达姐姐们的委托。卡坚卡要求转告你的是:你还没有就柳芭的问题给她回复,一旦柳芭身体好了,就立即①把她派过来,不能有任何借口,还有斯帕斯基的马匹,让她等得都心急了,每次都要问问。不过请别让我们再等斯帕斯基的马匹,赶快派柳芭过来,还有女士的三套全套马具。她还让你别忘了在5月1日前给诺索夫去信。亲爱的德米特里,我委托过萨什卡向你提再给我增加200卢布的事。如果你能给我邮寄这些钱的话,我会非常感谢你的。

希望你能信守诺言,5月时到我们这儿来,我邀请你做孩子的教父,我预计我的生产日期就是那个时候。真诚地期待见到你,温柔地亲吻你。就此搁笔,要去吃早饭了。紧紧地拥抱你和谢廖沙。伊万哥哥据说去了扎赖斯克?是真的吗?

(1836年4月28日,彼得堡)

又是乌萨乔夫的案子。它吸引了茹科夫斯基、内务大臣Д.Н.布卢多夫、司法大臣Д.В.达什科夫的关注,他们都是普希金还在"阿尔扎马斯"②认识的熟人。当然,最后的那位能够帮忙对这个案子进行有利的调查。可爱的"代理人"想方设法地竭力帮助哥哥。

普希金成了新闻撰稿人。需要纸,还没有钱。当时娜塔莉亚·尼古拉耶夫娜和姐妹们商议,让她们同意放弃从亚麻布厂得到的一半收入,而普希金将替德米特里·尼古拉耶维奇给她们补发生活费。从冈察洛夫家姐妹接下来的信件中判断,她们催促哥哥给她们寄钱,纸张支付方案并没有实现。德米特里·尼古拉耶维奇明

---

① 表示强调。
② 指阿尔扎马斯社,这是以俄国历史学家、文学家卡拉姆津、茹科夫斯基等为代表的一个文学团体,他们在政治上有自由主义色彩,在文学上力求创新,反对以希什科夫、杰尔查文为代表的重视古典传统、带有守旧色彩的"俄罗斯语言爱好者协会"。普希金于1816年加入阿尔扎马斯社。——译者注

白,普希金家用钱方面有很大的困难,大概只给他寄来一部分纸张,作为赊账。然而姐妹们一致同意的事实证明,她们和普希金的关系好并且亲密。她们清楚地看到,他确实钱不够花。

亚历山德拉·尼古拉耶夫娜早些时候给哥哥写信,让他给娜塔莉亚·尼古拉耶夫娜寄去200卢布。因为普希金的生日快到了,娜塔莉亚·尼古拉耶夫娜很想用自己的钱给他买件礼物。有着不同寻常的微妙地方:她不是自己请求,而是通过姐姐,这里只是提到此事,而不说她需要这200卢布做什么……

放在我们面前的就是一封7月的信。反反复复地读这封信,这里每个字都珍贵无比。即使我们手中只有这一封信,也能证明娜塔莉亚·尼古拉耶夫娜看到、明白并理解一切。

我没有回复你的最近一封信,亲爱的德米特里,因为我产后还未完全恢复。我没向丈夫提起巴拉什兄弟的事,我知道,他根本没钱。

现在我想和你谈点个人的事情。你知道,暂时没有家里的帮助我也能行,我也是这样做的,可现在我的情况是这样的,我认为我有责任帮助丈夫渡过难关。我一大家子养家的重担都压在他一个人身上是不公平的,因此,亲爱的哥哥,我只得求助于你那善良慷慨的心灵,乞求你借助于母亲的帮助发给我像姐姐们一样多的生活费,如果可能的话,我在1月前(下个月)就能拿到钱。我坦白向你承认,我们已经穷得走投无路了,有些日子,我都不知道怎样操持这个家,我还经常头晕。我真不想因家庭琐事打扰丈夫,即使没有这些事情,我看到他都那么忧郁沮丧、夜不能寐,因此,在这种心情的影响下,他无法写作,而写作为我们提供生活的经济来源。因为他要想写作,头脑必须保持清醒放松。你很容易明白,亲爱的德米特里,我来求你是希望你能在我最需要帮助的时候帮助我。我的丈夫向我充分证明了他的委婉与无私,如果能从我这方面来尽量减轻他的负担的话,这将是完全公平的。你发给我的生活费至少能用在孩子们身上,而这已经是高尚的目的。我向你求助并未征求丈夫的同意，因为如果他知道此事的话，尽管情况窘迫，他也不会让我这样做。所以，你不要因我有失体面的请求而生气，亲爱的德米特里，请相信，除非万不得已，我不会鼓起勇气打扰你。

再见，温柔地亲吻你，还有我那争气的弟弟谢廖沙，真想再次见到他。让他到我们这里来，哪怕很短的时间呢，别这么自私，把他让给我们几天也好，我们会将他完整地、毫发无损地送回的。

如果万尼亚和你们在一起，我也要温柔地拥抱他，尽管他和我如此疏远，但我无法停止爱他。亲爱的德米特里，萨什卡请求你寄给她欠热尔克钱的亚当斯①的地址。别忘了马车夫的事。我恳求谢廖沙在他不需要时将他的厨师让给我，只要他一回去任职，如果还想用他的厨师，我立刻将他送回。

(1836年7月，石岛)

性格拘谨的娜塔莉亚·尼古拉耶夫娜这次无法沉默了。丈夫、孩子、家庭困难的经济状况迫使她向哥哥坦白。"请相信，除非万不得已，我不会鼓起勇气打扰你。"她写到。"我坦白向你承认，我们已经穷得走投无路了，有些日子，我都不知道怎样操持这个家。""……你很容易明白，亲爱的德米特里，我来求你是希望你能在我最需要帮助的时候帮助我。"她不是请求，而是祈求哥哥在母亲的帮助下增加她的生活费。

早在1835年，娜塔莉亚·尼古拉耶夫娜就给娜塔莉亚·伊万诺夫娜写信求助，但是遭到拒绝。"真的很羞愧，母亲不想为他们做任何事。"叶卡捷琳娜·尼古拉耶夫娜给哥哥写道，"这种漠不关心是不可饶恕的，况且，不久前还为此给她写过信，她只给他们出一钱不值没有任何意义的主意，仅此而已。"尽管遭到拒绝，娜塔莉亚·尼

---

① 亚当斯和热尔克是没查明的人物。

娜塔莉亚·尼古拉耶夫娜·冈察洛娃的肖像,画家В.И.加乌画于1842年。

古拉耶夫娜再次通过哥哥向母亲求助，希望哥哥能影响母亲。娜塔莉亚·尼古拉耶夫娜的这封信的稀有之处在于她第一次亲口谈及她和普希金的关系。"我的丈夫向我充分证明了他的委婉与无私，如果能从我这方面来尽量减轻他的负担的话，这将是完全公平的"，"我真不想因家庭琐事打扰丈夫"。娜塔莉亚·尼古拉耶夫娜明白，在这种状态下，她丈夫是无法写作的，而他的文学作品是保障家庭唯一的可能。

这里让我们不能不回想起谢戈廖夫给诗人妻子凭空虚构的评价，他认为娜塔莉亚·尼古拉耶夫娜的生活目标只是"上流社会的爱情罗曼史"。

这封信的重要性在于证实了诗人在有生之年的最后一年沉重的心理状态。而且充当证明人的不是局外人，而是分享他思想和情感的最亲最爱的人。娜塔莉亚·尼古拉耶夫娜努力帮助着家庭："你发给我的生活费至少能用在孩子们身上，而这已经是高尚的目的。"她认为，养活她的家庭的全部重担都压在普希金一个人的身上是不公平的，而亲人们几乎不帮助她。她是对的。独身的伊万·尼古拉耶维奇每年得到7000到1万卢布，乃至更多，只为满足娜塔莉亚·伊万诺夫娜和德米特里·尼古拉耶维奇的虚荣心，他们为家庭成员在皇家近卫军中任职而感到骄傲。姐姐们每年得到4500卢布，可娜塔莉亚·尼古拉耶夫娜因和家里分开单过，如已经提到过的，只得到1500卢布。更别提，她没有任何嫁妆，冈察洛夫家从未归还欠普希金的1.2万卢布的债务。

"……你想重新安排你的收入，这由你自己决定好了，你爱怎么办就怎么办。不过，与德米特里·尼古拉耶维奇打交道总比和娜塔莉亚·伊万诺夫娜打交道要好些。我这么说，只是**为了朱利叶先生和席勒太太的利益**①，我自己无所谓。"

普希金不知道她给德米特里·尼古拉耶维奇写信，但是还在5月份时，看来她与普希金商量过想找哥哥请求给她增加生活费的事。

---

① 朱利叶是时装店的老板，席勒是女帽商。

1836年，在普希金的信中才有这样的表述。

安分守己的普希金当然不能容许妻子向亲戚要生活费养活孩子，可能娜塔莉亚·尼古拉耶夫娜知道这点，就打算向母亲和哥哥请求发给她像姐姐们一样多的生活费一事，她没向他和盘托出。

还有一方面应该注意。П.И.巴尔捷涅夫①根据维亚泽姆斯基家人的口述写成的普希金故事并不总是可靠的。其中我们读到："家务事和照看孩子应该是二姐亚历山德拉·尼古拉耶夫娜负责。"这个观点被娜塔莉亚·尼古拉耶夫娜的信驳斥了，正因为她"操持家务，做琐碎的家务事"，才不想因这些事打扰丈夫。"别忘了马车夫的事。"她写道，"……我恳求谢廖沙在他不需要时将他的厨师让给我……"

巴尔捷涅夫出版的书籍曾经一度畅销，有人想利用这些书去片面地证实普希金的妻子只对舞会和晚会感兴趣。顺便说一下，巴尔捷涅夫没有检验维亚泽姆斯基家人对他所说的话的真实性，尤其是薇拉·费德罗夫娜，特爱散布普希金家庭生活的不良传闻。然而在苏联时期，人们开始更加细心谨慎地对待巴尔捷涅夫的材料，因为从古文献学和文献学角度，这些材料并不总是处于应有的水平上。

8月，姐妹们突然接到德米特里·尼古拉耶维奇的来信，通知他结婚了。他的新娘是公爵小姐伊丽莎白·叶戈罗夫娜·纳扎罗娃。他在图拉与这位美丽的姑娘相识相爱，很快就向她求婚了。在那里他们举行了婚礼。

> 亲爱的德米特里，你不会相信，我们乍得知你结婚的消息有多高兴。你终于结婚了，愿上帝保佑，希望你获得你值得拥有的幸福，并衷心地祝福你。至于我的新嫂子，毫不怀疑她会幸福，幸福总是只取决于她自己。我期待与她的友谊，焦急地等待着有机会证明对她全部的爱。敬请笑纳我送上的一份薄礼，不成敬意。

---

① 彼得·伊万诺维奇·巴尔捷涅夫（Пётр Иванович Бартенев，1829—1912），俄罗斯历史学家和古文献学家。

我刚收到你的来信,这封信是在你告知结婚的那封信之后寄出的,非常感谢你如此善良地给我生活费。至于你给我的建议,早在去年,我丈夫就有此打算,但是他没能实现,因为他没能休假。

你寄给我的乌萨乔夫案子的文件,我真的不知道该做什么,我将它该给谁看,给我说一下具体的人,到时如果有熟人的话,我立刻完成你的委托。

告诉谢廖沙,我为他留意,有两个地方能不费劲地安排他去:一个在布卢多夫身边,我们能托亚历山德拉·斯特罗加诺娃的人情,而另一个是在坎克林伯爵那里,维亚泽姆斯基公爵能帮我们。让他决定选其中一个,我建议他尽快去坎克林那里,据说那里生产进展快,官还不大。他应该尽快将决定寄给我,到时我会竭尽全力为他谋到一份合适的差事。

丈夫让我转达他的祝贺并向新娘自我介绍一番。他恳求你寄给他一年的用纸,他的纸快用完了,如果你答应他的请求,他保证当新生儿降生的时候,就在这些纸上写出诗歌来。

再见,温柔地亲吻你,还有你的妻子、谢廖沙和万尼亚。厨师和巴拉什兄弟什么时候来?从你给卡坚卡的信来看,我想,你打算让我丈夫支付一半的钱。现在他一分钱也没有,我可以向你保证。

姨妈想给你写几行字。

扎格里亚日斯卡娅的附信:
祝贺你,亲爱又可爱的德米特里。我很久前就该这样做了,但我病得厉害。请接受我最热烈的祝福,真诚地吻你。

(1836年8月初,石岛)

我们感觉娜塔莉亚·尼古拉耶夫娜的祝贺有几分拘谨。姐姐叶卡捷琳娜和亚历山德拉对这件家庭喜事反应要热烈许多,给他寄去几封长信,而娜塔莉亚·尼古拉耶夫娜只是附上几行字,确实相当热情。也许她担心哥哥和这位姑娘能否幸福。在一封信中娜塔莉亚·尼古拉耶夫娜问德米特里,娜塔莉亚·伊万诺夫娜对新娘怎么样。

但是伊丽莎白·叶戈罗夫娜是个非常善良的女人,后来经常关心生病的尼古拉·阿法纳西耶维奇,正如我们已经说过的那样,从她温柔的信中判断,甚至娜塔莉亚·伊万诺夫娜对她也很好。

德米特里·尼古拉耶维奇看来答应妹妹给她增加生活费,可是由于婚礼花费较多,钱并未急于寄出。应该推断出,他曾写信给娜塔莉亚·尼古拉耶夫娜,出于目前的处境他们应该去乡下住,也许这也是他的"建议"之一。

亲爱的哥哥,现在说说我们间的事吧。我刚给你妻子写完信,现在又开始给你写信训训你。你怎么说话不算数呢,不合格的哥哥,你说过,在10月1日前要给我寄生活费的,不是吗?你是忘了这件事还是没机会做,如果是后一种情况的话,我就大度地原谅你。但是请你告诉我,你能否给我寄钱,我可是为此非常感激你的,我非常需要钱。况且只有在没给你添麻烦的情况下我才请求你,如果增加了你的负担我会很难过的。

不久前,我收到母亲的一封来信,看起来,她对新娘相当满意。谢廖沙写信说,她首次亮相其实并不太好,你知道为什么吗?就是因为她说我嫂子(指的是伊丽莎白):"她非常漂亮,非常虔诚,只是她身上少了上流社会的文雅风度。"(这暗示我们三人)"对我非常温柔"。因此,看得出来,她(母亲)对她非常满意。给我写写她的健康情况和心情如何,她现在平静些了吗?在命名日时她见到你们了吗?你把妻子介绍给父亲了吗?他对她好吗?一句话,尽可能详细地写信给我。

请问嫂子遇到奥古斯特感觉怎么样,或许她很讨厌他。萨什卡请你转告奥古斯特,当别人给他寄信赞扬他时,不回信是非常不礼貌的。可能他认为没有愚蠢问题的答案,这不关他的事。为此她还加上个绰号"细高挑的猪",让你转告他。

再见，姐姐们吩咐我结束这封信，没有我，她们会寂寞的。吻你，还有谢廖沙，尽快让他到我这儿来。你可能很快来这儿，是真的吧？但是别想一个人来，别忘了妻子。我丈夫拥抱你，他不停地给你的新生儿写诗。纸何时到？

(1836年10月，石岛)

因此，这是我们找到的娜塔莉亚·尼古拉耶夫娜在普希金在世时写的最后的几封信。我们引用的15封信都写在1832年至1836年这五年间。这个情况很重要。这些信让诗人妻子的形象焕然一新、栩栩如生。她变得离我们更近、更清晰，普希金的那句"我爱你的心灵，胜过你的容貌"对我们来说别有一番滋味。

接下来还有许多书信，是这个经历了可怕的悲剧、将对丈夫全部的爱转给了他的孩子们、并为之奉献一生的女人所写。

但是谈到1836年，不能回避丹特士两封臭名昭著的信，我们在《普希金周围》一书中非常粗浅地涉及过。这本书既然是献给娜塔莉亚·尼古拉耶夫娜的，我们要详细地研究这两封信。

早在1946年，几乎是在П.Е.谢戈廖夫的《决斗与诗人之死》一书出版二十年后，在法国巴黎作家亨利·特罗亚①在《普希金》一书中首次刊登了乔治·丹特士②给当时在国外休长假的路易·盖克伦写的两封信。这两封信写于1836年初。它们被保存在丹特士的档案里，按作者的说法，是丹特士的后人提供给特罗亚的。在信中丹特士写道，他疯狂地爱上了彼得堡最美的女人，并且她也爱他。他不能说她的名字。特罗亚得出结论，指的就是娜塔莉亚·尼古拉耶夫娜·普希金娜，不仅如此，还说丹特士设法引诱她成为其情人。

我们在俄罗斯是先知道这本书，接下来一年后才知道这两封信

---

① 本名列夫·塔拉索夫(1911—2007)，俄裔法国小说家、传记作家，是20世纪三大传记文学家之一。——译者注

② 乔治·查理·丹特士(Жорж Шарль Дантес, 1812—1895)，法国人，后成为法兰西参议员。——译者注

的。1947年4月21日,M.A.齐亚夫洛夫斯基在给В.Д.邦奇-布鲁耶维奇[①]的信中说道:"我还带给你一份非常有趣的材料,这是去年在巴黎出版的由一个叫亨利·特罗亚的人写的两卷本普希金生平的书……特罗亚在书中收录了一系列从未公开发表的十分有趣的,甚至轰动一时的文件,当然这些人应该成为俄罗斯普希金作品的著名研究专家。"

齐亚夫洛夫斯基据此写了一篇文章,1951年他刚去世,该文章就被刊登在《环》上。文章几乎全是特罗亚在普希金生平方面的新发现,首先是丹特士的两封信。我们援引被齐亚夫洛夫斯基翻译成俄语的这两封信。

我亲爱的朋友,我没能立即回复你写给我的两封善意而有趣的信,真是我的罪过。但是你是否看见,天天夜里参加舞会,一早就去练马场,午后才睡觉,这就是我近两星期来的生活,将来也很可能总是这样,然而最讨厌的是我竟疯狂地坠入了情网!是的,疯狂地,因为我不知道将会怎样。我不能向你说出她的名字,因为信可能丢失,但是请回想一下彼得堡最美的妙人儿,你就会知道她的名字。

但是,眼下最可怕的是,她同样爱着我,但我们至今无法见面,因为她丈夫特爱吃醋。亲爱的,我相信你是我最好的朋友,因为我知道,只有你才能替我分忧,但看在上帝的分上,什么也别跟别人说,什么也别打听,我在给谁献殷勤,你会杀了她的,我可不希望这样,那样我会疯了的。因为,你是否看见,我在世上做的所有事都是为了她,只为她能满意,因为近来我生活中的每一分钟都在承受痛苦。爱情要在两首卡德里尔舞间奏中找机会倾诉,这是多么可怕:也许,我将一切告诉你也是于事无补,你会认为这是在做蠢事。但我心里充满了悲伤,我想轻松一点,哪怕一点点。我相信你会谅解我的鲁莽,我同

[①] 邦奇-布鲁耶维奇(1873—1955)当时是莫斯科文学博物馆的馆长。博物馆出版文学合集,包括《环》(Звенья)。

意是这样的。但我不想听反对意见，尽管我非常需要，因为爱情折磨我。我要保持平静，小心翼翼到迄今为止秘密只属于她和我的程度（她就是给你写信提到我的那位太太，她曾经很绝望，因为鼠疫和饥荒毁了她的村子）。现在你应该明白，这样一个美人儿，尤其是当她爱你时，可能失了分寸……为什么我面色憔悴，因为除此之外，生活中我从未感觉体力有现在这么好，只是心里焦灼不安，日夜不得安宁，甚至像病人那样郁郁寡欢，并不健康……再见，亲爱的朋友，请对我的新感情予以宽容，因为我衷心地爱你。

（1836年1月20日，彼得堡）

亲爱的朋友，自由自在的日子一去不复返了，而我的部分痛苦与她有关。实际上，不是每天与她见面反而使我平静许多，以后谁拉着她的手，搂着她的腰身，与她共舞，和她交谈，像我那样做，都会比我平静，只因他们心思纯净。虽然愚蠢，但似乎我从未体验过，忌妒使我懊恼不已，我感到很不幸，后来我最后一次见她的时候，我们挑明了。很可怕，却让我轻松。这个女人平时不算聪明，难道爱情赋予她智慧了吗？总之这次谈话中她分寸把握得当，表现得更优雅、更理智，我相信这是她的最佳表现，然而这恰恰是令我难以承受的。因为这里说的是对一个可爱而热恋着的人拒绝，拒绝为了他而违背自己的责任。她先直截了当地向我描述了自己的处境，那么朴实，继而请我原谅她，我事实上是胜利者，我竟无言以对。如果你知道她是如何安慰我就好了，因为她见我呼吸急促，样子吓人，就极力安慰我说："我爱你，从没有这样爱过，你不要祈求更多，除了我的心，因为其他一切都不属于我，除了尊重我的责任之外，我不会有别的幸福可言。请爱惜我，并永远像现在这样爱我，我的爱情将是你的奖赏。"真的，我当时如果是一个人的话，会跪在她脚下亲吻她，你要相信我，从那天起我对

乔治·查理·丹特士，在被收养后，随养父姓氏为盖克伦，在俄罗斯文件里写为乔治·查理·德·盖克伦，法国的保皇党，近卫重骑兵军官，18世纪30年代住在俄罗斯，后来参与政治，成为法兰西参议员，他首先因在决斗中使普希金身负重伤而出名。

她的爱更炽烈，但是现在并非是主要的：我尊重她，仰慕她就像尊重仰慕伴我一生的那个人。但是请原谅，我亲爱的朋友，我这封信是从谈她开始的，但她和我在某些方面是一体，谈她就是谈我，可你却在所有的信里指责我谈自己不多。如我所说，我感觉很好，好多了，上帝保佑，我已开始喘气，因为我所受的折磨难以忍受。每天在见到我的人面前装出愉快的样子，微笑示人，那时我是多么绝望，我都不希望敌人落到如此可怕的境地……

(1836年2月20日，彼得堡)

对这些信未作本质分析，齐亚洛夫斯基马上就作出断言："根据引用的书信，丹特士对娜塔莉亚·尼古拉耶夫娜的感情是真挚而深情的，这一点当然是不必怀疑了。况且，娜塔莉亚·尼古拉耶夫娜给丹特士回馈的感情也没有任何可怀疑的。那些普希金生平里的推测现在成了毋庸置疑的事实。"齐亚洛夫斯基解释，在这个时期普希金极其愤怒是因为他"知道了丹特士对娜塔莉亚·尼古拉耶夫娜的表白（从她那儿）或是他猜到了"。

Т.Г.津格尔-齐亚洛夫斯卡娅一次与我们在她家交谈中讲道，看到这些信后，她丈夫开始写书，在书里想"将娜塔莉亚·尼古拉耶夫娜挫骨扬灰（他的话）"，但是没来及写完这本书。

当然，这时娜塔莉亚·尼古拉耶夫娜无论是在诗人生前还是死后所写的那些书信都还不为人所知。我们所找到的这些书信是由诗人的妻子保存下来的，并在1975—1980年间结集出版，刊登在《普希金周围》和《普希金死后》两本书里。在普希金研究中，对娜塔莉亚·尼古拉耶夫娜的评价发生了根本的改变。

与此相关，许多研究者和作家批判地对待丹特士那两封臭名昭著的信。

例如，Д.Д.布拉戈伊认为，整个事件中最重要的情况是，即使没提名字的夫人就是娜塔莉亚·尼古拉耶夫娜，即便她对丹特士有感情，她也仍然忠于责任。

女作家阿格尼娅·库兹涅佐娃在《我的圣母》(*Моя Мадонна*)一书中表达了对"娜塔莉亚·尼古拉耶夫娜承认爱丹特士，他也疯狂地爱她"的怀疑：

> ……如果这些信写的确实是她的话，可娜塔莉亚·尼古拉耶夫娜是否对他，丹特士充分表白爱情？……当她相信他的真挚感情时，除了可怜他，是否有其他感情存在？……当他和她姐姐结婚或者和伊达利娅·波列季卡保持最温柔的关系时，可能不怀疑他疯狂忘我的爱情吗？

С.Л.阿布拉莫维奇认为："恋爱的年轻人的书信总是一种证明，至多是主观的……"因此，"应该特别谨慎对待他涉及Н.Н.普希金娜的示爱……他的话，她也爱我……证明他过于自信，而并非实际情况。"

我们研究这两封信的细节。首先要说的是，特罗亚并没有从古文献的观点研究和描写。这些信是否放在信封里，当时应该有印章（日期、年、收信国家），或者这些信是否叠起来（一如当时的通常做法），信的最后一页要留出空，要写上地址、加盖邮章和火漆章。要么上面没有任何邮寄和收发的痕迹，没有折痕，只是平整干净的几页纸。这些信是通过普通邮局还是通过外交渠道寄出去的呢？所用的纸是什么样的？这些对确定时间是非常重要的。而我们，唉，对这些毫不知情。如果任何邮寄和收发的痕迹都没有的话，那么问题就产生了：这些信何时所写，因何而写的呢？

现在说一下信的内容。我们推断所说的就是娜塔莉亚·尼古拉耶夫娜。写信的人所做的一切，就是为了我们能这样想。

丹特士给盖克伦写信讲自己失去理智的新激情。是新的吗？他说这个秘密只有他们两个知道。如果老盖克伦很清楚丹特士很久以来一直对娜塔莉亚·尼古拉耶夫娜大献殷勤的话，又算什么新激情和秘密？这对普希金及亲属、对于上流社会已不再是秘密。普希金

11月在给盖克伦（此信并未寄出）的信中写道："您儿子的行为，我早有所知，因此我不能漠然视之。"诗人的姐姐奥莉加·谢尔盖耶夫娜给父亲写道："他对娜塔莉亚的爱恋对任何人都不是秘密。在彼得堡的时候，我很清楚这件事，我还为此开过玩笑。"广为人知的证明是C.H.卡拉姆津娜在1836年7月8日给国外的哥哥亚历山大的信中的内容，信中提到她在彼得霍夫庆祝节日时遇到丹特士："我挽着丹特士的手臂走着，他给我讲笑话，哄我开心甚至讲到可笑冲动的感情。"

因此，1月的时候是"看在上帝的分上，别跟任何人说"，7月的时候是"可笑冲动的感情，一如既往，爱着美丽的娜塔莉亚"。

最终，据丹特士所说，进行了决定性的见面。在哪里？在哪里他能如此热烈地表达感情（"我呼吸急促"），因为他说他们不是单独相处的。在场的人怎么能没发现娜塔莉亚·尼古拉耶夫娜激动呢？而她听到这番对话时一定会激动的。

这整个"浪漫"的故事让我们完全难以相信。我们的观念里怎么也无法将那个时代情意绵绵的爱情与近卫重骑兵掺和在一起。如果他有这么崇高的感情（"……看在上帝的分上，别跟任何人说，你会杀了她的，我可不希望这样，那样我会疯了的……我在世上做的所有事都是为了她……我祝福她，我尊重她……我会跪在她脚下亲吻她……我尊重她，仰慕她"），那么如何将这些与他的婚姻及后来下流得不能再下流的行为相比呢？

而娜塔莉亚·尼古拉耶夫娜呢？说来话长。我们说过冈察洛夫姐妹在家受到严格的教育。我们在冈察洛夫家档案里的记事本上找到为年轻姑娘制定的《生活守则》。我们引用当时用来训诫姑娘们守则中的几条：

> 任何时候都不要对上帝赐给你做母亲和朋友的人保守秘密，日后如果是你的丈夫，也不要对他保密。
> 尽量不要相信邪恶或者有人希望你遭遇不幸。
> 不要在口头上，或是思想上去评价别人，如果无须辩解，尽量找出他好的让人可怜的一面。

毫无疑问的是，在多数情况下，娜塔莉亚·尼古拉耶夫娜的行为遵循着年少时领会的这些准则。

绝大多数研究者不知何故忘记了娜塔莉亚·尼古拉耶夫娜是信奉上帝的。而宗教在她的生活、观点、行为中起到了很大的作用。普希金不止一次写信询问她，是否像以前那样祈祷，怀孕的时候，让她别跪着。在本书的第二部分中我们将从娜塔莉亚·尼古拉耶夫娜的信中了解到，在生活困难的时刻，祈祷带给她轻松。

当然，她对英俊的近卫重骑兵的求爱并非无动于衷，身为女性，这种求爱让她满足，可能刚开始她是喜欢他的。但是她爱丈夫，孩子们的父亲，欣赏他的才华，珍惜他这个人。她任何时候都不会对丹特士说爱他，为什么她要说谎呢？安慰他（如果类似的对话确实存在过）倒是有可能，这个心地善良的女人当时能相信他的感情（"如果无须辩解，尽量找出他好的让人可怜的一面"）。也许是可怜他。但她已经知道这个人的底细了，知道他"脚踏两只船"，追求她，还向她姐姐大献殷勤。娜塔莉亚·尼古拉耶夫娜可能怀着六个月的身孕向丹特士表达"永恒的"爱情吗？1836年7月，她给哥哥写了一封特别重要的信，在信中她满怀关切地谈到丈夫。1836年1月10日，普希金给最好的朋友纳肖金写信说，他处在家庭的幸福与安宁之中。前后对照，丹特士所说的娜塔莉亚·尼古拉耶夫娜的感情能是真的吗？让人难以相信。

这里我们想提出一种假设。这两封信给人以故弄玄虚之感（至于夫人的名字含糊不清，我们的想法是，只不过是小小的"伪装"罢了）。信中所表达的感情无论如何与彼得堡生活时期及以后的丹特士的形象不相符。这个法国人善于玩激情，搞"浪漫"，但任何情况下都不会有忘我的爱情。他出人意料地与她姐姐结婚后，又去追求心爱的女人，还冷血地杀害她的丈夫，这又说明了什么？【关于"锁子甲（连环计）"的说法，现在被研究者们推翻了，但是丹特士在盖克伦施压下，能做出这种事。】

这次见面是否真的存在？为什么写这些信？这些信的风格，特别是第二封，完全不是近卫重骑兵的风格。这些信是否为丹特士所写（我们指的是草稿）？这些信中总有一种出自女性之手的感觉。不禁产生一个想法，在普希金遇害这件事上还有一个环节。在某个特定时刻是否有人在利用这些信？这些信是"事情过后"写成，为了让人立即想到娜塔莉亚·尼古拉耶夫娜。我们将在后面说到的那个随时准备向普希金报仇的伊达利娅·波列季卡没在这里插手吗？

一切都在前进中改变，终有一天我们的推测也许会在档案资料中找到文件证实，特别是国外的资料。

第九章 普希金去世经过

研究普希金决斗与死亡这一极复杂的主题不属于我们的任务。事实上，这一主题本身至今还存在许多不清楚并且自相矛盾的地方，况且在新材料方面需要补充研究和对某些事件进行新解释。然而使读者回忆这些悲惨岁月里的特定时刻，主要关注娜塔莉亚·尼古拉耶夫娜，哪怕再短，我们认为也是必须的。

1836年底至1837年初，娜塔莉亚·尼古拉耶夫娜还写过信吗？无疑是写过的，但是我们没有找到。在这些信中想必是对普希金家迫在眉睫的事情只字未提。在这种情况下，内向的娜塔莉亚·尼古拉耶夫娜甚至无法对哥哥坦诚相告。

可是，我们在冈察洛夫家的档案中发现大量的冈察洛夫姐妹的书信[①]，其中一些信为决斗前的那段时期提供了新资料，成为引人注目的文献。这里我们简单谈谈姐妹俩。

娜塔莉亚·尼古拉耶夫娜希望将她们嫁出去。叶卡捷琳娜和亚历山德拉长得与小妹很相像，可是在她那非凡美貌的映衬下，她俩都黯然失色了。"这两个姑娘都很漂亮，但是无法和娜塔莎相比。"诗人的姐姐奥莉加·谢尔盖耶夫娜这样说。但是，也许姑娘们婚姻不顺的原因与其说是外貌，不如说是贫穷，因为她俩没有嫁妆。

正如我们所见到的那样，起初上流社会接纳她们很谨慎。但是在妹妹和姨妈的帮助下，她们渐渐地光顾那些感觉更自在的舞会和晚会。

1835年秋到1836年冬的这段时期里，姐妹俩的书信和之前相

[①] 参阅伊·奥博多夫斯卡娅，米·杰缅季耶夫所著的《普希金周围》一书。

比，抱怨无聊已经少了好多。她们"相当频繁地去跳舞"，每星期都去练马场骑马。

1835年12月4日，叶卡捷琳娜·尼古拉耶夫娜在给家庭教师尼娜·多利亚的信中写道：

> ……瞧，尼娜，你要是能看到我们，绝不会相信自己的眼睛，我们现在经常出入上流社会，在娱乐的旋涡中旋转，以致头都转晕了，没有任何一个家庭聚会没到场。然而我们还是非常谨慎，从不允许自己一星期参加舞会超过三场，通常是两场。每天这里无一例外都会有舞会，你看，如果我们想去跳舞，我们就能跳得上，但是真的，如果再没有比参加舞会更庸俗的个人情趣的话，跳舞也是非常令人厌烦和无聊的。因此我更喜欢到维亚泽姆斯基家和卡拉姆津家去参加备感亲切的聚会，因为我们不在舞会或剧院的话，我们就会去其中的一家，从不会早于1点回家，晚上不睡觉的习惯如此顽固，11点上床睡觉完全不可能，简直做不到。难道这不奇怪吗？还记得，在亚麻布厂时，只要9点一到，你就命令我们将灯①拿走，可现在这个时间是我们穿衣服的时间。这是对我们过去的时光十分准确的描述，对此你不说点什么吗？闲话很少，因为对我们献殷勤的人都是男子汉气概不足，要么太年轻，要么年龄大。

普希金和卡拉姆津一家的交情还要追溯到皇村中学时期。对于普希金来说，卡拉姆津家也许是彼得堡最令他愉快的一个地方。

叶卡捷琳娜·尼古拉耶夫娜在一封信中写道，她们觉得上流社会的客厅里举行的"谈话"晚会索然无味。她们喜欢去卡拉姆津家。或许那里进行的内容丰富而有趣的谈话吸引了她们，还有在熟悉的环境中更有机会遇到她们心仪的男子。

向亚历山德拉·尼古拉耶夫娜大献殷勤的是阿尔卡季·奥西

---

① 这个词不清晰，意思是"油灯"、"蜡烛"。

波维奇·罗赛特，他是普希金家的好朋友亚历山德拉·奥西波夫娜·斯米尔诺娃-罗赛特的哥哥。1836年10月18日（30日），С.Н.卡拉姆津娜给哥哥写信提到，她们从别墅回来，晚会继续，所有人都坐在客厅习惯的位置上。"亚历山德拉挨着阿尔卡季坐"。因此，罗赛特的追求开始于更早的时候。家人推测，他将求婚。可是罗赛特当时是个官职不大的军官，并不富有，不敢娶一个没有嫁妆的姑娘为妻。亚历山德拉·尼古拉耶夫娜因这场恋情无疾而终非常痛苦。我们并不是通过她的书信知道此事，而是从娜塔莉亚·尼古拉耶夫娜1849年所写的书信中得知的，在信中，她描述了罗赛特如何再次出现在她家，对他寄托怎样的希望。至于亚历山德拉·尼古拉耶夫娜，我们后面还要说到她。

1836年夏，普希金一家和冈察洛夫姐妹在石岛租下别墅。我们已经写过，早在1月，普希金就被获准出版文学杂志。因此，由于联络出版事宜，他不得已住在彼得堡或者附近的地方。

这次租住的别墅是由两个不大、紧邻的房子组成。显然，普希金写作要有安静的环境，他给自己和娜塔莉亚·尼古拉耶夫娜租下其中一栋房子，而孩子们也许和冈察洛夫姐妹住在另外那栋房子里。可能附近的小厢房里住着Е.И.扎格里亚日斯卡娅。根据普希金和姐妹们的书信判断，她就住在附近的某个地方。

在普希金生活的时代，石岛是彼得堡权贵的休闲地。公园、水渠、漂亮的别墅和宫殿为此地增添了美丽如画的风景："不远处，通往叶拉金岛的桥边坐落着石岛木质的剧院……1836年夏天，法国剧团在这里演出。一到晚上，剧院前的广场上停满了马车。彼得堡上流社会的人们从乡间别墅和城里赶到这里看戏。"

近卫重骑兵团驻扎的夏季营盘就在大涅夫卡河对岸。或许正是这时，"年轻、英俊、勇猛"的丹特士造访普希金家和冈察洛夫姐妹的别墅。据同代人证明，叶卡捷琳娜疯狂地爱上了他。她想必是不断地与他见面，一起看戏、一起郊游、一起骑马散心。这伙年轻人冬天参加卡拉姆津家的沙龙。我们从С.Н.卡拉姆津娜和她妹妹的书信中节选几段，上面清晰地描写着这些开心游玩的情景。

叶卡捷琳娜·尼古拉耶夫娜·冈察洛娃(1809—1843),宫廷女官,娜塔莉亚·尼古拉耶夫娜·冈察洛娃的姐姐,乔治·丹特士的妻子。

> 今天午饭后和冈察洛夫姐妹、艾任·巴拉宾和马尔采夫去骑马。

1836年5月28日，索菲亚·尼古拉耶夫娜这样写到。

> 之后为深受韦涅维季诺夫、马尔佐夫和尼古拉·梅谢尔斯基喜欢的亚历山德拉·特鲁别茨卡娅在卡特琳处的茶会。明天这伙人将坐着公共马车去帕尔戈洛沃开心游玩。

第二天，卡特琳·梅谢尔斯卡娅、C.H.卡拉姆金娜的妹妹在给哥哥的信中更详尽地描绘游玩的情景。

> ……我们获得帕尔戈洛沃女主人布捷尔公爵夫人的允许，进入她美丽的房子，我们吃光了上好的午餐，我们随身带来的野餐，在美轮美奂的客厅里，一派清新，熠熠生辉，花香阵阵，随风飘荡。尼古拉·特鲁别茨基带来上好的葡萄酒，表现得豪迈而慷慨。克里曼和西列里①如泉水般涌入我们男伴们的咽喉中，他们从桌边站起，面色绯红，兴致昂扬，尤其是丹特士和马尔佐夫……刚10点，我们就要告别美妙的夜晚，告别茂盛的帕尔戈洛沃灌木丛，路上在奥多耶夫斯卡娅公爵夫人的别墅稍作逗留，去她那里喝茶。至于男士们，他们一直在喝公爵为他们准备的烫热的红酒。

可以推测，类似的郊游和游玩在夏天经常进行。叶卡捷琳娜·尼古拉耶夫娜在这期间的书信中完全没有提到过她喜欢丹特士。而正是这时他们经常见面。如果这只是普通的追求，她或许会和哥哥分享，但某种复杂的情况让她沉默不语。

---

① 法国葡萄酒的品牌。

在普希金研究中，对丹特士的研究已有许多。我们要提醒读者的是，这个法国人是阿尔萨斯地主之子，1833年底在俄罗斯现身。为飞黄腾达而来，很快如愿以偿。1834年，他是骑兵少尉，1836年1月起就已是近卫重骑兵中尉了，皇后本人就是该团的领导人。1836年5月，荷兰公使路易·盖克伦收丹特士为义子，此人后来在决斗前的事件中扮演着卑鄙的角色。丹特士长相英俊，思维敏捷，性格风趣。他依靠强有力的靠山被召进宫廷，很快跻身于彼得堡的上流社会。

许多女人钟情于这位近卫重骑兵美男子，他追求过很多女性，但是从1835年起，他更常追求已婚女性，特别钟情娜塔莉亚·尼古拉耶夫娜。这是十分明显的，引起了社会不同阶层的飞短流长。丹特士为了掩饰自己喜欢娜塔莉亚·尼古拉耶夫娜，开始装模作样地追求她的姐姐叶卡捷琳娜。叶卡捷琳娜·尼古拉耶夫娜专门安排他们见面，为的是能不断地和丹特士会面。

1836年5月末，娜塔莉亚·尼古拉耶夫娜生下女儿娜塔莉亚，一整个月根本没出门。6月25日，叶卡捷琳娜·尼古拉耶夫娜在给哥哥德米特里·尼古拉耶维奇的信中写道："本月27日举行洗礼仪式。姨妈和米歇尔·维耶利尔戈尔斯基是教父母。这一天塔莎才能走下楼来，因为至今姨妈也不允许她从低矮潮湿的房间下来，尽管她感觉完全好了。昨天她第一次坐马车出门，萨沙和我骑马陪着她。"娜塔莉亚·尼古拉耶夫娜想必在痛苦的生产后，这个夏天并没有参加姐姐们的骑马游玩。因此，正如我们所见到的那样，姐妹俩加入到喜欢快活的夫人们行列，感觉更自在。

7月，正如叶卡捷琳娜·尼古拉耶夫娜给哥哥的信中所写的那样，由于近卫团和近卫重骑兵团参加红村的演习，石岛变得没什么生机，冷清不少。7月31日，演习结束前夕，近卫军军官举行传统的焰火晚会，皇后、彼得堡的名流、外交官和外宾参加了晚会。叶卡捷琳娜·尼古拉耶夫娜给哥哥描述了这次出城游玩。娜塔莉亚·尼古拉耶夫娜随她们一同前往。普希金是否到场，叶卡捷琳娜·尼古拉耶夫娜并未提及，或许他没去，因为他还在为母亲服丧。伊万·尼古拉耶维奇可能和她们一起去了，在任何情况下，太太们不会独自到那里去的。这是不允许的。

8月及9月初，丹特士看来又去过普希金和冈察洛夫姐妹家，在舞会和剧院与她们碰面。

9月12日，普希金家和冈察洛夫姐妹从别墅返回，在莫伊克的新住所居住下来。

1836年10月20日，普希金给谢尔盖·利沃维奇的信中写道：

> 亲爱的父亲，首先告诉您，这是我的地址：马厩桥旁莫伊克的沃尔孔斯卡娅公爵夫人的房子。我不得不搬出巴塔舍夫寓所，他家的管家是个坏蛋。您问我娜塔莉亚和孩子们近况如何，上帝保佑，大家都很健康。我没有听到姐姐的消息，她离开乡下还病着。她丈夫用一些完全没有意义的书信让我摆脱焦急……列夫去任职了，还向我要钱，我无力养活全家，我的情况很糟糕，负担着一大家子人口，全靠自己的劳动养家，将来的事想都不敢想……我本打算到米哈伊洛夫斯克去，但是没去成。这将影响我的事业至少一年之久。在乡下我能做好多事情，而在这里我什么也做不了，只能感到痛苦。
>
> 再见，亲爱的父亲，亲吻您的手，衷心地拥抱您。

无疑，此时普希金家的情况已经很紧张了。С.Н.卡拉姆津娜写于9月19日至9月20日的那封著名的书信证实了这一点，信中描绘了在皇村别墅庆祝她的命名日的情景，当时普希金一家和冈察洛夫姐妹都来参加。现从这封信中节选几段。

> ……星期三我们休息，整理房间，为的是第二天我命名日的时候，接待城里来的许多客人……客人中有普希金和妻子、冈察洛夫姐妹（她们三人优雅秀丽、身材婀娜）、我的兄弟们、丹特士、А.戈利岑、阿尔卡季和夏尔·罗赛特……谢尔盖·梅谢尔斯基、波尔和帕季娜、维亚泽姆斯基一家……茹科夫斯基……大家愉快地交流，度过了午饭后的时光，时光显得非常

短暂。9点钟时，邻居来了……因此真正的舞会开始了，如果从所有客人的面部表情来判断，是非常愉快的，亚历山大·谢尔盖耶维奇除外，他总是一副郁郁寡欢、若有所思、忧心忡忡的样子。他的忧郁也令我忧郁。他那迷茫、狂野、漫不经心的目光担心地只停留在他妻子和丹特士的身上。此人继续玩着和以前相同的把戏，寸步不离叶卡捷琳娜·尼古拉耶夫娜，远远地向娜塔莉亚投去温柔的目光，最后还邀请她跳玛祖卡舞。普希金靠在门口，站在他们对面，沉默不语，面色苍白，模样可怕，他的身影让人感觉很可怜。我的老天，这一切太荒唐了！

很难说，卡拉姆津娜所描写的事件有多少真实成分。她无论如何也无法理解普希金所有的悲惨境遇。索菲亚·尼古拉耶夫娜对丹特士向娜塔莉亚·尼古拉耶夫娜献殷勤一事颇不以为然，认为这只是普通的调情。在一封信中她直截了当地写道，调情会给上流社会生活带来新鲜刺激。提到普希金一家后，她轻松地转移到下一个话题，并不认为看到诗人的精神状态有任何意义。

我们没有理由完全听信卡拉姆津娜的话，她是一个搬弄是非、偏听偏信的女人，但是显然，她的话里也有真实的成分，因为叶卡捷琳娜·尼古拉耶夫娜的行为是让自己引人注目（为了显示自己）。显然她爱上了丹特士，已经不顾体面，给所有流言蜚语留下口实。应该注意C.H.卡拉姆津娜在这封信里的一句话："……继续玩着和以前相同的把戏。"意味着丹特士追求叶卡捷琳娜·尼古拉耶夫娜开始得相当早。那个时代获得年轻男子如此持久的关注可意味着他对此有认真的打算或者他拥有对此的某项权力……

1836年，对于普希金来说是非常困难的一年。沉重的精神负担、一团糟的经济状况，一切都让诗人苦恼不已。加之丹特士厚颜无耻的行径，他假意追求叶卡捷琳娜·尼古拉耶夫娜，还"目不转睛地盯着"娜塔莉亚·尼古拉耶夫娜，这让普希金很不安。不是因为他不信任妻子，不，他完全相信她，但是丹特士暧昧不清的行径最令他害怕。可能敌人散布的某种谣言传到了普希金那里。他不能允许妻子的名字以任何形式同近卫重骑兵恶棍的名字搅和在一起。①

事件一天天积累着，发酵着。11月4日，普希金收到城里邮局送来的有损他和妻子名誉的匿名诽谤信。这件事想必出自盖克伦一家之手②，同一天他给丹特士送去决斗书。晚上老家伙盖克伦来到普希金家（丹特士正在当值），请求他推迟24小时，也就是等丹特士值勤回来。第二天，11月5日，及随后的11月6日，盖克伦一再前往普希金那里，征得他的同意，将决斗推迟两星期，即11月17日至18日。

从整个事件来看，叶卡捷琳娜·尼古拉耶夫娜11月9日的信具有特别的重要意义。我们认为有必要在此停留，摘录涉及决斗前一系列事件的段落。

> 我不太相信我今天的信会让人很愉快，亲爱的德米特里，因为我不仅没有愉快的心情，恰恰相反，我痛苦得要死。因此别期待在这封信里你能找到好笑的事。我给你写信只是为了感谢你将诺索夫的信转给我，尤其想请你在下个月1日前将钱寄到，因为我请你注意的是，12月6日是我们盛大的庆祝日③，由于我的身份地位，不得已要为这一天做些准备。正好1日前我能收到钱，稍有耽搁就会给我带来重大可悲的损失。
>
> 亲爱的朋友，我有幸得知，你一如既往地对自己的命运甚是满意，上帝保佑永远都这样吧，而在上帝赐予我的痛苦中，对我来说，真正的安慰是知道，至少你还是幸福的。至于我，我的幸福已一去不复返了，我相信在这个多灾多难的人世间，我再也不会遇到幸福，我请求上帝唯一的恩赐就是了却了无生趣的一生，不再多说，这就是我的一生。给全家人幸福，给我死亡，这就是我所有的期望，这就是我不断向至高无上的主祈

---

① 根据新从法国发现的丹特士与其养父的25封信，作者判定娜塔莉亚确实爱过丹特士，并且后来向普希金公开承认了。该文章的译文详见《俄罗斯文艺》1999年第3期。——译者注
② 这封信并非出自盖克伦一家，而是出自一个被雇佣者，详见我国著名普希金研究专家张铁夫等著《普希金的生活与创作》（修订本），中国社会科学出版社，2004年版，第382—385页。——译者注
③ 尼古拉一世的命名日。

求之所在。还是说点别的吧,我不希望我的忧郁心情传染给平静满足的你……

彼得堡,1836年11月9日

正如我们之前所说的,德米特里和叶卡捷琳娜自小就非常要好。从她给哥哥的信判断,她比其他姐妹对哥哥坦率得多。不希望自己悲伤的想法惊扰到德米特里·尼古拉耶维奇,努力地控制自己。叶卡捷琳娜·尼古拉耶夫娜以钱和家务事作为信的开头,尽管她说"痛苦得要死"。呐喊和绝望从她的心灵飞冲出来……短短几行字道出了某种痛苦的煎熬……

是什么让她想到了死亡呢?普希金研究中很久之前就有一个说法流传甚广,是说叶卡捷琳娜·尼古拉耶夫娜和丹特士在婚前就有了男女私情,甚至好像还为丹特士怀孕。П.Е.谢戈廖夫在《决斗与普希金之死》一书中刊登了1837年5月15日母亲给她的一封信[①],当时她已嫁给丹特士了。

娜塔莉亚·伊万诺夫娜在给女儿的信中写道:

> ……你在最近的信中说你要去巴黎。你不在的那段时间里将婴儿交给谁照顾?她会被交到可靠的人手里吗?离开她会令你难过的。

依据这封信,更准确些是依据信的日期,著名的文学研究家Л.格罗斯曼提出一个说法:马蒂尔达,Е.Н.丹特士-盖克伦的长女的出生日期1837年10月19日系伪造,实际上她生于1837年4月。马蒂尔达的官方出生日期和格罗斯曼推测的日期存在着分歧,需要更有力的证据,娜塔莉亚·伊万诺夫娜书信的日期最终有可能是错误的。

娜塔莉亚·伊万诺夫娜信的一开始写道:

[①] 信的原稿在国外。

亲爱的卡佳，你向我祝贺万尼亚结婚的那封信，我给你回信稍微有些晚了，就是这个原因影响我没有尽早给你写信。婚礼是在上个月27日举行的……你的所有兄弟姐妹都来参加了婚礼。

首先，1837年4月，正在服丧，深陷丧夫之痛的娜塔莉亚·尼古拉耶夫娜去参加婚礼是完全不可能的。而这是我们的推测，还需文件证明。而这样的文件要能准确地证明伊万·尼古拉耶维奇·冈察洛夫的结婚日期才行。

在冈察洛夫家档案中，我们顺利找到三份文件，确凿地证明了伊万·尼古拉耶维奇·冈察洛夫的结婚日期。首先是1838年2月26日伊万·尼古拉耶维奇从亚罗波列茨写信给当时住在亚麻布厂的德米特里·尼古拉耶维奇、娜塔莉亚·尼古拉耶夫娜和亚历山德拉·尼古拉耶夫娜，告诉他们，他和玛丽亚·梅谢尔斯卡娅公爵小姐订婚的消息。我们援引这封信的开头部分：

亲爱的朋友，我的兄弟姐妹们！

这封信是我写给你们所有人的，因为我要告诉你们的是同一件事……我要通知你们的是，我要和玛丽亚·梅谢尔斯卡娅公爵小姐结婚了。我不想借助陈词滥调的句子或极文雅的表达，像许多人在告知类似事情时所做的那样，搞得人尽皆知，我只想说，我的终身大事已决定三天了。

1838年2月26日，亚罗波列茨

我们同时还找到娜塔莉亚·伊万诺夫娜也是同年2月28日从亚罗波列茨寄出的信，在信上她提到儿子结婚的事情。无疑，伊万·尼古拉耶维奇去亚罗波列茨是向母亲请求婚礼祝福的，两封信同一时间同一地点寄出。最后，第三份文件是1838年冈察洛夫家收支账本

伊万·尼古拉耶维奇·冈察洛夫(1810—1881)是娜塔莉亚·尼古拉耶夫娜·冈察洛娃的哥哥,御前近卫军枪骑兵团士官生,御前禁卫军骠骑兵团中尉,后来升至少校,是М.Ю.莱蒙托夫①的同事。

---

① 米哈伊尔·尤里耶维奇·莱蒙托夫(Михаил Юрьевич Лермонтов,1814—1841),俄国著名诗人、小说家、戏剧家,主要作品有445首抒情诗,《童僧》、《恶魔》等近三十首长诗,长篇小说《当代英雄》等。——译者注

上的记录，上面显示当年的4月11日给伊万·尼古拉耶维奇·冈察洛夫的婚礼开销为3000卢布纸币。

婚礼于1838年4月27日在亚罗波列茨举行，娜塔莉亚·伊万诺夫娜和伊万·尼古拉耶维奇·冈察洛夫的书信证明了这一点。

由此看来，就这些新材料来看可以证明，娜塔莉亚·伊万诺夫娜给女儿的信写于1838年5月15日。至于信上注明的日期1837年是不正确的，可以推断，要么是娜塔莉亚·伊万诺夫娜写错了，要么就是数字"8"写得不清晰，应该说她的笔迹非常潦草，有时很难辨认。因此，叶卡捷琳娜·尼古拉耶夫娜未婚先孕并不成立。

叶卡捷琳娜·尼古拉耶夫娜11月9日的信无疑是对普希金给丹特士下决斗书和其后发生的事件的反应。不论决斗结果如何，她都认为，她和丹特士的婚姻是不可能了："我的幸福已一去不复返了。"该如何解释她的绝望呢？无论她当时有多么痛彻心扉的绝望，她还是预料到将来会遇到和她命运紧密相连的另一个人。但是，显然，这是不可能的。不禁产生一个想法：如果叶卡捷琳娜·尼古拉耶夫娜并没有未婚先孕，她和丹特士真的有男女私情吗？茹科夫斯基、扎格里亚日斯卡娅和盖克伦一家害怕泄露的秘密就是这件事吗？

现从茹科夫斯基的简要记录摘录与普希金决斗有关的语句如下：

> 11月7日，我一早去找扎格里亚日斯卡娅。从她那里到盖克伦家……盖克伦公开……提到儿子对叶卡捷琳娜的爱……提到即将举行的婚礼……想法总算可以歇止了[①]——回去找普希金。**直言不讳地说**他气得暴跳如雷……

如果我们假设，盖克伦向茹科夫斯基"公开"了丹特士和叶卡捷琳娜的男女私情，而茹科夫斯基将此事告诉不疑有他的普希金，那么他对这个"直言不讳"的反应是可以理解的：气得暴跳如雷。

可以想象诗人的心情，他知道，妻子姐姐的私情在社会上会是

[①] 指决斗的想法。——译者注

个什么反应,这件事将给他的家庭投下阴影。

在不久前公开发表的C.A.博布林斯卡娅伯爵夫人(她是皇太后亚历山德拉·费奥多罗夫娜的好友,在宫廷的交际圈子里地位显赫)的书信中,我们找到有关婚礼前情况的非常明显的暗示。我们引用她给丈夫的这封信中的几句。

> ……迄今为止还从未有什么事能在上流社会掀起如此轩然大波,由此震动着所有彼得堡大厅的空气。盖克伦-丹特士要结婚了!这件事吸引了所有人的注意,人们惶惶不安、众说纷纭……他要娶的是那位不漂亮、皮肤黝黑的冈察洛夫家的大姐,她是皮肤白皙、如诗似画的美人儿普希金妻子的姐姐……我已经整个星期什么事情也没做了,别人越和我说这件不可思议的事情,我越对这件事难以理解……在冬宫的阁楼里,姨妈边为婚礼做着准备,边哭泣。白色的裙子在卡尔十世的深色丧服中间分外显眼。新娘纯洁的盛装看上去是场骗局!不管怎么样,她的面纱背后的眼泪能填满波罗的海。一场悲剧在我们面前上演。这样使人难过,以至于谣言都望而却步。

最后,1837年5月13(25)日,C.H.卡拉姆津娜给哥哥的信中有一句重要的话,涉及叶卡捷琳娜·尼古拉耶夫娜:"……那个当了好久皮条客的女人,自己当上了情人,之后还当上了夫人。"

总之,现在有若干文件证明这个推测的合理性。

不应当怀疑,叶卡捷琳娜·尼古拉耶夫娜的信反映了这些天普希金家沉重紧张的气氛。娜塔莉亚·尼古拉耶夫娜、叶卡捷琳娜、亚历山德拉,甚至伊万·尼古拉耶维奇·冈察洛夫都知道诽谤信和预计举行的决斗的事。后者立刻就被姐妹们送到皇村茹科夫斯基那里。全家人焦急不安起来。

在信中,叶卡捷琳娜·尼古拉耶夫娜问哥哥:"你想过来这里吗?什么时候能来?"

看来,11月4日之后申请探望的消息被冈察洛夫家的一个人带给了德米特里·尼古拉耶维奇,而叶卡捷琳娜·尼古拉耶夫娜的信促使他紧急赶往彼得堡。

在冈察洛夫家的档案中,我们找到了记录这次外出的文件。在德米特里·尼古拉耶维奇的履历表中有提供给他假期的记录:"……1836年自11月4日起,共8天。11月27日入档案。"

德米特里·尼古拉耶维奇大概是在12日至13日收到妹妹的信的,同一天提交了休假申请。显然,他11月13日离开,17日已经到了彼得堡。

一家之主紧急奔赴彼得堡证明叶卡捷琳娜·尼古拉耶夫娜令他多么不安,从莫斯科出发,而后到达首都的日期间接地确定我们下面引用的Е.И.扎格里亚日斯卡娅书信的日期。

众所周知,茹科夫斯基、扎格里亚日斯卡娅、决斗者证人为阻止决斗付出了多少努力。况且,很容易想象那些使普希金家人焦急不安的强烈痛苦。无疑,娜塔莉亚·尼古拉耶夫娜,所有冈察洛夫家的人都极力劝说着普希金。叶卡捷琳娜·尼古拉耶夫娜难道没有恳求过普希金放弃决斗吗?……

现引用极其重要的一封信,是普希金的决斗副手B.A.索洛古勃写给普希金的信。

> 我同意您在阿尔沙克处提出约定好时间地点的要求。我们定在星期六,因为星期五我没空儿,帕尔戈洛沃方向,清晨,十步距离。阿尔沙克先生秘密对我补充说,盖克伦男爵下定决心宣布他的婚讯,以便阻止危险,希望躲过决斗。只有你们之间的所有事情都完结,他才能这样做。您在我或者阿尔沙克先生面前口头声明,您不会将他的婚姻归为高尚的人卑鄙的报复。您没给我权力要我对此全心全意地赞同,我请求您,为了您的家庭,同意这个双方能够和解的建议。不必多说,阿尔沙克先生和我将给盖克伦担保。索洛古勃。

而这是普希金的回信:

我毫不动摇地写下这些本可以口头声明的话。我向乔治·盖克伦先生下决斗书,他未作任何解释就接受决斗。在得知乔治·盖克伦先生决定在决斗后宣布和冈察洛娃小姐的婚讯后,现在我请求这一事件的证人先生们权当这场决斗挑战从未发生过。我没有任何理由不将他的决定视为高尚之人卑鄙的想法。

伯爵,请您在您认为合适的时机使用此信。请接受我的诚挚敬意。

亚·普希金,1836年11月17日

请注意,索洛古勃强调了丹特士想和叶卡捷琳娜·尼古拉耶夫娜结婚的想法,这似乎成了普希金放弃决斗的主要动机。П.E.谢戈廖夫基于这一点写道:"在朋友和丹特士的熟人面前表现得荒唐可笑,以决斗相威胁强迫他娶E.H.冈察洛娃。对普希金来说这意味着有损他的社会声誉。"但就新发现的书信来看,我们认为这里还有其他的、更有力的原因。普希金写道,我没有任何理由不将他的决定视为高尚之人卑鄙的想法。这难道不意味着任何高尚的人都应该和自己有过关系的姑娘结婚吗?

根据普希金的这封信,A.阿赫玛托娃写道,信的目的是表现丹特士是个胆小鬼,在决斗的威胁下同意和被他侮辱的姑娘结婚,这封信损害了叶卡捷琳娜的名声。但是难道可以想象普希金用这种方式使住在自家的妻姐蒙羞吗?不是损害妻姐的名声,而是保护她,敦促丹特士娶她,这就是普希金这封信所要达到的目的。

因此,11月17日普希金给索洛古勃寄信放弃决斗。接下来事件一件接着一件地发生了,速度快得不可思议。同一天,丹特士通过Е.И.扎格里亚日斯卡娅正式求婚。显然,17日白天,德米特里·尼古拉耶维奇来了。当天晚上在C.B.萨尔蒂科夫家举办舞会宣布叶卡捷琳娜·尼古拉耶夫娜·冈察洛娃与乔治·丹特士-盖克伦男爵订婚……

Е.И.扎格里亚日斯卡娅写给茹科夫斯基没注明日期的便函被保

存下来：

> 谢天谢地，看来一切都解决了。未婚夫和他的受人尊敬的父亲到我这儿来求婚了。非常幸福的是，冈察洛夫家的老大从莫斯科在一点一刻之前赶到，他向他们宣布父母同意这门婚事，这样一切都没留下痕迹。

一切都没留下痕迹……扎格里亚日斯卡娅这句神秘的话至今无法解读：什么痕迹，虽然不为人所知，但却存在过！除了最终婚礼能"掩盖"一切，很难再想出对这句话还有什么其他解释……

丹特士向叶卡捷琳娜求婚的消息引起了很大的轰动。引用几位同代人的说法。

在奥莉加·谢尔盖耶夫娜·帕夫利谢娃1836年12月24日给父亲的信中，我们读到：

> ……按照巴什科娃写给父亲的话说，这则新闻轰动全城，乃至郊区，不是因为最英俊的近卫重骑兵，拥有七万卢布租金的最时尚的男士要迎娶冈察洛娃小姐（当然她相当地漂亮，有相当好的教养），而是因为他对娜塔莉亚狂热的爱对任何人都不是秘密。我对这件事清楚得很，当时我在彼得堡，总拿这件事开玩笑。请相信我，那里应该有令人怀疑、某种误解的成分存在，如果没有结婚这回事儿，也许会很好。

安娜·尼古拉耶夫娜·武尔夫，普希金家在米哈伊洛夫斯克村的邻居，同年11月28日，在给姐姐叶夫普拉克西娅·弗列夫斯卡娅男爵夫人的信中写道："……城里的新闻会让您感兴趣的：宫廷女官冈察洛娃将要嫁给赫赫有名的丹特士，奥莉加也许和您说起过他，据说，他安排这桩婚事的手段绝妙。"12月28日，安娜·尼古拉耶夫娜在告诉普希金所收证书内容的同时，说到这件事的一些细节。"至于其他说法，见面时再告诉你。"

"普希金几次打赌都输了。"C.H.卡拉姆津娜在给哥哥的信中写道,"因为您瞧瞧,他打赌说这场婚礼是场骗局,是不会举行的。这要是在以前,所有这一切都那么奇怪,令人费解。丹特士提不起兴致,他的样子完全不像个恋爱的人,卡特琳怎么说要比他幸福多了。"

有证据表明,丹特士试图逃避娶叶卡捷琳娜为妻,在求婚前的两星期里想请巴里亚京斯卡娅公爵夫人出手帮忙,但遭到拒绝。后来局面越来越复杂,使他没有别的出路,要么决斗,要么结婚。更早的时候有些普希金研究者们提出,是尼古拉一世命令丹特士结婚,只是暂时没有凭据证明这个说法。但毫无疑问的是,所有的阻碍(国籍,宗教信仰的问题,将来孩子成为天主教徒的问题等)很快就被解决了,圣上恩准未婚夫妻结婚。

12月末,普希金写信给父亲:

> 我们这里要举行婚礼了。我的妻姐叶卡捷琳娜要嫁给盖克伦男爵,他是荷兰国王公使的侄子兼义子。他是个非常英俊善良的年轻人,他很时髦,比未婚妻小4岁。为缝制嫁衣我妻子和她姐姐忙得不可开交,这事让她们很开心。我却气得不行,因为我家都成裁缝铺了。

在正式订婚后,似乎一切都应回归到正常的轨道上来,趋于缓和。但这并没有发生,情况依旧紧张。

盖克伦一家不来普希金家。据丹扎斯证实,丹特士为婚礼前往拜望,但不受待见。叶卡捷琳娜·尼古拉耶夫娜和未婚夫见面都在扎格里亚日斯卡娅家及外面。丹特士至少在给未婚妻的信中装出恋人的模样。但是叶卡捷琳娜·尼古拉耶夫娜未必会被这些信蒙骗。作为聪明坚强的女人,她善于控制自己,旁观者任谁也猜不出她实际上的所思所想所感。她11月18日和12月3日写给哥哥的两封信证明了这一点。她"怀着急不可耐的心情"等待着婚礼前的忙乱赶快结束。数着剩余的天数,终究是不相信这场婚礼真的能举行,"即使上帝帮忙"。为了让自己的婚礼看起来像场寻常的幸福婚礼,她希望全家人都来参加。

1837年1月10日，婚礼还是举行了。因为新郎新娘的宗教信仰的差别，婚礼举行了两次，一次在圣叶卡捷琳娜罗马天主教堂，一次在东正教伊萨基耶夫教堂。新娘这方面出席婚礼的有Е.И.扎格里亚日斯卡娅、娜塔莉亚·尼古拉耶夫娜、亚历山德拉·尼古拉耶夫娜、德米特里·尼古拉耶维奇和伊万·尼古拉耶维奇。普希金没来，娜塔莉亚·尼古拉耶夫娜婚礼后也立即离开，没有参加婚礼午宴，婚礼午宴是由冈察洛夫姐妹的表叔Г.А.斯特罗加诺夫伯爵为新人举办的。他和他的妻子分别是叶卡捷琳娜·尼古拉耶夫娜的男主婚人和女主婚人。德米特里·尼古拉耶维奇和伊万·尼古拉耶维奇也没参加午宴。兄弟俩也没去拜望姨妈叶卡捷琳娜·伊万诺夫娜·扎格里亚日斯卡娅，正如我们从亚历山德拉·尼古拉耶夫娜的信中看到的那样，她对外甥们的这种行为反应非常强烈。这里毫无疑问也存在着某种联系。在彼得堡她代替母亲照顾着姐妹们，她却没能预防事情的发生，冈察洛夫家的人难道没有指责过她吗？

如何解释冈察洛夫兄弟婚礼后突然离去，甚至没和妹妹告别呢？这难道是德米特里·尼古拉耶维奇不愿意进行下一步关于钱方面谈判的结果吗？或者他们想避开在他们动身之日斯特罗加诺夫家举行的婚礼午宴？这里想必是可能存在着某种和叶卡捷琳娜·尼古拉耶夫娜本人有关的非常严重的情况迫使他们这样做。

兄弟们的离开让叶卡捷琳娜·尼古拉耶夫娜很委屈、很难过。但是她急于与他们和解，尤其是与德米特里和解，他掌握着她的生活费。叶卡捷琳娜·尼古拉耶夫娜努力让兄弟们相信她很幸福，同时她也承认这种幸福不会延续很久。甚至她试图误导亚历山德拉·尼古拉耶夫娜。但是她太机敏，她外表的平静下面可以看到另一种心情。

П.Е.谢戈廖夫说："你简直无法想象在丹特士-盖克伦男爵夫人身上发生怎样的悲剧，好像只有醋意十足地热恋丈夫的她一个人不想发现或明白这是场悲剧罢了。"根据新资料可以说，事实并非如此。婚后对自己未来幸福的怀疑仍旧惊扰着她，成为她以往深重苦难的回声。预感到悲剧的命运，对自己地位的毫无信心，害怕失去即便是表面的幸福和平安，这就是叶卡捷琳娜·尼古拉耶夫娜内心的独白，正是这些毒害了她的生活。她不是感觉不到表面和善的盖克伦老头所有的谎言与欺骗，不是不明白丹特士是被迫娶她为妻的。

婚礼已毕，却没有给两家关系带来实质性的改善。非但如此，关系更加恶化了。普希金家不接待盖克伦一家。正如我们从已经出版的书信中知道的那样，叶卡捷琳娜·尼古拉耶夫娜也不到他们家去。新婚夫妇住在涅瓦河畔的荷兰使馆的房子里。"第二天①，就是昨天我到了他们那里。"С.Н.卡拉姆津娜写道，"不可能再有比他们家房间更美、更舒适和迷人优雅的了，不可能想象有谁比他们三个人更恬静和愉快的了，因为父亲绝对不仅是这场戏不容分割的一部分，也是家庭幸福的一部分。不可能伪装一切。为此需要超凡的城府，并且这个把戏他们不得不玩上一辈子！如堕云雾。"

这封信是卡拉姆津娜的力证，需谨慎对待。叶卡捷琳娜和亚历山德拉1837年1月的书信证明了这一点："一切看上去相当平静。"只是看上去。可在表面的平静和毫不在意下隐藏着另一种生活和秘密……

婚礼之前，德米特里·尼古拉耶维奇和老盖克伦进行谈话，他们讨论嫁妆和每年叶卡捷琳娜·尼古拉耶夫娜的"赡养费等问题。冈察洛夫敷衍地答应每年付给她5000卢布"。

最后一封亚历山德拉·尼古拉耶夫娜的信没有注明日期，但是毫无疑问这封信就写在决斗之前的几天里，可能是一两天内。

> 我实在对不起你，亲爱的哥哥德米特里，我曾答应过你写些我们可爱首都的新闻给你，可我并没有认真履行我的承诺。可是，你看到了吧，没有任何值得关注的事情，没有什么值得回忆的事，我就没写。然而，现在良心折磨着我，这就是我写这封信的原因，虽然我还是很难告诉你什么新闻。
>
> 一切看上去相当平静。新婚夫妇的生活跟平常一样。卡佳不到我们这里来，她在姨妈家及外面和塔莎见面。至于我，我

---

① 婚礼后。

娜塔莉亚·尼古拉耶夫娜·冈察洛娃,画家托马斯·莱特画于1844年。

有时去她家，我甚至还在那里吃过一次午饭，但是坦率地告诉你，我去那里不是没有难堪的感觉。首先，我知道，这样做会让我现在住的那个家的家人们不高兴。其次，我和叔叔及侄子的关系并不亲密。我们双方都用有些怀疑的目光看着对方，这促使我不经常去那里。我发现卡佳更加彬彬有礼了，比最初的那几天，她在家的感觉更好了，更加平静了，可是我觉得有时更忧伤了。她太聪明，这也让她的自尊心太强，因此她努力迷惑我，让我发现不了，但是我认为我的眼光很敏锐。这方面不可能对我否认，就像妈妈总是相信我，她是完全正确的，因为没什么可以瞒过我。

应该跟你说说姨妈的情况。你们走的那天斯特罗加诺夫家设宴，她到我们这里非常激动，差点没骂人。塔莎费了好大的劲儿才把她安慰好，她什么也不想听，说这是无法原谅的。这是她的原话："怎么回事，两个小子在城里住了四天，都不能到姨妈那儿坐上一分钟。"我是在自己的房间里听到这番话的，因为我能避开她，私下告诉你，我尽可能地常这样做。谈话的结尾我已不记得了，我只知道你们受到严厉的批评。从那天起我没听到她再提起过你们。①

请别读这两页，我无心空下这两页，可能那里是应该一直隐藏在白纸下面的秘密②。

这就是要告诉你的谣言，不过，我只要一提到我那善良的姨妈，一切事情就会迎刃而解的。

至于其他的，我说些什么呢？这个可恶的世界发生的一切都折磨着我，带给我可怕的苦恼。我原本要幸福满满地到我们幽静的亚麻布厂休息几个月。现在我有很多经验，头脑更平静，更理智，我想年轻时最好做几件糊涂事，以免后来犯错，你做了错事，就会受到教训，有时严厉些，但这是有好处的。

---

① 原文在这里空下两页信纸，在两页纸的中间写下下面的句子。
② 亚历山德拉·尼古拉耶夫娜在纸的背面接着写。

塔莎让我转告你，你委托的事情她已办好（我指的是买印花布的事），但因为她那里的女工近期有很多活儿，她还没开始缝。她一定会完成此事的。至于提到国外的那本杂志，塔莎打算今天去订。

普希金请我转告你，如果你能为他拿出些钱来，你就帮他大忙了。

好了，亲爱的善良的哥哥，再见了，我不知道再写些什么了，等收集多一些的素材，下次再给你写信。温柔地亲吻你，允许自己同样亲吻新娘子。请向她转达我的一千次问候。告诉万尼亚，我明天或后天给他写信，我必须整理一下自己的思绪。暂且深深地亲吻你。如果萨沙在你身边，也替我吻他。

（1837年1月22—24日，彼得堡）

无论是从内容上，还是从我们能全新评价亚历山德拉·尼古拉耶夫娜和所有发生事件的关系的角度上，这封信都是非常重要的。临走时，德米特里·尼古拉耶维奇让妹妹写信给他，尽管婚礼似乎给近几个月来全部的痛苦画上了句号，可他显然放心不下。但是，虽然亚历山德拉·尼古拉耶夫娜完成了他的嘱托，给他写信，但她远非坦诚相告，对许多事情避而不谈，更准确地说，是对主要事情讳莫如深。这封信是在心神不定的情况下写的。她空出两页纸不是无意为之，如她所说，是因为她心神不定，坐立不安造成的。

我们再仔细研究一下这封信。

首先从这封信我们知道了亚历山德拉·尼古拉耶夫娜和盖克伦的关系。"我去那里不是没有难堪的感觉。"她写道，"我和叔叔及侄子的关系并不亲密。"

这完全是以另一种角度向我们描绘亚历山德拉·尼古拉耶夫娜到盖克伦家吃饭的场面，她总是因此受到指责。这个推测被她的丈夫古斯塔夫·弗利津戈夫证实，这封信是1887年他执笔，经亚历山德拉·尼古拉耶夫娜口述写给外甥女阿拉波娃的："你们的姨妈惨剧发生后急速前往亚麻布厂前到了盖克伦夫妇那里,并和他们一起吃了顿饭。我注意到这个情况,因为在我看来,这种情况表明,家里年长的女士经常交往,相处和睦,她们将对悲剧结局的指责不仅落到了盖克伦的身上,毫无疑问也落到死者的身上。"

直到如今,信里的这几句话仍被作为决斗后亚历山德拉·尼古拉耶夫娜到盖克伦家吃饭的铁证加以研究,第二段似乎说明她处在指责普希金的行列中。

这里应该说的是,第一,完全不能推断,亚历山德拉·尼古拉耶夫娜决斗后("惨剧后")到盖克伦家吃饭。第二,有一处不准确的地方。我们照古斯塔夫·弗利津戈夫这封信的法文原稿校对俄文译文时,发现那里有两个逗号可以改变句义。"你们的姨妈,惨剧发生后急速前往亚麻布厂前,到了盖克伦夫妇那里,并和他们一起吃了顿饭。"这样一来,前往亚麻布厂被分开,去亚麻布厂发生在吃饭之后。不可能有什么"夫妇",因为丹特士当时已经被捕了。

我们猜想,如果亚历山德拉·尼古拉耶夫娜在婚礼过后看望过姐姐,并且决斗前在她家吃过一次饭,正如几位普希金研究者所证实的,这并不是因为她喜欢丹特士,而是出于姐妹亲情,希望在她新生活开始的日子里精神上支持姐姐。她也很少去姐姐家,"不是没有难堪的感觉"。

亚历山德拉·尼古拉耶夫娜无疑是了解这场"意想不到"的婚礼的全部内情,见识了丹特士厚颜无耻的行径的,1月10日后,"这个可恶的世界发生的一切"折磨着她。这意味深长的话证明了她对这些事件的看法。

据信判断,在了解她深沉真挚地爱着娜塔莉亚·尼古拉耶夫娜后,亚历山德拉·尼古拉耶夫娜当时是站在普希金夫妇的立场上的,但是这时她没有勇气和盖克伦家一刀两断。可能,她希望时间会抚平一切,无论怎样她试图做过这个方面的努力。对当时普希金家发生的一切,她有意三缄其口。与此同时,局势日益严峻。引用几段当时的人所描写的,悲剧如何迫在眉睫。

H.M.斯米尔诺夫是和普希金关系很好的老相识,在回忆录中他写道:"他①婚后的行为让大家有理由认为,他在婚姻里不仅恰好找到接近普希金娜的机会,而且以连襟的身份免受普希金娜丈夫的怒火。他并没停止对妻妹的追求。他甚至抛开所有的矜持,有时还会嘲笑那位没有与他和解的丈夫的醋意。在舞会上他和娜塔莉亚·尼古拉耶夫娜跳舞,向她大献殷勤,晚饭时为她的健康而干杯。总而言之,又闹到了大家对他的恋情议论纷纷的地步了。盖克伦男爵开始公开帮他,正如大家所说,他想为丹特士那场让他不愉快的婚姻向普希金报仇。"

П.А.维亚泽姆斯基公爵这样描述当时的局势:"这一新情况,这些新关系很少能改变事情的本质。年轻的盖克伦在妻子在场的情况下继续宣扬着对普希金娜夫人火热的爱情。城中的谣言再起,上流社会用侮辱性的目光加倍关注着他们眼中悲剧的主角。普希金的处境变得更加令人难以忍受。他变得忧心忡忡,焦躁不安,他看上去痛苦难当。但是他们的夫妻关系没有因此受到损害。他变得对她更殷勤、更温柔了。"

为了比较,我们引用С.Н.卡拉姆津娜描写叶卡捷琳娜·梅谢尔斯卡娅家晚会的情景(决斗前两天)。

> 星期天卡特琳家举办盛大聚会,不是舞会。普希金家,盖克伦家继续上演着温情脉脉的喜剧以供上流社会消遣。普希金咬牙切齿,摆出一贯的老虎般的表情,娜塔莉亚低垂着眼睑,在姐夫火热的目光长久地注视下羞红了脸颊,这开始成为某种极正常的淫荡(意淫)。卡特琳带有醋意地将长柄眼镜对准他们两人,而为了剧中的任何一人都不脱离角色,亚历山德拉用尽手段向普希金卖弄风情,普希金深爱着她,如果吃妻子的醋出于原则的话,那么因妻姐吃醋则是出于感情。总之,这一切太稀奇了……

索菲亚·卡拉姆津娜除了"温情脉脉的喜剧"没看出剧中人物的任何心情。她完全无法理解诗人的心情,以异常轻率的态度评价

---

① 指丹特士。

普希金和亚历山德拉的关系。一位普希金研究者M.亚申这样评论卡拉姆津娜的这封信："C.H.卡拉姆津娜不能依据这一具体的事情得出普希金爱上亚历山德拉的结论。亚历山德拉的行为很难称为卖弄风情，是无法向一个生气的人卖弄风情的。亚历山德拉是在尽力转移普希金对丹特士的注意力。"此番评论完全是公正的。

在普希金研究中很久前就流传着这样的说法，亚历山德拉·尼古拉耶夫娜爱普希金，甚至好像和普希金有过男女之事。当初这种说法纯属普希金敌人杜撰的，企图竭力中伤诗人和他妻子。尽管类似的对普希金的指责十分可怕，尽管提供的"证据"完全不可靠并且毫无依据，几位普希金研究者也已支持这一说法很多年，只是最近才发表了驳斥该说法的研究成果。与此同时，出现了截然相反的另一种观点，证明亚历山德拉·尼古拉耶夫娜恨普希金，甚至于她爱上了丹特士！

我们发表的这些信件没有给类似的观点提供任何证据，相反，还对其进行了驳斥。温馨深厚的友谊连接着娜塔莉亚和亚历山德拉的一生。

亚历山德拉·尼古拉耶夫娜的书信没有一处提到她与诗人关系不好。她因生病期间得到普希金的照顾而真诚地向普希金表示感谢。还经常通过她向德米特里·尼古拉耶维奇·冈察洛夫转达他的请求（关于马匹、马鞍和纸张等）。正是在她的信中提到了普希金的孩子。但是据此怎么也不能得出她爱上诗人的结论。借助于与妹妹关系亲近，亚历山德拉·尼古拉耶夫娜经常参与到普希金的家事中来。但是不能像几位研究者所说的那样写成，她充当着女主人和孩子们的教育者的身份。

至于亚历山德拉·尼古拉耶夫娜爱上丹特士的说法，是前不久才出现的，它主要依据写于1835年12月1日的一封信（1964年出版）中的一句。在上流社会大型的活动练马场上骑马时，她提到了丹特士。在这个出版物中有这样一句："……男伴们是：瓦卢耶夫、学识渊博的年轻人近卫重骑兵军官丹特士、炮兵A.戈利岑等"。但是在仔细研究原文时，看出来这个句子读得不对，因为在"学识渊博的年轻人"之后有一个逗号，这样一来，这些词修饰的是瓦卢耶夫，而不是修饰丹特士。况且，大家都知道，尼古拉一世称瓦卢耶夫为"模范年轻人"，显然德米特里也知道这个绰号,亚历山德拉·尼古拉耶夫娜用这个绰号无疑是讽刺的意味,因此她强调这一绰号。总之,丹特士只是单纯地被提及,和其他军官没什么区别。驳斥爱上丹特士的观点的还有一个极有分量的文件,就是娜塔莉亚·尼古拉耶夫娜的信(我们之前已经提到过),她在信中写,亚历山德拉·尼古拉耶夫娜爱的人完全是另有其人,他就是阿尔卡季·奥西波维奇·罗赛特。

我们已经说过,丹特士娶亲没有改善两家的关系。相反,丹特士又开始向娜塔莉亚·尼古拉耶夫娜大献殷勤,目光不离她左右,邀请她跳舞,她无法拒绝,不希望招致上流社会的闲言碎语,那里有上百双敌视的眼睛瞧着他们。丹特士和盖克伦散布谣言,说丹特士之所以结婚,是为了挽救娜塔莉亚·尼古拉耶夫娜的名誉,因为普希金和妻姐亚历山德拉·尼古拉耶夫娜有不正当的男女关系。普希金收到匿名信。这些谣言在外务大臣K.B.涅谢利罗杰(他的妻子是诗人的宿敌)、乌瓦罗夫和其他人的上流社会的沙龙里大肆传播,很遗憾,这里包括卡拉姆津的几位家人……

所有一切令诗人非常不安,他无法承受,他和妻子的名字成了污秽的流言的目标。我们从斯米尔金和维亚泽姆斯基的证明中可以看出,他当时处于怎样的状态。

"诽谤,"普希金说,"甚至无须证据就可以留下几乎永恒的痕迹。在上流社会的法典里,逼真就等于真实,就会成为造谣中伤的目标。我们就会在个人的主张中丧失尊严。"所有的一切是否逐渐积聚起来或者因为某种我们不了解的情况,让人超出了容忍的极限呢?普希金的决斗副手丹扎斯回忆说:"娜塔莉亚·尼古拉耶夫娜清楚,所有事情让丈夫有多不高兴,于是建议丈夫和她一起暂时离开彼得堡一段时间,但是失去所有耐性的普希金决定用另一种方式结束一切。"1月26日他寄给路易·盖克伦那封著名的信,全文如下:

男爵:

请允许我对不久前所发生的事件予以澄清。贵公子的行径，本人早有所知，因此不能漠然视之。我本想以旁观者自居，待必要时再进行干预。然而，一件在其他场合下本会让我极为不快的事使我摆脱了困境：我收到了几封匿名信。我认为时机已到，便利用了这一时机。想必您早知道：我曾使贵公子扮演了一个非常可怜的角色，当我妻子看到他的卑鄙和怯懦时，不禁啼笑皆非。他那种伟大而高尚的激情也许曾在我妻子心里引起过某种感情，但现在由于蔑视和厌恶而烟消云散了。

我必须承认，男爵，您本人扮演了很不体面的角色。您身为某国君王的代表，身为人父，却为贵公子干着拉皮条的勾当。看来，他的行为（可惜十分拙劣）是在您的怂恿下进行的。正是在您的授意下，他才敢做出如此卑鄙的勾当，才敢写出如此下流的东西来。阁下的所作所为，活像一个恬不知耻的老妇人，到处窥视机会，向我妻子诉说您那私生子或所谓的义子的"爱情"。当他身染梅毒服药出不得家门时，阁下却谎称他相思成病、奄奄一息，您竟然絮絮叨叨：要我妻子还您的儿子。

男爵，您很清楚，在此种种不快之后，我不能容忍我的家属同你们父子再有任何交往。以此作为条件，我才同意不让这件丑闻张扬出去，免得阁下在您我两国宫廷之中名誉扫地，对此我有能力，也有这个打算。但愿我的妻子今后再不会听您的"开导"。我绝不允许贵公子在干出这种卑鄙勾当之后再敢跟我妻子交谈，更不允许他这个骗子和流氓对她散布流言蜚语，或者故作多情，假献殷勤。

因此，如果您想避免新的纠葛和丑闻，我要求阁下结束这一切阴谋，否则我绝不善罢甘休。

谨此奉告！

您的卑微恭顺之仆 亚历山大·普希金[1]

---

[1] 此信收录在《普希金全集》，莫斯科，1937—1949年。

康斯坦丁·卡尔洛维奇·丹扎斯（1801—1870）是俄罗斯皇家军队军官，亚历山大·谢尔盖耶维奇·普希金皇村中学的同学，普希金与丹特士男爵决斗的副手。

这是一封极具污辱性的信,除了使盖克伦父子要求决斗外,不会让他们有其他反应。普希金是有意为之。

同日,盖克伦通过法国使馆陪员阿尔沙克子爵给普希金送去正式的决斗书。丹特士在下面附言道:"阅毕,同意。"作为外国使节,盖克伦不能亲自应战,这会毁了他一生的前程。

这里必须要使读者注意到一个非同小可的情况。

我们大家多次反复读普希金的这封信。但这次,我们重读这封信时,突然对一句直接关乎娜塔莉亚·尼古拉耶夫娜的话首尾不一致颇感奇怪:"……他那种伟大而高尚的激情也许曾在我妻子心里引起过某种感情,但现在由于蔑视和厌恶而烟消云散了。"

普希金写丹特士的"伟大而高尚的激情",毫无疑问,是讽刺与憎恶的(Д.Д.布拉过伊说这是"明显的冷嘲热讽"),但是怎样将此和句子开头所说的娜塔莉亚·尼古拉耶夫娜的某种感情结合起来?我们再次查阅法文原文得出结论,这里有不准确的地方,更准确地说,翻译得不准确,也许,这是当时学者对普希金妻子持否定态度造成的。

没有任何一个字典将单词"emotion"翻译成"感情",这个词的意思是不安、惊慌。而恰好动词"ressentir"的意思不是引起,而是感觉、体验。也必须要注意到普希金时代plus-que-parfait的用法(很久之前,曾经)。经校对,句子看上去完全变成另外的样子:"……也许这伟大而高尚的激情使她不安,烟消云散……(等等)[①]"

我们转向其他普希金学者的研究。发现emotion和ressentir这两个词翻译成另一个样。因此,谢戈廖夫将这个句子译成"她或许对强烈而高尚的激情有感觉……",Н.В.伊兹梅洛夫译为"也许她对伟大而高尚的激情深表同情……",最后,B.韦列萨耶夫将emotion译为"内心活动"。顺便说一下,他们所有人都没有注意到plus-que-parfait。我们认为,应该考虑这个词。

我们认为,我们对译文的校对具有重要意义,这个句子很清

[①] И.М.奥博多夫斯卡娅译。

楚，似乎普希金所提的妻子对丹特士的感情实际上并不存在。

不言而喻，面对如此英俊军官两年不懈的追求，娜塔莉亚·尼古拉耶夫娜，像任何一个女人一样，不会毫不动心。也许她喜欢过丹特士，他的崇拜让她感到满足。但是这谈不到什么认真的感情。而她的激动不安完全符合对其成见颇深的索菲亚·卡拉姆津娜所描写的娜塔莉亚·尼古拉耶夫娜在梅谢尔斯卡娅家晚会上的行为。她不能不激动，况且看到丈夫对此的反应。然而由于懦弱的性格，她没有表现出应有的姿态制止丹特士的厚颜无耻的行径。害怕他与姐姐奸情败露（对盖克伦两父子来说，由此带来的后果将是巨大的丑闻，并势必引起轩然大波，势必断送他们的功名利禄，因为叶卡捷琳娜·尼古拉耶夫娜是宫廷女官），丹特士娶了姐姐，她的鄙视和厌恶十分明显。

从过去的文学文献资料了解到，几位研究者因所谓的在伊达利娅·波列季卡家与丹特士约会而责难娜塔莉亚·尼古拉耶夫娜。这个问题在普希金学论著中有不同的阐述。但说这个问题之前，三言两语说一下伊达利娅这个人。这是个怎样的女人？该如何解释她的许多行为呢？

伊达利娅是我们多次提到的冈察洛夫家的亲戚，格里戈利·亚历山德罗维奇·斯特罗加诺夫伯爵的私生女。斯特罗加诺夫到西班牙当俄国使节时爱上了一个葡萄牙女人德·爱加伯爵小姐，和她同居，带她回俄国。这个女人生下伊达利娅。后来，妻子死后，斯特罗加诺夫娶了德·爱卡，但不认伊达利娅这个女儿，她被当成"养女"。伊达利娅不说"我在父母那里"，而是说"……在斯特罗加诺夫家"。对于女人的自尊心来说，这意味着许多。我们想，这种环境造就了伊达利娅·波列季卡的性格，这是个美丽聪明，但冷酷无情、爱记仇的女人[1]。

1826年，她嫁给近卫重骑兵团骑兵大尉A.M.波列季卡（1836年晋升为上校）。

---

[1] 在莫斯科的普希金纪念馆有一幅П.Ф.索科洛夫画的她的水彩肖像画。

伊达利娅是娜塔莉亚·尼古拉耶夫娜的表姐。表面上看，她们的关系原本很亲密（根据普希金的书信能够断定这一点），直到她与普希金之间发生了某件事，自此她痛恨普希金。但"某件事"至今无法确定。

有关娜塔莉亚·尼古拉耶夫娜在伊达利娅·波列季卡家约会是依据于三份已出版的文献资料。这三份文献资料早就为世人熟知，但是在众多研究者和作家之中，尤其在A.阿赫玛托娃那里对文献的真实性产生了怀疑。我们来简要回顾一下这些出版物。

首先，80年代末，巴尔捷涅夫根据B.Ф.维亚泽姆斯卡娅的讲述所写的《普希金的故事》一书中谈到了这件事。他是这样写的："在盖克伦①的坚决要求下，波列季卡夫人邀请普希金娜到自己家来，而她自己却走了，普希金娜告诉维亚泽姆斯卡娅公爵夫人和丈夫，她和盖克伦单独待在一起，他拔出手枪，威胁说，如果她不委身于他，他就开枪自杀。普希金娜因他的一意孤行而无地自容。她搓着手，尽量大声说话。幸好毫不怀疑的女主人的女儿来到房间，女客人便扑向她。"

第二个文献是1907年至1908年间阿拉波娃在杂志《新时代》上刊登题为《普希金妻子家庭纪事》的小说体回忆录。

阿拉波娃写道，丹特士因已与姐姐结婚，达到了和娜塔莉亚·尼古拉耶夫娜约会的目的。约会的地点选择在伊达利娅家。丹特士似乎给普希金娜写信，"从始至终都是绝望的哀号"，他恳求她与之见面，进行"以人格担保，任何事都不能损害她的尊严与纯洁"的谈话。然而在信的结尾处，他以开枪自杀为要挟，到时爱他的妻子也会效仿他的做法！阿拉波娃还写道，见面是"那么短暂，且无伤大雅"。

B.Ф.维亚泽姆斯卡娅说，丹特士拿出枪，打算开枪自杀，而娜塔莉亚·尼古拉耶夫娜"搓着手"。这些细节是从何而来的？难以想象的是娜塔莉亚·尼古拉耶夫娜会自己讲出来。维亚泽姆斯卡娅在情绪激动时所描写的一切并不都是可靠的证据。她从别人那里得知

---

① 指的是丹特士。

约会的事,并为此加上自己的诠释。

阿拉波娃所写的约会的内容是在娜塔莉亚·尼古拉耶夫娜死后由家庭女教师口述写成的。

我们在以前的作品中多次写道,她的大部分作品都是根据与家庭女教师、保姆的谈话,上流社会的飞短流长、普希金敌人的"证词"及其他写成的。可以相信她的只有一些她个人对娜塔莉亚·尼古拉耶夫娜·兰斯卡娅的回忆,当时阿拉波娃年仅16岁到18岁,对其余部分应该持有特别的批判态度。

还有一个片段值得注意。阿拉波娃说,约会期间,为了避免干扰,作为"伊达利娅的朋友",彼得·彼得洛维奇·兰斯科伊守在房子旁。这个信息从何而来?难不成是从父母那里知道的吗!她甚至不害臊将自己的父亲写成这样的角色,还说当时他还不认识娜塔莉亚·尼古拉耶夫娜。但是根据M.亚申调查的绝对可靠的消息,彼得·彼得洛维奇·兰斯科伊1836年10月至1837年2月间根本没在彼得堡,他在外出公差,这样一来,不可能"守"在伊达利娅家。

再说现在了解了这个人之后,难以想象他会扮演这个角色。

现在让我们转到证明伊达利娅家约会的最后一份文献上来,这份资料属于亚历山德拉·尼古拉耶维奇·冈察洛娃-弗里津戈夫和她丈夫①。阿拉波娃打算写一本母亲的《回忆录》,就询问住在国外的弗里津戈夫夫妇,显然,她向他们提了一系列有关普希金惨死的问题。亚历山德拉·尼古拉耶夫娜那时已经瘫痪在床,看起来不能自己写,因此由她口述,古斯塔夫·弗里津戈夫写给阿拉波娃,出于某种原因发表个人见解。

弗里津戈夫是律师出身,做外交官多年,其中包括在俄国任职,极谨慎地处理信件事宜,给人感觉,他写信时,斟酌每一个词,乃至掂量妻子的每一句话。在档案馆工作时,我们接触到许多古斯塔夫·弗里津戈夫的信件(那时已是《普希金周围》一书出版之后),我们的印象是他是一位有修养、品德端正的人。他暮年进行广泛的社会活

---

① 亚历山德拉·尼古拉耶夫娜·冈察洛娃1852年嫁给丧妻的古斯塔夫·弗里津戈夫。

动证明了这一点。我们考虑,弗里津戈夫夫妇的证明是可以相信的,书信郑重平和的语气有助于此,不能说与上述两个"文献"是一类。

1887年弗里津戈夫写给阿拉波娃的书信原文如下:

> 至于说到那次约会,是这样的,您的母亲一天受波列季卡女士之邀前往她家拜访,在她(H.H.普希金娜)到达后,在那里碰见代替家中女主人的盖克伦①。盖克伦奔到她跟前跪下,恳求她答应养父在信中所写之事②。她告诉我妻子,这次见面只持续了几分钟,因为她立刻拒绝,就转身离开了。

敢问,为什么阿拉波娃没有提及弗里津戈夫所描写的这次约会的场面?弗里津戈夫所描写的情况看来更真实可信。她隐藏了这封信,对此只字不提。阿拉波娃将伊达利娅描写成极具吸引力的女人,"聪明非凡",对她完全无可指摘。这些话写于21世纪初,也许她对此有自己的理由(我们推测,与伊达利娅后代③有关)

还有一个涉及娜塔莉亚·尼古拉耶夫娜的情况,但是与后来有关。弗里津戈夫在给阿拉波娃的信中告知,1869年他在巴黎任职期间,认识了当时已去世的叶卡捷琳娜·尼古拉耶夫娜·盖克伦的女儿们。看来,他在外甥女那里见到了丹特士-盖克伦。他是这样写的:"一次,已不知是怎的,在与盖克伦交谈中,我们谈到了您的母亲,他触及了这一悲剧主题。我保存着真实可信印象的回忆,他怀着真诚宣布和维护的不是您母亲的纯洁,这不是问题,而是她在这一生命中的悲惨事件的各种情况下是完全清白无辜的。"

丹特士的这番表白该如何评价?他当然知道,他在和谁谈话,这个人是弗里津戈夫,娜塔莉亚·尼古拉耶夫娜姐姐的丈夫,可能他希望在弗里津戈夫的眼里是无罪的?但不排除,由于年事已高,他的确是真诚的。

---

①指的是丹特士。
②他建议她抛弃丈夫,和他在一起,这封信如果真存在,也没留到我们今天。
③众所周知,伊达利娅将女儿嫁给宾肯多夫最紧密的助手,A.H.莫尔德维诺夫之子。

因此，从所有关于所谓的约会的消息（更准确地说，可以称作"意外相遇"）来看，最接近事实的是弗里津戈夫夫妇的证明。所有人都证明一个主要结论：娜塔莉亚·尼古拉耶夫娜绝对是清白无辜的。她受人欺骗，被人诱入圈套，伊达利娅·波列季卡是罪魁祸首。她这是在报复普希金。她无疑直接参与了谋害普希金。我们注意到，A.特罗亚在关于普希金的论著中写道，伊达利娅·波列季卡和这场悲剧密切相关。

暮年的伊达利娅仍然痛恨普希金，她晚年住在敖德萨，一次，当地准备立一座普希金的塑像，她说要专程前往，向塑像吐痰。

决斗前发生的那些事里还有许多模糊的地方，毫无疑问的是波列季卡在这些事里做出了自己的"贡献"。她非常明白，这次见面会给娜塔莉亚·尼古拉耶夫娜蒙上阴影，她知道，妻子告知详情后，普希金会对这件事做何反应。

有理由认为，伊达利娅爱丹特士，还可能和丹特士有男女之事。当丹特士在决斗后被捕，她给丹特士写的那些信就允许我们做出这样的推测。我们不必在此大篇幅地引用，只摘录两小段足矣："……您不了解我，因为如果我爱一个人，我就会深深地爱着他，并且永远爱他。"临行前，丹特士送给伊达利娅一件贵重的礼物（戒指或者手镯）："您留作纪念的礼物让我感动，我不会将它从手上摘下……它嵌入我的心灵。"后来波列季卡和丹特士保持着通信联系，她到国外时，还与他见面。

普希金家和波列季卡家间所有的联系当然中断了。可是多年之后娜塔莉亚·尼古拉耶夫娜在斯特罗加诺夫家见到了伊达利娅。

"我经常在斯特罗加诺夫家看见您的妹妹，但是绝不是我家。娜塔莉亚没有心情再到我家来了……她从未提起过去的事。我们之间不存在过去。"伊达利娅在给丹特士的信中写到。不，过去恰恰是存在着的，这段过去任何时候都不可能被遗忘……

"再见了，我的生活，我爱你……①"

---

① 选自普希金写给妻子的信。

亚历山大·谢尔盖耶维奇·普希金的肖像,画家И.Л.利尼奥夫画于1836—1837年间,这是普希金生前的最后一幅画像。

1月27日午后五点钟,决斗在黑溪举行。普希金腹部受伤严重。在诗人回枪射击时,丹特士手臂护胸,因此受伤。

普希金生命的最后时日,铭刻进许多朋友和同代人的回忆录中。它们在苏联时期发表,但是其中一些在读者圈里知名度很小。我们在此援引有关诗人妻子形象评价的部分。

当受伤的普希金被送回家,妻子跑进前厅,失去知觉晕倒了。御医阿连特匆匆赶来,在检查伤者后,确定是致命伤。在普希金的强烈要求下,他没对普希金隐瞒,伤情非常严重。从这一刻起,普希金不再想自己,他的全部思考都转向妻子。

"她是可怜的,无辜地承受着,可能还要承受人们的指指点点。"他对医生斯帕斯基说。

公爵夫人①和无法形容其状态的妻子在一起。像是被吸引着,她时常悄悄走进躺着即将死去的丈夫的房间。他不能看见她(他躺在沙发上背向窗户,面向门)。但他担心她到身边来,因为他不想让她看见他的痛苦。

B.A.茹科夫斯基

这是撕心裂肺的两天。普希金痛苦极了,他勇敢、平静而忘我地忍受着痛苦,说只有一件事让他不安心,别吓唬妻子。"可怜的妻子,可怜的妻子!"当痛苦使他不由自主地尖叫,他高喊到……

П.A.维亚泽姆斯基

普希金的病情恶化时,他请求朋友们别给妻子过多的希望,不要向她隐瞒实情:"她不是伪善的女人,你们了解她,她应该知道一

---

① 指的是B.Ф.维亚泽姆斯卡娅。

切。"他常叫妻子到身边来,两个人一起单独待过几次……

……他想的只是妻子和给她带来的痛苦。在病痛发作间歇他呼唤她,温柔地安慰她。他说,在他死这件事上,她是无罪的。无时无刻他都不会失去对她的信任与爱……他还让他的四个孩子都到他身边来,并为每个孩子祝福。

Е.Н.梅谢尔斯卡娅

……1点,普希金越来越虚弱……希望不再。死亡很快迫近,但濒临死亡之人并不十分痛苦,他愈发平静了。妻子在他身边……亚历山德拉在哭泣,还能站着。妻子呢,当希望已不再时,爱的力量仍给她信心!她反复对他说:**"你会活过来的!"**

А.И.屠格涅夫

……普希金娜夫人在他临死时回到了书房……看到即将死去的丈夫,她扑到他身边,跪在他跟前。浓密的深褐色卷发披散在她的肩头。她极度绝望地向普希金伸出手去推他,痛哭着高喊:普希金,普希金,你还活着吧?!这样的画面令人撕心裂肺……

К.К.丹扎斯

"费了很大的劲儿将不幸的妻子从昏厥的状态中抢救过来,悲痛和深深的绝望使她难以抵挡。"我们认为,写于Д.Ф.菲克利蒙日记中的这些话最接近娜塔莉亚·尼古拉耶夫娜在丈夫死后的状况。维亚泽姆斯卡娅公爵夫人告诉巴尔捷涅夫:"抽搐使这女人柔软的身躯成了这个样子,她的脚紧挨着头。她的脚一直在抽搐,到晚上11点才恢复正常。"

"……星期六我看到了不幸的娜塔莉亚。"1837年2月2日,

C.H.卡拉姆津娜在给哥哥的信中写道,"无法告诉你,她带给我多么悲痛欲绝的印象:真正的幽灵,她的目光空洞无物,脸上的表情无法形容的痛苦,看着她不能不心痛。"

1837年2月10日,卡拉姆津娜写道:

……梅谢尔斯基将这首诗①带给亚历山德拉·冈察洛娃,她要这首诗是为了妹妹,妹妹贪婪地读一切有关她丈夫的作品,渴望谈到他,自责和哭泣。以前看见她很严重,但现在她变得平静,目光不再疯狂。不幸的是,她睡眠很差,常在夜里尖声叫喊着普希金。

……昨天我们又见到娜塔莉亚,她已经平静多了,说了许多关于丈夫的事。一星期后她要去卡卢加哥哥的领地,她打算在那里住上两年。"我丈夫,"她说,"嘱咐我为他服丧两年(多么细腻的情感!他关心的是保护她免受上流社会的非难),如果我一个人到乡下待上两年的话,我想能最好地完成他的心愿。我姐姐和我一起去,对于我来说,这是极大的安慰。"

"……可怜的娜塔莉亚·尼古拉耶夫娜!"1837年2月28(16)日,安德列·卡拉姆津从国外给母亲和妹妹写信时说,"在写到她异常痛苦时,我的心都要碎了。就有这样奇怪的人,他们作恶多端,仍不满足,这些人相信普希金之死没有触动他的妻子,说这是个**没有心肝的女人**。亲爱的妹妹,你的信就是给他们的回答,心灵不会欺骗我。我全力衷心祝福她并祈祷上帝让她痛苦不堪的心灵归于宁静……而另一方面,妹妹给我写信说到良好社会、贵族圈子、贵族阶层的客厅(鬼知道怎么称呼这帮恶棍)的指责,我丝毫不以为意。事情有自己的特性:杀人者谴责手下败将,只有这样,这才是正常的。"

"自责与哭泣……"娜塔莉亚·尼古拉耶夫娜自责什么?毫无疑问,关于她有罪的谈话传到她那里,她觉得可能有的时候她真的做

---

① 指莱蒙托夫写的《诗人之死》。

了错事——每个失去至亲的人都会有这样的想法：他没有做到该做的一切，说了些不该说的话……当至亲如此悲惨地死去，这种感情就会变得愈加强烈。

按照娜塔莉亚·尼古拉耶夫娜的心愿，诗人身穿燕尾服被安葬，而不是穿着令他备受屈辱的低级宫廷侍从制服。遵照死者遗愿，遗孀请求允许将他安葬在米哈伊洛夫斯克附近的圣山修道院。

第二部分
普希金去世后

第十章 逃离彼得堡

1837年1月29日,俄罗斯最伟大的诗人兼作家亚历山大·谢尔盖耶维奇·普希金逝世了。几天后,盛殓着遗体的棺木被放进灵车,并不风光地被匆匆送往圣山修道院。留下她一个人。她就是诗人如此忘我地爱恋着的女人。

丈夫的惨死让娜塔莉亚·尼古拉耶夫娜大受刺激。同代人记录下在她丈夫弥留之际及去世后的那漫长而痛苦的两天里她可怕的状态。许多这样的证据被保留下来。她将令人心碎的印象和无尽的绝望留给身边人。然而在那些日子里,她幸好不是一个人,温柔爱她的姐姐亚历山德拉·尼古拉耶夫娜和姨妈叶卡捷琳娜·伊万诺夫娜·扎格里亚日斯卡娅陪伴着她。冈察洛夫兄弟德米特里和谢尔盖一得到普希金去世的消息,就立刻从莫斯科赶来。丈夫的朋友,像茹科夫斯基、普列特尼奥夫、丹扎斯围在她身旁。

普希金去世后,娜塔莉亚·尼古拉耶夫娜病得很重,无法护送丈夫的棺木去普斯科夫省,她请求受尼古拉一世所差护送和安葬诗人的亚历山大·伊万诺维奇·屠格涅夫做追思弥撒。1837年2月9日,屠格涅夫在给A.H.涅费季耶娃的信中写道:

> 昨晚我已到这里……昨晚我已在遗孀那里,我将修道院的圣饼交给她,发现她由于痛苦和失眠变得十分虚弱,但只能顺从天意。我亲吻了没有父亲的孩子们,晚上去了卡拉姆津家休息。

普希金临终遗嘱是让妻子为他服丧两年。娜塔莉亚·尼古拉耶夫娜打算在此期间前往卡卢加省的亚麻布厂领地,投奔哥哥德米特里·尼古拉耶维奇。"我想,"她说,"如果我一个人到乡下待上两年的话,我想能最好地完成他的心愿。"

娜塔莉亚·尼古拉耶夫娜身体刚一好转,她就准备启程了。留在彼得堡让她很痛苦,这里的一切都会唤起对悲惨事件的回忆,于是她急于离开。笃信上帝的娜塔莉亚·尼古拉耶夫娜在临行前的几天里经常去教堂,虔诚地祈祷。想必与神甫巴列诺夫的交谈让她的痛苦减轻了许多。据同时代人证实,他是个聪明善良的人。1837年2月10日,П.А.维亚泽姆斯基在写给А.Я.布尔加科夫的信中就写到这方面内容:

> 普希金娜还是很虚弱,但平静安稳些了。她斋戒祈祷、忏悔并且受圣餐,每天和茹科夫斯基向她引荐的神甫巴列诺夫交谈。这些谈话让她心情平静许多,可以这样说,减轻了她的悲痛。神甫因她的心灵深受感动,并且坚信她是纯洁的。

临行前,娜塔莉亚·尼古拉耶夫娜与姐姐叶卡捷琳娜·尼古拉耶夫娜见了次面。姐姐自从那日(1837年1月10日)离家去教堂举行婚礼,就再没有回过普希金家。也许知道再也不会与妹妹们见面了,因为她即将随丈夫被驱逐出境,叶卡捷琳娜·尼古拉耶夫娜前来和妹妹们告别。见面时兄弟们、亚历山德拉·尼古拉耶夫娜和姨妈叶卡捷琳娜·伊万诺夫娜都在场。这次见面无疑给兄弟姐妹们和扎格里亚日斯卡娅在对待叶卡捷琳娜·尼古拉耶夫娜的态度上留下印迹。他们之间说了什么,娜塔莉亚·尼古拉耶夫娜、冈察洛夫家人和叶卡捷琳娜·伊万诺夫娜谴责她什么(看样子,他们谴责了她),我们不清楚。А.И.屠格涅夫证实,叶卡捷琳娜·尼古拉耶夫娜哭了。

2月16日,娜塔莉亚·尼古拉耶夫娜带着孩子们和亚历山德拉·尼古拉耶夫娜在兄弟和叶卡捷琳娜·伊万诺夫娜的陪伴下前往莫斯科。住宅内的全部家当和普希金的藏书在家人离开后,由诗人的朋友们交到仓库保管两年。

普希金全家星夜到达莫斯科,但没有那里停留,更换马匹,继续赶路。这为谴责娜塔莉亚·尼古拉耶夫娜留下口实，人们指责她没与谢尔盖·利沃维奇见面。但是当时她的精神状态和身体状况太差，以至于无法与公爹见面，无法承受与亡夫父亲让人心碎的会面。彼得堡的医生们明确指令她直接去乡下。

1837年2月26日，莫斯科邮政局长А.Я.布尔加科夫在给П.А.维亚泽姆斯卡娅的信中写道：

> ……娜塔莉亚·尼古拉耶夫娜途经莫斯科没到他那里去，甚至没派人去探望一下。她离开次日，她的弟弟冈察洛夫①带着她的委托来到谢尔盖·利沃维奇家："姐姐吩咐我告诉您，途经莫斯科没有见到您让她很悲痛，但她要听从医生的嘱托。医生要求她离开彼得堡，独自安宁地生活，避开所有能引起她激动的小事，否则后果自负。姐姐精疲力竭，她嘱咐我告诉您，她请您允许她夏天到莫斯科和您一起住两个星期，她希望除了您，没人知道她在这里。她会带孩子们去看您。姐姐不敢奢望，但如果您来乡下到她那里，哪怕时间再短，对她也是种安慰。"这个委托令老人非常感动，娜塔莉亚·尼古拉耶夫娜做得很聪明，让所有人（我承认，我也是）改变对她过错的看法。莫斯科人知道她来，所有人都知道，她没去看望谢尔盖·利沃维奇，人们骂她没良心，尤其是女人们。人总是这样！宽容那些幸福的人，严厉处罚痛不欲生的人。

而谢尔盖·利沃维奇本人理解儿媳的难处。布尔加科夫写给维亚泽姆斯基的另一封信中说，他去过谢尔盖·利沃维奇那里。

"我问他儿媳的情况，他回答说：'我听说，她星期五到的这里，但没看到她……'这显然使他很伤心，于是我对他说：'我理解，对于她和您第一次见面有多痛苦，他希望您珍重，却不希望她自己这样……'谢尔盖·利沃维奇打断我说：'我和自己也是这样解释的。'"

---

① 指的是谢尔盖·尼古拉耶维奇。

然而他非常遗憾没看到孙辈们。正如我们之后看到的那样，晚些时候他们见面了，那是在那年的夏天。

对娜塔莉亚·尼古拉耶夫娜有很大影响的姨妈扎格里亚日斯卡娅在这件事上可能起了很大的作用。老宫廷女官陪她一起走不仅是因为很想护送外甥女。自从普希金去世，两星期以来，关于他逝世的流言蜚语已经传到了莫斯科，疼爱娜塔莉亚·尼古拉耶夫娜的叶卡捷琳娜·伊万诺夫娜想让她免受多余的磨难。我们推测，她坚持让娜塔莉亚·尼古拉耶夫娜绕过莫斯科，谁也不见。可能在尽力避免亲属见面上，叶卡捷琳娜·伊万诺夫娜有自己的个人动机。这里我们记起德米特里和伊万兄弟二人1837年1月到彼得堡参加妹妹叶卡捷琳娜的婚礼，一次也没去看过姨妈，不辞而别了。看来，因为普希金家的惨事别人指责她，现在当诗人之死带来的伤痛还如此记忆犹新之时，她当然要尽量避免谈论这个话题。值得注意的是，娜塔莉亚·尼古拉耶夫娜途经莫斯科，也没通知母亲娜塔莉亚·伊万诺夫娜，当已经知道离开日期，本可以派信使去亚罗波列茨通知母亲。正如我们后来看到的那样，娜塔莉亚·伊万诺夫娜为此非常伤心和委屈。

看起来21日至22日娜塔莉亚·尼古拉耶夫娜已经到达亚麻布厂。在那里等候他们的是伊万·尼古拉耶维奇，这期间他住在哥哥那里。他因病休假。在厂里家务收支本上有2月25日伊万·尼古拉耶维奇离开前往亚罗波列茨的记载。家里人紧急派他去母亲那里……伊万·尼古拉耶维奇立即派信差从亚罗波列茨给大哥送来一封信。

亲爱的德米特里！我到了这里，发现母亲非常伤心，很不满，至今也没有从莫斯科派信差告诉她，塔莎已经到亚麻布厂了。我随信附上母亲给她的一封信[①]。原来她不知道姨妈陪着妹妹走。她显然也生你的气，因为你自己也不写信告诉她，塔莎要住在你们那里，没请母亲和她见面。因此，我亲爱的，给你

[①] 在档案中没有找到这封信。

带去这封信的人是从一个亚罗波列茨的农民那里收到此信的,
这个农民待在季莫诺夫等你或塔莎的回信。赶快,尽快交给农
民,因为她打算星期三或者最晚星期四收到回复,也就是下月3
日或4日。我在这里等信差来,到时如果母亲要去你们那里,我
就送她到厂里。

(1837年)2月27日,亚罗波列茨

扎格里亚日斯卡娅姐妹好久没见了,她们3月初在亚麻布厂见面
了。证明这件事的首先是1837年3月5日德米特里为母亲安排送去换
乘的马匹。其次是在厂里老爷的房子的记事本上,1837年3月11日,
娜塔莉亚·伊万诺夫娜·冈察洛娃和叶卡捷琳娜·伊万诺夫娜·扎
格里亚日斯卡娅名下同时都有支出项目记载。我们因此确定这次见
面是个事实,无疑,姐妹俩发生了最后一次的争吵。可以推测,娜
塔莉亚·伊万诺夫娜责备叶卡捷琳娜·伊万诺夫娜,在彼得堡让她
代替母亲照顾冈察洛娃姐妹,她"没照看好"叶卡捷琳娜·尼古拉
耶夫娜,作为丹特士婚后无耻行径的见证人,她没有防止惨剧的发
生。当初因遗产分配问题二人姐妹之情就已破裂(分别指的是1813
年哥哥亚历山大·伊万诺维奇·扎格里亚日斯基尼去世和1823年叔
叔尼古拉·亚历山德罗维奇·扎格里亚日斯基去世时的遗产分配)。
1826年,叶卡捷琳娜·伊万诺夫娜立下遗嘱,据此遗嘱,她死后全
部财产归姐姐索菲亚·伊万诺夫娜所有,不涉及娜塔莉亚·伊万诺
夫娜。1837年12月11日,她专门签署遗嘱重申这一决定。这毫无疑
问是受到亚麻布厂见面的影响。这次见面是她们最后一次见面,姐
妹俩此生再也没有见过面和通过信。证明姐妹俩彻底决裂的是1838
年6月13日娜塔莉亚·伊万诺夫娜写给儿子的信,在信中她写道:

……亲爱的德米特里,你请我到你们那儿去,我很愿意,
但一个条件妨碍了这个打算,正是你们姨妈叶卡捷琳娜也要去
亚麻布厂。我还不清楚,她何时到你们那里。但是,任何情况
下,我都不想在那里与她见面。

身穿丧服的娜塔莉亚·尼古拉耶夫娜·冈察洛娃,画家卡尔·彼得·马泽尔画于1839年。

抵达了亚麻布厂,娜塔莉亚·尼古拉耶夫娜给公爹写了一封信。看来,谢尔盖·利沃维奇给儿媳写了一封非常温暖的回信,娜塔莉亚·尼古拉耶夫娜为对她的友好态度满怀真诚感谢之情回复了此信。还保留下来一封她5月15日的信。我们在此援引全部这些书信。

亲爱的父亲,我希望您不要生我的气,因我路过莫斯科而没去看您。我很痛苦,医生嘱咐我尽快到达目的地。我是在夜里到达莫斯科的,在那里只是更换了马匹,因此失去了见到您的荣幸,我希望您将健康状况写信告诉我。至于我的身体状况,我就不说了,您能想象得出我是什么状态。孩子们很健康,我请求您为他们祝福。

千百次亲吻您的手,并恳求您保留对我的怜爱。

娜塔莉亚·普希金娜
1837年5月1日

我的哥哥现在要去莫斯科,我急于向您表示感谢,父亲,为您在令人感动的信中[①]对我表达的友好态度。您无法想象,您对我的怜爱,哪怕最细小的证明,对我来讲都是那么珍贵,在可怕的不幸中这是对我的安慰。我打算去莫斯科,只是为了向您证明对您的尊敬,把孩子们带到您身边。亲爱的父亲,我请求您好心告诉我,您何时方便。如果我们5月末见面,您认为合适吗?因为在此之前我可能住在我们家。父亲,我只有一个要求,请您为我和我的孩子们祈祷。愿上帝赐予您力量和勇气经受住可怕的丧子之痛,我们将一起为他灵魂的安息而祈祷。

---

① 在档案中没有找到这封信。

母亲让我向您转达对您的敬意,还有姐姐,她感谢您的挂念。

H.普希金娜
1837年3月21日,星期日

父亲,请您原谅,这么久没给您写信,但是我向您承认,我拿不定主意是否向您祝贺复活节,复活节是这么让我们难过。我嫂子的家族在某种程度上是我保持沉默的原因。千百次感谢您,您如此善良,打算来亚麻布厂看我。我任何时候都不敢请求您这么宽容,但是我心怀感激地接受您的打算,况且,我能带到您那里去的只有两个大孩子,因为一个孩子刚出牙,另一个孩子刚断奶,我担心长途颠簸对他们有危险。我哥哥最近没有打算去莫斯科,但是我希望,我善良的父亲,这不会影响您实现您的计划。我相信,您不会怀疑我在焦急地等待着您。只要您一收到奥莉加分娩的消息,我请求您告诉我一下,您要给她写信的话,我第一次斗胆请您向她提起我。

妈妈昨天离开我们,但临行前她委托我感谢您的记挂,向您致意,亚历山德拉也是如此。此致,再见,父亲,温柔地亲吻您的手。

H.普希金娜
1837年5月15日

"我在娜塔莉亚·尼古拉耶夫娜那里住了十天。"谢尔盖·利沃维奇1837年8月2日从莫斯科在给维亚泽姆斯基公爵的信中写道,"不必向您描述我们的见面。我和她道别就像和心爱的女儿一般,没有希望再见到她了,或者最好说不知道何时何地我能见到她。孩子们完全就是天使。我和孩子们待了一个早晨,白天和她私下待了一阵。"

那时谢尔盖·利沃维奇不知道,后来40年代,在彼得堡他经常到娜塔莉亚·尼古拉耶夫娜那里去,她照顾着这位孤身一人、生病

的老人……

我们发现,在E.H.弗列夫斯卡娅1837年9月2日写给兄弟A.H.武尔夫的信中提到过谢尔盖·利沃维奇到亚麻布厂的事。

> ……普希金老人来这里已有两个星期了……看着他那么悲伤和沉痛……我读过他的来信,这些信让我完全与他言归于好了。我记得他完全不矛盾,据书信判断,他应该为亚历山大的死极度难过。谢·利沃维奇住到儿媳这里后,发现她姐姐对她丈夫的死更难过。

一些普希金研究者将弗列夫斯卡娅的最后一句话当作遗孀当时已不为丈夫之死过于悲伤的一个依据。但是谢尔盖·利沃维奇的信告诉我们的正相反,如果他在她身上看到了冷漠和冷淡的话,他是不会像和"心爱的女儿"一样与她道别的。应该谨慎对待弗列夫斯卡娅有失公正的证明。谢尔盖·利沃维奇未必会这样说儿媳和她的痛苦,我们看到,他在写给维亚泽姆斯基的信中怎样温暖地说起她。

但是弗列夫斯卡娅不放过他信中上流社会感兴趣的不利于娜塔莉亚·尼古拉耶夫娜的任何消息。

娜塔莉亚·尼古拉耶夫娜在亚麻布厂住了将近两年。早在19世纪初,冈察洛夫家族的豪华庄园就已开始衰败了。挥霍无度的爷爷给后代留下的遗产是分摊在几个厂的巨额债务。德米特里·尼古拉耶维奇是个毫无商业头脑的人,如今成了长子继承制领地的当家人,在整顿企业秩序上白费力气。他只做到偿还债务的巨额利息,并且十分艰难地养活冈察洛夫家的一大家子人,给兄弟姐妹付生活费。1836年他结婚了,这让他们的财政状况变得更困难了。家庭生活显然要严格节约。在记事本上仔细记着所有的开销。例如,我们知道,每星期六"发给"主人和夫人半磅肥皂洗澡!

娜塔莉亚·尼古拉耶夫娜带着全家没住在德米特里·尼古拉耶维奇和妻子住的大房子里,而是住在被称作红房子的房子里。我们记得,1834年夏天,娜塔莉亚·尼古拉耶夫娜带着孩子们就住在这栋房子里，之后普希金来探望家人，在亚麻布厂住了近两星期的时间，也是住在这里。此后，据传很长时间这座房子被称作"普希金楼"。红房子坐落在非常美丽的花园里，那里有可供观赏的植物、灌木、盛放的鲜花、凉亭。从正门进去，沿着平缓的石阶可以走到水塘边。岸边是修剪得形态各异的云杉，难怪本地的老住户形容花园的这个角落像天堂。在红房子的花园里坐落着大型的温室，是爷爷在世时留下的，温室里生长着稀罕的果树，像柠檬树、桃树、杏树和菠萝树，这个温室同时也是"果实累累的大果园"。

红房子曾是两层的木质结构的房子，其中有14个房间。在当时来看，房子的设施齐备，甚至配有洗澡间！住在那里远离大宅和织造厂的喧嚣，普希金一家感觉很好。看来娜塔莉亚·尼古拉耶夫娜很想独自品味痛苦、与孩子们独处。与她住在一起的是亚历山德拉·尼古拉耶夫娜，她的温柔和忠诚的友谊为她装点着生活（点亮了生活的希望）。亚麻布厂收支记录本证明娜塔莉亚·尼古拉耶夫娜是单独生活的。她在卡卢加买东西及其他开支是记在她自己的账上的。她得到的抚恤金在乡下生活还是够用的。

亲属对她的态度是非常热情的。他们住在厂里的那段日子里，德米特里·尼古拉耶维奇总是关照着妹妹和她的孩子们。"请保护妹妹，亲爱的哥哥，上帝会赏赐你的。"伊万·尼古拉耶维奇给她寄生日礼物时，写给德米特里。娜塔莉亚·尼古拉耶夫娜带着孩子们到厂里时，我们已经提到过，伊万·尼古拉耶维奇被家人派到亚罗波列茨去找母亲。娜塔莉亚·伊万诺夫娜立即前来，和女儿一起住了两个多月。亚历山德拉·彼得罗夫娜·兰斯卡娅，夫家姓是阿拉波娃，是娜塔莉亚·尼古拉耶夫娜第二段婚姻所生的大女儿，她写过，从德米特里·尼古拉耶维奇的妻子方面讲，似乎她们姑嫂关系不睦。这不见得是公正的。根据娜塔莉亚·伊万诺夫娜和尼古拉·阿法纳西耶维奇的书信，向我们描绘的伊丽莎白·叶戈罗夫娜是非常善良的人。难以想象，温柔的娜塔莉亚·尼古拉耶夫娜无法和嫂子和睦相处。但固执的亚历山德拉·尼古拉耶夫娜也许"露一手"，阿拉波娃可能正是依据她的故事。我们顺便发现，她本人曾说过,母亲从未与任何人恶语相向。

生活在卡卢加省这个偏僻的角落里单调地流逝着。有时会庆祝一下家庭成员的生日或者命名日。那时桌上就会摆着一瓶香槟。家长德米特里·尼古拉耶维奇过生日时就会放上两瓶,显然邻居会来做客的。在记录本的"1837年餐桌食品"一项有这样的记载:"玛丽亚·亚历山大罗夫娜·普希金娜生日,一瓶"。玛丽亚·亚历山大罗夫娜当时5岁。

姐妹们读过许多书。房子里有个古老的摆满了新书的图书室。1838年,娜塔莉亚·尼古拉耶夫娜在给纳肖金的一封信中,请求他寄一套巴尔扎克全集来。偶尔会和彼得堡的朋友和熟人通信。

C.H.卡拉姆津娜1837年7月15—16日给哥哥安德列的信中写道:

……近日我收到娜塔莉亚·普希金娜的来信。她请我向你转达问候。她看起来非常悲伤和忧郁,说,生活给她留下的唯一安慰就是照顾孩子们……

在我的回信中,我告诉她,茹科夫斯基曾给我们读过普希金的一部长篇小说《易卜拉欣》[①],我觉得当初也和你说过这部小说,因为我深受感动。她回信说:"我没读过这部小说,从未听丈夫说起易卜拉欣故事。不过,可能我知道它另外的名字。我在这里订购了他的全部作品,我试图去读这些作品,但是我没有足够的勇气,这些书太让我激动和痛苦了。读他的书仿佛听见他的声音,这是多么痛苦!"

帕维尔·沃伊诺维奇·纳肖金多次探望朋友的遗孀,1837年夏天,瓦西里·安德列维奇·茹科夫斯基也来了。我们已经写过了谢尔盖·利沃维奇·普希金的探望。娜塔莉亚·尼古拉耶夫娜住在厂里的这两年,她两次到亚罗波列茨看望母亲。第一次是1837年和亚历山德拉·尼古拉耶夫娜带着三个大些的孩子(小塔莎被留在厂里)

[①]《易卜拉欣》(*Ибрагим*)就是未完成的中篇小说《彼得大帝的黑奴》。

给娜塔莉亚·伊万诺夫娜庆祝8月26日的命名日。1838年春,娜塔莉亚·尼古拉耶夫娜的第二次出行与哥哥伊万·尼古拉耶维奇结婚有关,他迎娶亚罗波列茨的邻居玛丽亚·梅谢尔斯卡娅公爵小姐。婚礼于1838年4月27日在亚罗波列茨举行。5月中旬,娜塔莉亚·尼古拉耶夫娜突然前往莫斯科,因为小儿子格里沙病了。她从那里写信给德米特里·尼古拉耶维奇。

> 当看到我信上盖着莫斯科邮戳的时候,你一定会惊讶,由于格里沙的健康问题,我已在这里待了几天了,只要看完病,就回亚罗波列茨了。亲爱的德米特里,请别忘记,如果你本月收到3000卢布的话,你应该从中拿出钱给齐什欣,剩余的钱立即寄到亚罗波列茨给我。我对你还有一个请求。我本想6月1日离开母亲这里,可启程之前我的轻便马车还没准备好。你们能否,你和你妻子,给我帮个忙,将自己的马车派给我用?如果不行,尽快给我回复,对于此事我好做相应安排。我可爱的哥哥,也别忘了,你答应我的,给我送马来。指的不是全部路程,而是和上次一样。
>
> 再见,亲爱的哥哥,祝健康。不能再给你多写,因为我在这里是为了和医生们商量治病的事,除了医生,没见任何人。我常处于恐惧之中。但是希望格里沙的病不会有严重的后果,如我开始时担心的那样。温柔地亲吻你和你的妻子,还有萨沙。纳肖金坐在我们身旁,我们谈了一些生意上的事,他说,你们必须也应该来莫斯科,和从彼得堡回来的瓦西里·伊万诺维奇·梅谢尔斯基公爵商量一下生意的事。他有个亲戚叫亚历山大·帕夫洛维奇·阿夫拉西莫夫,是个大买卖人,特别爱好打诉讼官司。
>
> 　　　　　　　　　　　　　　　1838年5月15日,莫斯科

娜塔莉亚·尼古拉耶夫娜对孩子倾注了无尽的爱,儿子的病让她

非常担心，她立刻离开亚罗波列茨前往莫斯科。她谁也不想见。娜塔莉亚·尼古拉耶夫娜还通知纳肖金她来莫斯科了，他赶来看她。

然而，无论亲属们对娜塔莉亚·尼古拉耶夫娜有多热情，她还是想有自己的房子，一个人住。尽管她分开住，但是要不断与大宅子里的人来往，那里经常招待亲属，也有客人来访，看起来，她很疲惫。去米哈伊洛夫斯克村（米哈伊洛夫斯克村，这块丈夫珍爱的俄罗斯大地的角落，现在安葬着他的遗骸）的想法越来越经常出现在她的脑海。她开始坚持不懈地奔走，要求监护机构为她的孩子们赎回米哈伊洛夫斯克村，以便全家人在那里住下。这是普斯科夫省不大的领地。普希金死后，这块领地由他的孩子们、弟弟列夫·谢尔盖耶维奇·普希金和姐姐奥莉加·谢尔盖耶夫娜·帕夫利谢娃共同所有。1838年春，诗人的遗孀到监护机构向М.Ю.维耶利戈尔斯基提出向产权共有人赎回米哈伊洛夫斯克村的请求：

米哈伊尔·尤里耶维奇伯爵大人：

您为祭奠我亡夫的英灵愿意承担照顾他不幸家属的重任。您为我们做了太多太多的事。我的孩子们永远不会忘记恩人的名字，他们应当感谢为他们未来的命运提供保障的人。从我的角度来说，我完全相信您为我们帮忙的高尚意愿，今后会为我们带来好处，改善我们的境遇，让我们得以安慰。正因如此我才斗胆带着真诚恳切的请求来找您。

我带着四个孩子在我哥哥的领地上，人口众多的大家族间住了一年半，或者说是许多个家庭，我不得不与不相干的人交往，我所处的环境太让我难受，甚至是难堪，不愉快，尽管亲属们对我十分热心而友善。我需要一个自己的角落，我需要带着孩子一个人生活。我最希望住到我亡夫住过几年、他特别喜欢的那个村庄，在村庄附近安葬着他的遗骨。我说的就是自他母亲死后我的孩子们和他们的叔叔姑姑共同所有的米哈伊洛夫斯克村。我希望，后两者高兴地接受监护官的建议，同意将自

亚历山大·亚历山德罗维奇·普希金(1833—1914),诗人普希金的长子,画家托马斯·莱特画。

己的权利出让给我们，同意为他们兄弟一家人提供一个安宁的栖身之所，让我有可能带我那无父的孩儿们去他们父亲的坟前祭拜，在他们幼小的心灵里留下对父亲的记忆。

别人问我这座庄园的收入和它的价值。对我和我的孩子们来说，它是无价的。这座庄园对我们来说，比世上所有的东西都珍贵。关于其他的收入，我丝毫没有概念，而监护官可以收集所需的最合适信息。不过，我在这方面可以说，我家的生活费将偿还款项的剩余利息。

因此，我请求监护官立即联系米哈伊洛夫斯克村的其他产权人，问他们什么条件下会同意将产权给他们兄弟的孩子们。以此种方式完成对普希金家人的恩赐。

娜塔莉亚·尼古拉耶夫娜
1838年5月22日

娜塔莉亚·尼古拉耶夫娜也许就这个问题和米哈伊洛夫斯克村的女邻居普拉斯科维亚·亚历山德罗夫娜·奥西波娃通过信。在亚麻布厂的家务事记录本上有记载证明有信寄给她，而1828年、1839年，娜塔莉亚·尼古拉耶夫娜委托一个人从厂里去普斯科夫。一个包裹被寄到三山村。瓦西里·瓦里切夫的路费被记在亚麻布厂收支账簿里娜塔莉亚·尼古拉耶夫娜的名下。那里还"登记着"姐妹俩的邮件是寄给扎格里亚日斯卡娅、谢尔盖·利沃维奇·普希金、斯特罗加诺夫、维亚泽姆斯基、卡拉姆津一家、瓦卢耶夫一家。1837年12月4日给维亚泽姆斯卡娅寄去信和装着钟表的包裹。

看来早在1838年夏就开始谈论娜塔莉亚·尼古拉耶夫娜带着全家回彼得堡的事情了。她难以接受这样的决定，也许她不想这么快回去，但她迎合了姨妈扎格里亚日斯卡娅和姐姐亚历山德拉·尼古拉耶夫娜的执意要求。"……她对未来有怎样的计划还不清楚"，德米特里·尼古拉耶维奇1837年9月14日在给妹妹叶卡捷琳娜·尼古拉耶夫娜的信中写道："这取决于各种情况和最善良的姨妈，她答应最近这个月到我们这里来看望塔莎，她继续用母亲般的温柔对待塔莎。"一封1839年4月10日寄给国外的E.H.丹特士的信没有署名，被保存下来。几乎可以这样说，尼娜·多利亚是通信的人，她和冈察洛夫家非常亲近。她写道：

> 如您所知，亚历山德拉和娜塔莉亚在彼得堡。回到这里，娜塔莉亚当然很难受，但她的保护神，姨妈决定了一切，她想要做什么都能实现。

正像我们已经说过的那样，叶卡捷琳娜·伊万诺夫娜没有自己的家庭，她特别喜欢娜塔莉亚·尼古拉耶夫娜，把她视作"心尖般的女儿"。正如我们下文看到的那样，她非常爱普希金的孩子们。因此，她尽量让这个家在她附近，以便总能和她见面，这一点是完全可以理解的。叶卡捷琳娜·伊万诺夫娜的性格确实是很专横，如果她想做什么事，"这件事就应该实现"。伊万·尼古拉耶维奇1838年10月13日从皇村写信给哥哥德米特里·尼古拉耶维奇：

> 姨妈在这里，她告诉我，为了逼妹妹们来，已经租下房子，但她还不知道，她何时过来。

现在知道了，叶卡捷琳娜·伊万诺夫娜是1838年秋到厂里的。叶卡捷琳娜·尼古拉耶夫娜1839年5月26日在写给德米特里·尼古拉耶维奇的信中写到此事：

> 你们有幸在自家接待尊贵的姨妈叶卡捷琳娜，她是来把妹妹从你们身边抢走的。

总之，姐妹俩回彼得堡的问题显然是在1838年秋叶卡捷琳娜·伊万诺夫娜来了之后才最终决定的。在下面引用的娜塔莉亚·伊万诺夫娜的信中说到，这个决定出乎她的意料。她不知道这件事，而那时德米特里·尼古拉耶维奇定期和母亲通信，让她知道家里所有的事情。叶卡捷琳娜·伊万诺夫娜能说服娜塔莉亚·尼古拉耶夫娜。我们认为，这里的主要动机是为了孩子们，因为他们应该受教育，在首都让男孩子有机会接受公费教育。

从1837年2月离开彼得堡，娜塔莉亚·尼古拉耶夫娜没想过永远离开，毫无疑问，她还是打算回去的。当时关于监护人对孩子们的建议还向圣上呈上申请，娜塔莉亚·尼古拉耶夫娜写道：

> ……不仅上述提到已故丈夫在圣彼得堡的动产，而且我本人为了孩子们的教育应该在首都本地居住，还由于我选择的所有监护人都在圣彼得堡任职，因此我请求沙皇陛下颁布命令接受我的呈文请求，像法律要求的那样，确认监护官点录我孩子们的名字后，发布命令，将我年幼的孩子们纳入宫廷的监护。[①]

为劝娜塔莉亚·尼古拉耶夫娜回来，姨妈答应给她所有方面的帮助，正像我们看到的那样，她为娜塔莉亚·尼古拉耶夫娜租下了房子（或许是个套间）。毫无疑问，解决这个问题起决定性作用的不是亚历山德拉·尼古拉耶夫娜。叶卡捷琳娜·伊万诺夫娜已经为接收她做皇后的宫廷女官做好了准备，当然，很容易想象得出，因为拥有这样的前途，亚历山德拉·尼古拉耶夫娜有多高兴。她劝妹妹不要剥夺她安排自己命运的幸福。温柔爱她的娜塔莉亚·尼古拉耶夫娜无法拒绝她。所有这些情况合在一起迫使娜塔莉亚·尼古拉耶夫娜比起她的预想，提早回到了首都。当然，尽管尼娜·多利亚看得完全正确，她难以接受这一决定。但是像往常一样，她置亲人的利益于自己的感情和感受之上……

大概在1838年11月初，叶卡捷琳娜·伊万诺夫娜和姐妹俩带着孩子们前往莫斯科，娜塔莉亚·尼古拉耶夫娜和亚历山德拉·尼古拉耶夫娜从那里前往亚罗波列茨与母亲道别，而叶卡捷琳娜·尼古

---

① 此信用俄语写成。

拉耶夫娜显然在莫斯科等着她们。

娜塔莉亚·伊万诺夫娜11月12日给大儿子写信道:

> ……你的妹妹们在去彼得堡之前突然来向我告别。上帝保佑她们别为异想天开的想法而后悔,因为这种想法在思维健全人的眼里很少会受到称赞的。不用怀疑,姐姐比谁都有错,但这并不证明妹妹就是无辜的。

娜塔莉亚·伊万诺夫娜的不满是完全可以理解的,女儿们做这个决定,事先没和她商量,而主要的是受了和她吵架的叶卡捷琳娜·伊万诺夫娜的影响。然而母亲终究还是心软了,友好地和她们道别。姐妹俩从莫斯科出发,在去往彼得堡的路上,利用间歇休息给德米特里·尼古拉维奇写的信中提到了这点:

"亲爱的德米特里,"亚历山德拉·尼古拉耶夫娜写道,"你让我告诉你亚罗波列茨的接待情况。应该告诉你的是,我们和母亲非常亲切地道别。她让我们感动,和蔼而亲热,想方设法地关心我们。我们在她那里住了一天。"

"……我不说母亲了。"娜塔莉亚·尼古拉耶夫娜附言道,"姐姐已经描写得很详细了。总之,她对我们好得不能再好了,我们离别时双方都落泪了。"

第十一章 再见彼得堡

1838年11月初,回到彼得堡的娜塔莉亚·尼古拉耶夫娜生活得非常简朴而孤独。

"我们现在过着宁静的生活。"亚历山德拉·尼古拉耶夫娜1838年11月24日在给哥哥的信中写道,"塔莎哪里也不去,但所有人都来看望她,每天早上都到我们这里闲聊。"

这些年向哥哥要钱像一条红线,贯穿于姐妹们许多书信的始终。她们的经济状况很困难,而德米特里·尼古拉耶维奇给她们寄钱不太认真。彼此之间时常发生争执,这让娜塔莉亚·尼古拉耶夫娜非常难受。

亲爱的德米特里,请听我说,我最不喜欢和我特别亲近、我全心全意爱着的人吵架了。让我们说说话吧。告诉我,对我发那么大的脾气难道是理智的吗?因为我拒绝,甚至不能称之为拒绝,就对我说那些难听的话,你要注意,我一无所有,我没什么可给的,不是这样吗?你是知道的,既然没有,谁也不能见怪。应该承认,这个不幸的第七卷给我带来了烦恼:一方面我丈夫的家人生气,我没有用这笔钱买布斯柯夫的庄园;而另一方面,你怪我全家都破产了,也没把钱给你。一句话,因为这笔微不足道的钱,所有方面都不高兴,都伤心,我真的没有这笔钱,甚至都没听说过……请给我回信,以证明我们像以前一样还是朋友。

(1839年6月至7月)

亲爱的德米特里，你的来信让我非常幸福。千百次为你对我说的这些温柔亲切的话而感谢你。我真的非常需要这些话，因为我的确因我们之间的争执而痛苦。假如一切结束了，就不要再提这件事了，我们再次紧紧地拥抱，彼此更加爱护。同时我荣幸地知道，你已摆脱困境。我衷心地祝福你平安顺遂，事业有成。上帝保佑你摆脱所有的痛苦与烦恼。我再次重申，只要我能给你带来好处，我会衷心地为你提供我的微不足道的帮助，听凭你的差遣。

1839年8月2日

姐妹们有权分得冈察洛夫家族产业一定份额的收入，正如我们前文提到的那样，家庭的经济状况很困难。娜塔莉亚·伊万诺夫娜拥有相当可观的私人财产和1400名农奴的亚罗波列茨庄园（实际上债台高筑）。她很少帮助子女。普希金去世后，一段时间里她每年给女儿3000卢布，之后借口说自己经济困难就停止不给了。国家每年给普希金家的抚恤金是遗孀5000卢布，孩子每人1500卢布。儿子给到完全成年，女儿给到嫁人，共计1.1万卢布。诗人去世后出版的普希金全部作品的稿费总共5万卢布。娜塔莉亚·尼古拉耶夫娜将这笔钱存入银行，任何情况不得动用。她认为这笔钱属于孩子们。这笔微薄的资金的利息是2600卢布。后来，德米特里·尼古拉耶维奇要给妹妹1500卢布。这样一来，娜塔莉亚·尼古拉耶夫娜每年有1.5万卢布的收入。如果注意到当时生活物价昂贵的话，就能理解这笔钱完全不够花。当时的一套房子每年要花掉三四千卢布。当时的生活费用在现在看来完全难以置信。例如，全家出行雇马车从莫斯科到彼得堡需要……1000卢布！在德米特里·尼古拉耶维奇的记录本上详详细细地记录着所有的开支，这样的出行他花费320卢布至350卢布。在《普希金托管档案》中列出普希金在世时家庭开支的资料。这是1837年1月份的数字。开支如下：木材210卢布，药房账单84卢布，食物775卢布,酒103卢布,仆人、医生及其他450卢布,雇马车夫300卢布等。这个月共计花费1984卢布!这样一来,我们就明白诗人的遗孀经常处于困难的境地。她真的不得不与贫穷作斗争。

毫无疑问,娜塔莉亚·尼古拉耶夫娜从姨妈叶卡捷琳娜·伊万诺夫娜的身上得到了极大的精神支持,姨妈积极参与她的事务,她是否定期给予外甥女经济上的帮助,我们就不得而知了。可能像以前普希金在世时那样,她关心的只是姐妹俩的服饰,她们可没钱买这些。但是无论如何,这样的帮助是不够的,时常需要简单些,她们经常待在家里。普希金看透这一点,1833年,他在给德米特里·尼古拉维奇的信中所写的是,在他死后,"妻子将流落街头,孩子们将陷入贫困。"

这是亚历山德拉·尼古拉耶夫娜写给哥哥的信(信没有注明日期,但我们推测,它写于1839年至1840年间)。

  亲爱的德米特里,如果我为塔莎求你,我想请你别生气。我没有详细写,她自己会给你写的。我只是恳求你将她纳入你的保护下。看在上帝的分上,亲爱的哥哥,设身处地地为她着想,请表现得善良和慷慨些,帮助她吧。你无法相信她处在怎样的境地,看着她都会心痛。请理解,失去3000卢布[①]对她来讲相当于什么。有了这笔钱,她们全家还能活。不可能有比她更理智、更节俭的人了,可她仍然要欠债。孩子们长大了,她应该很快给他们请教师,这样一来,开支只会增加,可她的收入却减少了。如果你在这里看见她,我相信你会被她的处境所深深打动,尽一切可能去帮助她。请相信,亲爱的德米特里,上帝会为你对她所做的善事而奖赏你的。我为她担心。她忍受着所有的痛苦和不快,还必须和贫穷作斗争。她快没有生气了,她正失去余下的勇气,有些天她精神都崩溃了。就写到这里,亲爱的德米特里,我相信你不会因我插手此事而生我的气的。

[①] 指的是母亲寄给的3000卢布。

你要尽一切可能帮助可怜的塔莎。亲爱的德米特里，请记住我们2月1日的事，尤其要想着塔莎的事。我不知道为了看到她平安幸福该做些什么，这是真正的折磨。

在普希金去世后的七年间，娜塔莉亚·尼古拉耶夫娜勇敢地承担起大家庭家长的重任。普希金的孩子们被指定了监护人：监护人包括Г.А.斯特罗加诺夫伯爵——娜塔莉亚·尼古拉耶夫娜的表叔。监护人们有条不紊地处理着普希金的事务，参与出版作品合集。应娜塔莉亚·尼古拉耶夫娜的请求，他们开始为从产权共有人手中购买米哈伊洛夫斯克村奔波忙碌着。

1839年早春时分，长期旅居国外的德·梅斯特尔伯爵及夫人回到彼得堡。与他们同行的还有养女娜塔莉亚·伊万诺夫娜·弗里津戈夫和她的丈夫古斯塔夫·弗里津戈夫。梅斯特尔夫妇将在我们的讲述中起一定的作用，因此关于他们，我们需要说上几句。索菲亚·伊万诺夫娜是娜塔莉亚·伊万诺夫娜和叶卡捷琳娜·伊万诺夫娜的亲姐姐，因此理应是冈察洛夫姐妹的姨妈。她的丈夫克萨维耶·德·梅斯特尔伯爵早在1800年移居俄罗斯，是一名俄军军官，因参加1812年的战役而晋升少校军衔。他是一位学识渊博的人，学者、作家、画家集于一身。他出名的作品是诗人母亲Н.О.普希金娜的画像。1813年，梅斯特尔与索菲亚·伊万诺夫娜·扎格里亚日斯卡娅结婚，显然，最初几年夫妇二人住在莫斯科。梅斯特尔经常到谢尔盖·利沃维奇·普希金（诗人的父亲）家做客。因此，两家的交往有很悠久的历史，普希金还是孩子时，他们就很熟悉。看来，1816年，梅斯特尔夫妇搬到彼得堡，毫无疑问，常去拜访那段时间也迁居于此的普希金父母，与年轻的诗人见面是在他流放前的1820年。

20年代中期，梅斯特尔夫妇到国外去了，1839年才回国。然而他们没有中断与俄罗斯的联系，与亲属和熟人通信，尤其是与扎戈里亚日斯卡娅姐妹联系。因此，梅斯特尔夫妇通过她们和弗里津戈夫一家了解冈察洛夫家和普希金家的生活，直到诗人去世。比如，古斯塔夫·弗里津戈夫1837年3月7日写给哥哥阿道夫的书信就证

娜塔莉亚·亚历山德罗夫娜·普希金娜-杜贝尔特,梅连别尔格伯爵夫人(1836—1913)是亚历山大·谢尔盖耶维奇·普希金的女儿,亲王尼古拉-威廉·纳萨乌斯基门第并不相当的夫人。1876年,娜塔莉亚·亚历山德罗夫娜向И.С.屠格涅夫提供了父亲给母亲的书信用于出版,这引起她兄弟们的不满。画家И.К.马卡罗夫画于1849年。

明了这一点，在信中他写到了决斗的细节，这些是妹妹叶卡捷琳娜·伊万诺夫娜·扎格里亚日斯卡娅告诉索菲亚·伊万诺夫娜·梅斯特尔的。现从该信中引用一段：

> ……姨妈①感觉很不好。昨天他们收到令她非常激动的消息。在彼得堡你认识普希金吗？他娶的是姨妈的外甥女。外甥女的姐姐，冈察洛娃小姐六星期前嫁给荷兰驻彼得堡公使的侄子兼养子，盖克伦。同时一封卑鄙的匿名信出于报复心理寄给了普希金和上流社会的许多人，信中控诉他②妻子……和单身汉盖克伦有染。普希金坚信深爱他的妻子是无辜的，他从一开始直到去世都相信她是清白的。但是他是急性子的人，因为一些爱搬弄是非的人大肆散布谣言并按自己的想法添油加醋，他知道后，气得暴跳如雷，迫使连襟与他决斗，连襟受轻伤，而他毙命。虽然姨妈不认识这两个长在乡村父母身边的外甥女，你也会轻易理解伴随丑恶事件的情况让她有多激动……

正如我们后文看到的那样，后来娜塔莉亚·尼古拉耶夫娜与梅斯特尔一家保持着非常亲密的亲属关系，1852年，孤寡老人梅斯特尔是住在她家别墅与世长辞的。

我们引用娜塔莉亚·尼古拉耶夫娜的一封未注明日期的信，但无疑是写于1839年4月的。信中提到了梅斯特尔夫妇，同时写到诗人的遗孀和皇后见面的事。

> 亲爱的德米特里，快过节了，唉，没有钱。看在上帝的分上，可怜可怜我们吧，尽快寄钱给我们。眼看就5月1日了，你已经欠我们三个月的生活费了。我向你发誓，萨沙处在最窘困的境地。我还没收到卡拉姆津娜夫人③所提要求的回复，她每次

---

①指的是索菲亚·伊万诺夫娜·梅斯特尔。
②指的是普希金。
③E.A.卡拉姆津娜向德米特里从工厂要回她的两个农奴。

见到我时都会问我这件事,她焦急地等待你的答复。这星期,我斋戒七天,如果我对你做了错事,请你大度地原谅我。

你妻子怎么样了?她生了吗?她给你生个男孩儿还是女孩儿?听说可怜的玛丽身体很不好,她流产后康复得很慢。万尼亚在伊利茨诺过夏天吗?万尼亚到你那里要没要我欠他的500卢布?我担心的问题太多了,我什么时候才能收到回复,讨厌的懒鬼。我们不知道这个夏天要做什么,最可能的是我们住一层楼的,也就是普希金全家准备到石岛去露营。梅斯特尔一家说,他们不打算出城,但我不信。总之什么都不清楚。但我决定给座金山也不待在城里。

前不久我被推荐给皇后。她如此善良地表示希望见到我。早晨我是被单独接见的。我在她的家人中间找到她,孩子们围绕在她身边,孩子们长得出奇的漂亮。

再见,可亲可爱的哥哥,因为我急着要走而结束此信。祝你们复活节快乐,祝你、你的妻子和孩子们幸福美满。萨什卡温柔地亲吻你及你全家人。代我们问候两个尼娜,并温柔地亲吻她们。

(1839年4月末,彼得堡)

因此,从这封信来看,1839年4月,梅斯特尔一家已经在彼得堡了。夏天他们住在普希金家附近的别墅里。

而娜塔莉亚·尼古拉耶夫娜和宫廷的关系是怎样形成的呢?

1839年4月10日,一封写给叶卡捷琳娜·尼古拉耶夫娜不为人知(显然,是尼娜·多利亚写的)的信被保留下来。信中她提到娜塔莉亚·尼古拉耶夫娜与皇后第一次见面(应该是推测)是在1838年年末。

娜塔莉亚很少出门或者几乎不出门,她也不到宫廷里去。一次皇后陛下去姨妈那里看望住在同一所房子里[①]的宫廷女官库图

[①] 宫廷里的厢房。

佐娃时，在姨妈那里她被推荐给皇后。皇后非常温柔地对待她，想要好好看看所有和她说话的孩子们。这件事发生在新年前夕。

这次皇后与普希金一家人见面未必是偶然的。这一切也许是事先说好的，娜塔莉亚·尼古拉耶夫娜将自己的孩子们带到叶卡捷琳娜·伊万诺夫娜那里，根据书信判断，她通常不这样做。从这封信我们了解到，1839年4月，娜塔莉亚·尼古拉耶夫娜到宫廷还有一次"私人"拜访。也许皇后想让娜塔莉亚·尼古拉耶夫娜看看自己漂亮的孩子们。

直到1843年，娜塔莉亚·尼古拉耶夫娜没参加过宫廷晚会和接见，在上流社会几乎没露过面，与皇后见面可能是这些年里的唯一一次。关于1841年圣诞节前夕娜塔莉亚·尼古拉耶夫娜和尼古拉一世在英国商店偶遇的事，是普希金的朋友П.А.普列特尼奥夫说的："陛下非常客气地与普希金娜谈话。这是她丈夫发生惨剧后的第一次。"看来，1839年至1842年间，娜塔莉亚·尼古拉耶夫娜与皇室的接触也仅限于此。在上面引用尼娜·多利亚的信中也有这样的话：

> 在复活节的早晨亚历山德拉第一次入宫……但娜塔莉亚从没去过那里。

况且，我们有娜塔莉亚·尼古拉耶夫娜本人的证明，她完全不打算到宫里去。这是1849年她写给彼得·彼得洛维奇·兰斯科伊的信：

> 挤进宫廷狭小的社交圈，我对此感到厌恶，你是知道的。我害怕心不在焉和遭受侮辱。我认为，我们应该只有接到命令才能到宫廷里来，相反安静地坐在家里更好。我总是遵循这样一个原则：任何时候都不要置身于难堪的境地。某种本能支持我这样做。

未必需要重新评价这几句证明娜塔莉亚·尼古拉耶夫娜与宫廷交际圈真实关系的话。我们注意到她这句话："我总是遵循这样一个原则"，我们将这句话也归入她与普希金一起生活的那些年。出现在我们面前的是这个女人的另一种形象：骄傲而自尊，害怕贵族朝臣对她的哪怕一丁点儿不尊重。因此，普希金生前与死后指责她不断竭力在沙皇接见和舞会上大出风头，这是有失公道的……

1839年夏天，娜塔莉亚·尼古拉耶夫娜是在石岛的别墅里度过的。根据Γ.弗里津戈夫的一封书信，叶卡捷琳娜·伊万诺夫娜在那里租下独栋住宅，邀请心爱的外甥女全家来住。住在邻近房子里的是梅斯特尔姨妈，就像娜塔莉亚·尼古拉耶夫娜想象的那样，她没留在闷热的城里度夏。和梅斯特尔夫妇一起住在别墅里的还有弗里津戈夫夫妇。1839年7月10日，亚历山德拉·尼古拉耶夫娜热情洋溢地评论了以上两家人：

>……你知道的，我推测梅斯特尔姨妈准会来。我们每天都能看到他们。他们待我们很好，不可能不爱戴他们。他们这样好，这样善良，我无法简单地告诉你。弗里津戈夫夫妇也很迷人。丈夫是个非常聪明的年轻人，快乐而可爱，他的妻子娜塔莉亚也非常善良。她已经怀有几个月的身孕……

秋天，普希金和梅斯特尔两家人一起住在邮政总局大街的亚当的房子里。娜塔莉亚·尼古拉耶夫娜住在一楼，看来，姨妈夫妇和弗里津戈夫夫妇住二楼。这样一来，他们的亲属关系变得更亲密了。

"……我没有什么特别好的消息告诉你。"娜塔莉亚·尼古拉耶夫娜1839年12月在给哥哥的信中写道，"一切如旧，时光在楼上楼下，从我家到宫廷的奔忙中流过。但是别想让我到沙皇那里去，仅限于我上楼去姨妈那里。"

"关于我们，有什么对你说的呢。"我们在（1840年）3月7日的信中读到，"亚历山德拉小姐整个谢肉节都在跳舞。她给人的印象深刻，非常活泼，如白昼般美丽非凡。至于我，我几乎总是待在家里，去过剧院两次。晚上通常是在楼上度过。姨妈每天接待客人，她那里总有客人。"

我们在伊万·尼古拉耶维奇·冈察洛夫1839年11月12日的信中找到了这段和梅斯特尔一家共同生活的有趣的场景：

……该怎么对你说我刚刚离开的家里的详细情况呢？很遗憾，好事非常少。塔莎和萨什卡不是很高兴，因为严格而专制的最高管理①可不是开玩笑的。不过，也许这也没什么不好。我宁愿有个人管着她们，也比她们独自待在彼得堡要好，到那时情况更糟。她们很少出门，几乎所有的晚上都在梅斯特尔姨妈家的客厅里度过。虽然布置得富丽堂皇，但沉闷得不能再沉闷了。可怜的从前的年轻人竭尽全力让晚会尽可能地气氛活跃，但上流社会还没有谁会中意笼罩在这里的沉闷与无聊。

伊万·尼古拉耶维奇对梅斯特尔夫妇晚会的瞬间印象未必是绝对公正的。据同代人证实，梅斯特尔伯爵是位非常有趣的谈话对象。1843年10月22日，普列特尼奥夫是这样写梅斯特尔夫妇的：

……他是欧洲最优秀的风景画家、化学家和物理学家。总之，他是位了不起的长者……伯爵和伯爵夫人住在一块儿，是两位聪慧而有活力的老人。无法描绘出看到八十多岁的梅斯特尔伯爵还时刻准备着参与脑力工作时是多么有趣。直到现在他还在写物理知识的小册子，要寄到巴黎去。这两年他还画了几幅油画。

毫无疑问，娜塔莉亚·尼古拉耶夫娜和她姐姐的出席吸引了客人们到梅斯特尔家的客厅来。

"我们每天会看见普希金一家。"古斯塔夫·弗里津戈夫1839年8月1日给哥哥写道，"我已习惯她们到来，总之我爱她们。她们对我聪慧无比的岳母的沙龙支持很大，上流社会未必有比这个沙龙更无聊的地方了，但她们的出席使沙龙不再沉闷。"

---

① 指的是两个姨妈：叶卡捷琳娜·伊万诺夫娜和索菲亚·伊万诺夫娜。

看样子，弗里津戈夫带有讽刺地评论索菲亚·伊万诺夫娜的晚会，根据他的书信判断，他非常不喜欢两个姨妈，因此也许他的评论在某种程度上是有失公允的。

1839年11月，谢尔盖·利沃维奇·普希金来到彼得堡。我们是从娜塔莉亚·尼古拉耶夫娜11月2日的信中得知此事的：

> 昨天我非常惊讶：我的公爹来了。他说他不会待太久，但我推测不会的，他会在这里安静地过冬。

看来她是对的，1839年冬天以及之后，谢尔盖·利沃维奇一直住在彼得堡。在娜塔莉亚·尼古拉耶夫娜1841年的书信中，我们不止一次看到对他的提及。谢尔盖·利沃维奇经常到儿媳这里吃饭，看样子他来吃饭是定期的，而娜塔莉亚·尼古拉耶夫娜和姐姐有时去看望老人。这是她写的其中一次的拜访（1841年12月）：

> 这次我们遇到公爹在家。他的房子有种难以忍受的空旷与悲凉的感觉。他布置家具富丽堂皇的计划不过是几把椅子、一个沙发和两三把圈椅罢了。

想必是由于多年的朋友关系，谢尔盖·利沃维奇经常出入梅斯特尔家的晚会，当然他也经常看望孙辈们。娜塔莉亚·尼古拉耶夫娜与已故丈夫的其他家庭成员保持着经常联系。她和普希金的姐姐奥莉加·谢尔盖耶夫娜·帕夫利谢娃通信。我们在后文将看到，帕夫利谢娃的儿子夏天住在她家的别墅里。通过维亚泽姆斯基公爵，娜塔莉亚·尼古拉耶夫娜给列夫·谢尔盖耶维奇安排在敖德萨海关工作。由于本性慷慨，她努力帮助大家，温暖安抚他人。多年后，娜塔莉亚·尼古拉耶夫娜已经去世了，亚历山德拉·尼古拉耶夫娜写信称已故的妹妹有一颗"忠于亲人的热情的心"。所有的亲人总是能在她那里找到最热心的帮助和保护。我们在娜塔莉亚·尼古拉耶夫娜所有的信中，看到了这颗热情亲切的心。

娜塔莉亚·尼古拉耶夫娜对待普希金的朋友彼得·亚历山大罗维奇·普列特尼奥夫非常热情。

普列特尼奥夫尽力到处保护娜塔莉亚·尼古拉耶夫娜免受彼得堡沙龙的诋毁。

不要指责普希金娜。真的，她是圣洁的，一直带有忧郁的感情，难道许多其他人能做到这样吗？

（——选自1841年2月4日写给格洛特的信）

在普列特尼奥夫写给格洛特的信中，我们经常遇到对娜塔莉亚·尼古拉耶夫娜的提及。他总去看望她，娜塔莉亚·尼古拉耶夫娜也常去他那里。娜塔莉亚·尼古拉耶夫娜真心诚意地对待他。从这些信中我们引用几段。

晚上七点到十二点，我一直坐在普希金妻子和她姐姐家。她们住在药房大街，过着完全隐居的生活。她们哪里也不去。请告诉科坚男爵夫人，普希金娜非常有趣，虽然没说法律笔记的事。她的思维方式中，尤其是她的生活里，有某种令人感动的高尚的东西。她不显示自己，听从命运的安排。她举止得体，沉稳持重。

（1840年8月24日）

……之后娜塔莉亚·尼古拉耶夫娜·普希金娜和姐姐的拜访有趣多了。普希金娜发自内心深处对我的依恋总是打动我。当然，她这样做总是礼貌周全的。她努力使我相信，她多珍惜丈夫和我的友情……

（1841年3月21日）

……星期一，我在娜塔莉亚·尼古拉耶夫娜那里，和诗人的父亲、弟弟（列夫·谢尔盖耶维奇）共进午餐。所有人和亚历山大比起来，都是极其微不足道的。但是，普希金娜和孩子们还是堪称完美的。

1842年4月1日，圣彼得堡

……我刚在普希金娜（诗人妻子）那里喝过茶。她非常亲切地向我表达了关于孩子教育的想法。她甚至想让男孩读到大学，不去公费学校。但他们在军官学校已经注册了，为了完成这一计划，她的钱很少。维亚泽姆斯基在那里稍坐片刻，他像爸爸那样和两姐妹说着体己话……

（1842年11月25日）

……去了一趟普希金娜家。星期三，她将带着全家（七口人）到我这里来喝晚茶。

（1843年9月22日）

……来喝茶的男士有恩格尔哈特、卡基涅茨和彼得松，女士有普希金娜、她姐姐、家庭女教师和带着两个小弟弟的普希金娜的女儿……首先为孩子们和家庭女教师上茶。之后我们在大厅喝新茶。结束平常事后，优雅的艺术表演开始了。孩子们跳舞，之后奥莉亚①和福克斯演奏钢琴。亚历山德拉·奥西波夫娜非常喜欢普希金娜，发现她是一位有趣、谦逊和聪明的女士。晚会非常成功。

---

① 普列特尼奥夫第一次婚姻所生的女儿。

彼得·亚历山德罗维奇·普列特尼奥夫(1791—1865),文学评论家,诗人。画家A.B.特拉诺夫画。

彼得·亚历山大罗维奇·普列特尼奥夫是诗人、评论家、俄罗斯文学教授，后来是彼得堡大学的校长，普希金最好的朋友之一，普希金将自己心爱的作品《叶甫盖尼·奥涅金》献给了他。普列特尼奥夫积极参与到普希金作品的出版和他的文学事业里。像我们看到的那样，他对待普希金的遗孀和孩子们非常热情。我们再次回忆他的话："她的思维方式中，尤其是她的生活里，有某种令人感动的高尚的东西。她不显示自己，听从命运的安排。她举止得体，沉稳持重。"思考这段对朋友妻子评价的每一个词，我们再次在这里找到证明，这是个怎样的女人，她表现出怎样的优点。

普列特尼奥夫很谦虚地说，娜塔莉亚·尼古拉耶夫娜对他这么好，真是"礼貌周到"。不用怀疑她对已故丈夫朋友的真情实意。普列特尼奥夫对喝晚茶场面的生动描写，按他的表达，是"非常成功的"。

女作家亚历山德拉·奥西波夫娜·伊希莫娃[①]对娜塔莉亚·尼古拉耶夫娜的评价对我们来说是非常重要的，伊希莫娃就是普希金在决斗前所写书信的最后收信人。而提到维亚泽姆斯基和两姐妹"说着体己话"，便是对他献殷勤讽刺的暗示。

娜塔莉亚·尼古拉耶夫娜和普列特尼奥夫的友谊持续到她第二次结婚之后。对于他，她首先是故友四个孩子的母亲，他对她怀有一种亲切的感情。但是根据下面引用的信件来看，普列特尼奥夫责怪娜塔莉亚·尼古拉耶夫娜，婚后从别墅归来去拜访他，没带着丈夫，而带着姐姐。我们不清楚兰斯科伊缺席的原因，可能他还随团留在斯特列利纳，而娜塔莉亚·尼古拉耶夫娜匆忙赶去看望老友。但是看来普列特尼奥夫没生多久的气，或者是兰斯科伊晚些时候去拜访他了，无论如何，我们从1845年10月31日的信来看，普列特尼奥夫随便去了一趟兰斯科伊那里，对他的评价不错。

[①] 亚历山德拉·奥西波夫娜·伊希莫娃（Александра Осиповна Ишимова，1804—1881），俄国19世纪著名儿童文学作家。——译者注

星期四（10月19日）……叫上罗斯托普钦娜一起吃午饭。同时，从前的普希金娜（如今的兰斯卡娅将军夫人）和姐姐来拜访我了。她一定要我将她现在的家当成从前的家那样。虽然她丈夫……①我没考虑她来我这里有什么需求，但我打算和她保持老友的关系。她是我朋友四个孩子的母亲。

1844年10月21日，圣彼得堡

……到Ф.Ф.②那里去喝茶，但是没碰到他们，于是就去了附近的兰斯卡娅-普希金娜那里。她丈夫在家。他是个好人。

1845年10月31日

1845年，维亚泽姆斯基写信给А.И.屠格涅夫，说到娜塔莉亚·尼古拉耶夫娜的事情："她丈夫是个善良的人，不仅对她好，而且对孩子们也好。"

在卡拉姆津家的客厅里，娜塔莉亚·尼古拉耶夫娜不止一次地遇到М.Ю.莱蒙托夫。我们在普列特尼奥夫1841年2月28日的信中读到：

11点时，我显示了一下当年的身手，之后我去了卡拉姆津家，那里我有一个多月没去了。卡拉姆津娜用"**幽灵**"这个词欢迎我。我们这里最漂亮的人都聚集在那里，有普希金娜、斯米尔诺夫、罗斯托普钦娜等。莱蒙托夫也在。他从高加索休假回来。

看样子，莱蒙托夫深受上流社会流言蜚语的影响，对诗人的遗孀带有敌意，躲着她，避免和她说话。阿拉波娃在回忆录中写道，母亲是这样给她讲他们最后的这次见面的：

---

① 此处原文就是省略号。
② 指高官Ф.Ф.维格尔。——编者注

他受过非常正统的教育,以至于表露出对女人的敌意,他总是回避和她交谈,仅限于空洞的寒暄,母亲深深感受到他诗歌中流淌着许多忧伤的溪流接近她的心灵,唤起了她内心的共鸣。找到了她可以竭力表达的时刻,她对他才华的崇拜让他无所适从,怀有敌意的羞怯、惊慌不安束缚他无法表达……

莱蒙托夫回高加索的前夕,他习惯地来到卡拉姆津家度过最后的夜晚,忧郁地和朋友们告别。聚会像平常一样有很多人,但是让母亲惊讶的是,诗人在莫名动机的驱使下坐到母亲旁边的位置。谈话一开始,他的与众不同让母亲大感惊讶。他的确尽力看穿她心灵的秘密。为了得到她的信任,他开始告诉她折磨毒害他生活的思想和情感,他后悔自己说过尖酸刻薄的评价和冷酷无情的责难,让一些无辜的人离他而去。

母亲明白,这样的忏悔在某种程度上应该是种解释。她感觉青春的狂热和声名远播并没有消除他的不满。可能她此刻捕捉到另一个有力的已逝精神兄弟般的回声。真切的同情瞬间被唤醒了,她试图用朴素的饱含感情的话语激励和安慰他,选择的是自己沉重命运中合适的例子开导他。尽管她不习惯口若悬河,但她发现目的达到了,就像至今冰封住他们的关系的冰层伴随着簌簌春雪而消融了,这使莱蒙托夫那张不英俊但表情丰富的面孔因顿悟而确实改变了。

这次谈话时间长得让卡拉姆津家人惊奇,结束时莱蒙托夫说:"我只要一想到,我们经常在这里见面!……在这间客厅的不同角落里度过多少个夜晚!我回避您,是怯懦地屈从于敌人的影响。我只将您看成冰冷的不容接近的美人,准备骄傲地不服从这里对您的崇拜,只是在临行前我应该看清这美丽外表下的女人,了解她那搞不清楚而你又要必须承认的真挚魅力,我应该永远带走目光短浅的责难,对时光流逝徒劳的遗憾!当我回来时,我会获得宽恕,如果不是奢望的话,我愿意随时成为您的朋友。任何人也无法阻止我向您献出一片赤诚,我自感有此能力。"

"我没什么可宽恕您的。"娜塔莉亚·尼古拉耶夫娜回答说,"如果您因改变对我的看法而舍不得走的话,那么请相信,我会因此愉快地留下来的。"

他们亲切地道别,后来,卡拉姆津家人对莱蒙托夫临行前的莫名其妙的变化有很多解释。他命中注定没能返回彼得堡。当母亲得知他悲惨去世的消息时,她的心痛苦地紧缩了。告别晚会如此清晰地再现在她的记忆中,她觉得她失去了一个亲近的人!

我当时16岁,满怀青春的欣喜阅读《当代英雄》(*Герой нашего времени*),总是问莱蒙托夫的事情,他生活和决斗的细节。母亲当时讲述了最后一次见面的情景,并补充说:"生活中有这样的事,人们臣服于我,但我知道,这是因为我的美貌。这次是心灵的胜利,它对我很珍贵。现在我高兴地想到,他没把对我的恶劣看法带到坟墓里去。"

阿拉波娃或许不止一次地听母亲讲这个故事,如果从过多的"文艺加工"的叙述中抽象出来的话,这种情况下,她说话的实质还是可以相信的。毋庸置疑的是,突然和娜塔莉亚·尼古拉耶夫娜说话的莱蒙托夫感受到这个女人全部的魅力,温柔随和的性情,和她交谈是如此的真诚和坦率,瞬间就能得到她心灵的共鸣。

1960年,卡拉姆津家书信集出版,从中我们得知,1836年春E.A.卡拉姆津娜的儿子,安德列·卡拉姆津病了。起初怀疑是肺结核,医生送他去国外治疗。卡拉姆津家人写给他的信集中在1836年5月末到1837年6月末这一时期,即正巧是普希金家悲剧事件迫在眉睫之时和诗人死后。正因如此,我们对这本书信集很有兴趣。我们不止一次地引用这些介绍卡拉姆津与普希金及娜塔莉亚关系的书信。

阿拉波娃写道,莱蒙托夫走后,卡拉姆津家人对诗人对待普希金遗孀态度变化的解释有许多。但是卡拉姆津家人当然看见莱蒙托夫此前的矜持与冷淡,是不是索菲亚·尼古拉耶夫娜用不友好的语气和他讲娜塔莉亚·尼古拉耶夫娜了呢?……

在С.Н.卡拉姆津娜的信中,我们常会遇到这样的见解,说遗孀不会悲痛的,这个女人不会感到痛苦。"她是个吸人灵魂的温迪娜①"。对娜塔莉亚·尼古拉耶夫娜的负面评价,想必是从卡拉姆津家的客厅散布到上流社会去的,通过写给安德列·卡拉姆津的书信散布到国外的。但是,普希金作品的研究掌握了另外相反的证明。我们找到了一些无人知晓的信件证明这一点。

娜塔莉亚·尼古拉耶夫娜虔诚地悼念普希金。每个星期五她都吃斋。普希金去世前夕和当天,她哪儿都不去。追溯之前,我们引用了同代人的证明。

1855年,克里米亚战役期间,兰斯科伊将军被派到维亚特卡组建民兵组织。娜塔莉亚·尼古拉耶夫娜随丈夫一同前往。Л.Н.斯帕斯基,给娜塔莉亚·尼古拉耶夫娜看过病的当地医生Н.В.约宁的女儿,保留着她在维亚特卡的回忆。下面是她写的一段话:

> 我听说一天,正好是星期五(诗人逝世日是1837年1月29日,星期五),她沉浸在悲伤的回忆中,一整天都没吃东西。有一次,也是个星期五,她必须到帕先科②家去。大家都注意到,她异乎寻常地沉默,晚餐时,她不像其余的上流社会人士那样坐到桌边,而是独自一人走到大厅里,在那里来回地走着,直到晚餐结束。看到大家莫名其妙,她丈夫小声解释了她令在场的人非常惊讶行为的原因。这最后的故事我是从已故的Ф.К.亚戈尔科夫斯基那里听到的,他是这个事件的目击证人。

我们在普列特尼奥夫1843年1月30日的信中读到,娜塔莉亚·尼古拉耶夫娜在追悼日哪里也不去。

---

①中世纪传说中的水精,常化为美女迷惑路人。——译者注
②是维亚特卡官员。

……我和维亚泽姆斯基在Н.普希金娜那里度过了晚上余下的时间。这是她丈夫去世的前夕，因此她没去参加宫廷舞会。

经历的悲剧给她留下了终生的影响。根据她和亚历山德拉·尼古拉耶夫娜的书信判断，她的神经状况非常糟糕。她开始吸烟。女儿阿拉波娃在回忆录中说过，她从未看见母亲开心过："静静地，隐藏的忧伤总是笼罩着她。在可怕的1月里，她表现得更明显：她远离一切娱乐，只在一遍遍的祈祷中，寻找心灵痛苦的解脱。"

她心中的悲伤反映在面部表情上，她无论在哪里，甚至是在上流社会也是同样。年轻的意大利伯爵帕拉维奇尼在拉瓦尔的别墅里的一群客人中间遇到了娜塔莉亚·尼古拉耶夫娜。他在1843年7月8（21）日关于她这样写道："上流社会很迷人。普希金娜夫人就是因决斗而死的诗人的遗孀，她十分美丽。愁容惨淡，黯然神伤。"

"……虽然我被家人的关怀和体贴包围着。"娜塔莉亚·尼古拉耶夫娜1849年写道，"有时这种忧愁笼罩着我，让我觉得需要祈祷。在房子最僻静的角落里，神像面前静心凝神之际让我轻松。到时我又将获得心灵的宁静，别人过去常常将它视为冷淡，对我进行指责。你能做什么呢？我有羞耻心。我认为允许品读自己的情感是一种亵渎。只有上帝和一些出类拔萃的人掌握我心灵的钥匙。"

令人吃惊的坦白！宗教情结在一个受过家庭严格的宗教教育的女人身上是可以理解的，但我们要注意的是，隐忍、矜持，显然是她性格的主要特点之一，她不是向每个人都敞开心扉的。我们还是再次回忆起普希金的那句话："……我爱你的心灵胜过你的容貌。"意味着，这个美丽女人的心灵是向普希金敞开的，他有打开她心灵的钥匙……她对这场初恋的回忆穷其一生，对普希金孩子们无尽的忘我的爱证明了这一点。

第十二章 米哈伊洛夫斯克村的日子

事情往往就是这样，普希金在世时，娜塔莉亚·尼古拉耶夫娜一次也没去过米哈伊洛夫斯克村。1832年、1833年和1835年春或初夏，她都在生孩子，分娩总是很痛苦，她会病很久，带着小婴儿驱车400俄里当然是不可能的。1834年夏天，她带孩子们住在哥哥的亚麻布厂，因为普希金因出版事宜必须要留在彼得堡。

  今天是9月14日，离开你已经一个星期了，亲爱的朋友，可我看不出这有什么好处。我还没有开始写作，也不知何时开始。一直在想念着你，可就是想不出什么有用的东西来。很后悔没带你一起来。这儿天气真美！已经三天了，我都在游逛，不是散步，就是骑马……

我们记得，1834年秋天他第二次去波尔金诺并没有取得预期的成果。他忧郁、挂念，没有妻子，他无法工作，他决定比原定日期提早回去。"真的是在你身边才写得起劲儿吗？"他是这样写给娜塔莉亚·尼古拉耶夫娜的！在你身边……

大家都知道，1841年和1842年夏天，娜塔莉亚·尼古拉耶夫娜带着全家在米哈伊洛夫斯克村度假。但是1838年至1840年间，她去过那里吗？这点我们不清楚。然而她有这种想法还是在1837年3月27日，她从亚麻布厂给П.А.奥西波娃（普希金在米哈伊洛夫斯克村的女邻居）写信说想去米哈伊洛夫斯克村的愿望，请求允许住在她家。

普拉斯科维亚·亚历山德罗夫娜和她女儿叶夫普拉克西娅·尼古拉耶夫娜·弗列夫斯卡娅和安娜·尼古拉耶夫娜·武尔夫听信了

娜塔莉亚·尼古拉耶夫娜·冈察洛娃,画家В.И.加乌画于1842年至1843年间。

传到她们那里的上流社会的谣言,对诗人的遗孀很反感。收到娜塔莉亚·尼古拉耶夫娜的信后,奥西波娃写信给А.И.屠格涅夫说,看见她会很难受:"当然,她并不愿意,但事情是因她而起的,普希金不在了,和我们在一起的只有普希金的影子。"

发生一月悲剧时,叶夫普拉克西娅和安娜都在彼得堡。叶夫普拉克西娅·尼古拉耶夫娜说,决斗前夕,普希金去他们那里,好像说过,明天要与丹特士决斗。А.И.屠格涅夫证实,娜塔莉亚·尼古拉耶夫娜因此非常责怪叶夫普拉克西娅,明知这件事,没有提前通知她。很难说,叶夫普拉克西娅·尼古拉耶夫娜真是消息如此灵通。普希金也许是在谈话中顺口说出暗示即将决斗的话。后来,从接下来发生的事件角度来看,已经对普希金信任她作了解释。

她丈夫的兄弟М.Н.谢尔多宾1837年3月27日在给谢尔盖·利沃维奇·普希金的慰问信中写到这一点:

> 我弟媳①在此地短暂逗留期间,已故的亚历山大·谢尔盖耶维奇常到我们这里来,甚至在这场不幸决斗的前夕到我们这里吃饭,并且过上一整天。当我们得知这件不幸的事情时,能想象出我们的震惊与痛苦。

因此,叶夫普拉克西娅·尼古拉耶夫娜说,她知道决斗,而谢尔多宾证实,他们什么都不知道。无论如何,在评价三山村诗人女性友人的话时,应该总会想起她们对娜塔莉亚·尼古拉耶夫娜恶劣的态度。安娜·尼古拉耶夫娜当初对普希金一往情深,叶夫普拉克西娅·尼古拉耶夫娜也爱过普希金,而1824年至1826年间,普希金住在米哈伊洛夫斯克村时,都追求过二人。她们俩无疑忌妒他妻子,从一开始对她就怀有敌意。仔细研究А.Н.武尔夫,尤其是Е.Н.弗列夫斯卡娅的书信,这是很明显的。弗列夫斯卡娅谈到普希金与丹特士决斗的原因时说:"无论如何,这里妻子起的作用不是非

---

① 指的是Е.Н.弗列夫斯卡娅。

常好。她向母亲请求允许归还可怜的普希金最后的债务，她这样称呼他。为什么？"

可是我们看一下，叶夫普拉克西娅·尼古拉耶夫娜本人1837年1月30日（诗人去世的第二天）写给丈夫的信。

……星期二我想离开莫斯科，不等姐姐了。我再也不能在这个城市里住下去了，待在此地很多方面让我难受。这封信是在非常悲痛事件的影响下写成的，这件事情也会让你悲痛难当。可怜的普希金和自己的连襟决斗，还受了致命伤，只能活一天。昨天半夜两点他去世了。我怎么也忘不了这件事，而你的沉默让我非常不安。准备告诉妈妈这个不幸的消息。这消息会让她非常伤心的。可怜的普希金！……他妻子的情况很糟糕……因你的沉默和这个不幸的消息我很郁闷，我无法再给你多写什么了。

叶夫普拉克西娅·尼古拉耶夫娜因为种种原因想尽快离开彼得堡。一个原因就是普希金去世。她甚至不确切地知道，决斗后诗人活了多少天。"可怜的普希金"……她认为这种表达出自诗人妻子的口中就要受到指责，而她就可以得到宽恕，好像她更爱普希金似的。

弗列夫斯卡娅是外省浅薄的夫人。（当初，1824年，普希金称三山村姑娘为"讨厌的傻瓜"、"哪方面都不讨人喜欢的人"）她的信充斥着彼得堡和乡下的流言蜚语。

娜塔莉亚·尼古拉耶夫娜得知三山村的邻居对她有敌意后，就不想住在他们那里了。朋友们劝她放弃这次出行，避免不愉快。

1838年1月，娜塔莉亚·尼古拉耶夫娜迁居彼得堡，看样子冬天没去过米哈伊洛夫斯克村。为什么她没带着全家到那里度夏呢？我们推测，就是以下原因。和产权共有人商讨为普希金的孩子们购买庄园的谈判进行了整整三年。当时这件事还一直拖着，毫无疑问，夏天那里住着谢尔盖·利沃维奇，可能还有列夫·谢尔盖耶维奇和奥莉加·谢尔盖耶夫娜带着全家。也许在米哈伊洛夫斯克村庄园赎回并获得监护权之前,娜塔莉亚·尼古拉耶夫娜不愿意去那里。因此1839年和1840年的夏天,她住在彼得堡近郊的别墅里。最终1841年1月"普斯科夫事情"得以解决,于是娜塔莉亚·尼古拉耶夫娜告诉哥哥,她和亚历山德拉·尼古拉耶夫娜打算去米哈伊洛夫斯克村庄园度夏。1837年娜塔莉亚·尼古拉耶夫娜去亚麻布厂的时候,我们曾经提过,住宅的家当和普希金的藏书被监护机构交给仓库保管。她回到彼得堡住进一个小房子里,看来不可能将所有的东西搬进去,一部分的物品还放在仓库里。监护人完成购买米哈伊洛夫斯克的任务是在1841年2月16日:

> ……一方面向遗孀H.H.普希金娜移交庄园的一些资产物品,而另一方面允许遗孀有机会购买上面所提庄园保存的上述物品,以避免监护机构的额外支出。

尽管娜塔莉亚·尼古拉耶夫娜给哥哥写信说,准备到米哈伊洛夫斯克度夏,但是显然她有在那里多住上一段时间的想法。她舍弃了彼得堡的住宅和留在仓库里的部分家当,将余下的家具和普希金的藏书运到了米哈伊洛夫斯克。

1841年5月15日,一辆大车载着普希金全家和亚历山德拉·尼古拉耶夫娜上路了。5月19日,他们抵达米哈伊洛夫斯克。

到达的第二天,娜塔莉亚·尼古拉耶夫娜前往圣山修道院丈夫的墓地。早在1839年年末,娜塔莉亚·尼古拉耶夫娜就向彼得堡有名的工匠彼尔马格洛夫订制了丈夫的墓碑。1840年11月墓碑做好,娜塔莉亚·尼古拉耶夫娜委托米哈伊洛夫斯克的前总管米哈伊尔·卡拉什尼科夫运到指定地点。但安放墓碑被推迟到春天,也就是娜塔莉亚·尼古拉耶夫娜到来的时候。

"普希金被安葬两次。"米哈伊洛夫斯克普希金保护区主任C.C.戈伊钦科在其著作《在海边》(У лукоморья)中写道:"第一次是1837年被А.И.屠格涅夫安葬,第二次是1841年被娜塔莉亚·尼古拉耶夫娜和孩子们安葬……安放墓碑看来不是个简单的事。不只是需要将墓碑从彼得堡运到指定地点立起来，而且还要修墓座和安上铁栅栏。在墓座下修造一个2.5俄尺深的四壁砖砌的墓穴，以便安放诗人的遗骸。从地下取出棺木放到地下室等待墓穴修好。一切完工是在8月。"

参加安葬礼的除了普希金一家外，或许还有奥西波娃一家、仆人和农奴。

娜塔莉亚·尼古拉耶夫娜在夏天多次带着孩子们去丈夫的墓地，照她的话说，希望在他们的心灵中留下对父亲的神圣的怀念……她自己再次经历了丈夫去世的痛苦，痛不欲生。1841年6月初，她写信给维亚泽姆斯基说，她难过得要死……

1841年12月，她在从彼得堡给帕维尔·沃伊诺维奇·纳肖金的信[①]中写道："你知道的，我在米哈伊洛夫斯克住了一段时间给我带来夙愿已了的安慰。我丈夫的墓地位于一处幽静的地方，虽不如我想象得那般宽敞。这里有人给我一幅画，我决定将它送给你。我打算5月回到那里。你和你全家人能来吗？来看我们吧……"

诗人在世时，米哈伊洛夫斯克的房子就已经破旧不堪了。1841年房屋的状况可以根据П.А.维亚泽姆斯基写给娜塔莉亚·尼古拉耶夫娜的书信判断出来。

"去乡下住上几个月，你做得很好。"1841年6月6日他写道，"其一，对于孩子们的健康是非常宝贵的，对于钱袋子也是有益的。如果让我给你建议的话，我的建议是头一年你什么也不需要做，也无须关心改善庄园设施。至于改善住宅内部设施，那就另当别论了。应当覆盖屋顶以便遮风挡雨，几个木匠花不了多少钱就能修好。如果你9月住在乡下，那就需要塞好缝隙。"

显然，娜塔莉亚·尼古拉耶夫娜对房子进行不大的维修以便夏天居住。

可是米哈伊洛夫斯克的生活经常给娜塔莉亚·尼古拉耶夫娜带来不安和忙碌，因为当地哪怕可以容忍一点的庄园买卖都没有，所有东西都要到别的地方买。现在保留下来了一些在诗人一家住在米

[①] 此信用俄语写成。

哈伊洛夫斯克期间娜塔莉亚·尼古拉耶夫娜所写的书信。我们这里引用其中最有趣的几封。

　　亲爱的德米特里，我们抵达米哈伊洛夫斯克村。唉，马也没有，我们被关在我们的小屋里，没机会出去，因为你知道的，你妹妹有多懒，不喜欢折磨自己可怜的小脚。看在上帝的分上，尽快给我们送几匹马过来，别等柳贝卡康复了。否则我们整个夏天都会因没有马而出不去屋。两轮的轻便马车也非常适合我们。如果你能到我们这儿来，你就太可爱了。如果你知道我多需要你的建议就好了。我空有监护之名，对农业知识一无所知。我无法作任何安排，生怕村长当面笑话我。可是我觉得这里一切都是随便应付的。我们之间说实话，谢尔盖·利沃维奇几乎什么也不管。看看账房的账本，我首先明白的是，这个庄园四年间的纯收入才2600卢布。看在上帝的分上，快来帮帮我吧，凭你的经验和帮助，我可能从千头万绪中解脱出来。房子破败不堪，花园倒是很漂亮，周围环境美不胜收，这让人颇感欣慰。只是马匹不够，要不然我们会彻底喜欢这里的。因此，立刻给我们送几匹马过来，同时还有钱。亲爱的哥哥，请原谅我的提醒，我临行之时向维亚泽姆斯基公爵借钱了，我只好打扰你了。暂时再见吧。邮班今晚就走了。现在我要去修道院普希金的墓地了。奥西波娃夫人真的太好了，借给我们轻便马车。真诚地亲吻你，还有你的孩子们。要单独亲吻你的妻子，祝她顺利分娩，因为我猜她想要个女儿，不管你的心愿，我祝福她，要注意，你有两个男孩光宗耀祖已经足够了。再见了，我的心肝儿，发自内心地亲吻你，祝健康幸福。孩子们温柔、深深地亲吻你和全家人。姐姐也亲吻你们全家人。

　　　　　　　　　　　　1841年5月20日，米哈伊洛夫斯克

　　亲爱的最善良的哥哥，虽然这是我写给你的最后一封信，我不敢一再请求你给我寄些钱来,你本是答应的呀。可是我迫不得已又来打扰你。在困难的时候,我不知道还可以去再找谁帮忙。萨沙和我归还维亚泽姆斯基1375卢布的时间就要到了。然后因为我要托人给我们到彼市①寻找住宅,必须付订金。这样一来,如果你不帮助我,我真的不知道该怎么办。我的钱匣子完全空了,为了过日子我向维萨里昂②借了1卢布,另一次我向女清洁工借钱,这钱很快就花光了。没机会向当地人借钱,因为我在这里谁也不认识。看在上帝的分上,亲爱的最善良的哥哥,如果我常常因为这两千卢布让你不胜其烦的话,请原谅我。我希望你能兑现承诺,我相应安排好自己的事情,这笔钱是我还债并且维持到9月的唯一指望。

我的公爹已经在这里住了几个星期,我用他不在的几分钟给你写几句话。我还有个请求要麻烦你,但我觉得这个要求对你不那么难。别忘了给我们存些果酱,这里我没法做果酱,因为此地几乎没有水果。你不会拒绝我的,我善良的哥哥,不是吗?

再见,公爹回家了,我就此搁笔,衷心地亲吻你、你的妻子还有你的所有孩子,因为我希望,你现在已经添人进口了。

看在上帝的分上,哪怕只有只言片语的回复也好,别像谚语说的那样:愚蠢的问题通常没有回答。

1841年6月5日,米哈伊洛夫斯克村

……为了还债和路上花销,留下1000卢布作为直到9月份的生活费。这样现在我已身无分文了,如果你不给我寄来5月份的1000卢布的话,我将一直处于这种状况之中,因为这钱应该用于偿还维亚泽姆斯基的债务。因此亲爱的最善良的哥哥,请你做做善事吧,立即给我寄2000卢布来。看在上帝的分上,别生

----
① 指的是彼得堡。
② 维萨里昂是娜塔莉亚·尼古拉耶夫娜的仆人。

我的气,但我真的是身陷绝境,尽管我住在乡下,但这个庄园什么也没有,刚到此地什么都要买。我希望明年我将这里会安排得更好些,但我现在处于困境。亲爱的哥哥,我向你承认,我虔诚地祈祷上帝,希望你能来,你的到来将是对我莫大的仁慈。我仿佛在黑暗中游荡,完全搞不清状况,为了不让村长怀疑我一窍不通,被迫扮演着自己的角色。再见了,亲爱的最善良的哥哥,衷心地亲吻你,还像从前那样爱你。再次请你原谅我不断的纠缠,我认识到了这点。温柔地亲吻你的妻子,祝她顺利生产,亲吻两个男孩子。我不知道,你把我的卡拉库尔羊羔皮处理了没有,我的羽毛笔不好用了,几乎写不了字,我也懒得再拿一支。我还有一个请求,我认为你很好满足它。我这里有个10岁的男孩子,我想让他当织布工,他能否可以去你那里学习一下?可以的话,我派他和给我们送马来的人一起走。你有我们的地址,不是吗?又一次再见,最善良的德米特里。

娜塔莉亚·尼古拉耶夫娜整个夏天都在无望地祈求哥哥能来帮她出出主意,但是始终没等到哥哥。在某种程度上可以这样解释,德米特里·尼古拉耶维奇等待妻子分娩(她6月30日分娩)。分娩前,他将妻子送到卡卢加,显然,分娩后和她住上一段时间,直到她可以回亚麻布厂。而当时已经快到秋天了,他可能认为去妹妹那里已没有什么必要了,他认为妹妹9月份时已回到城里了。德米特里·尼古拉耶维奇没给她寄本该属于她的钱,看样子,根本没给她写信。只在8月18日告知女儿出生的消息。

可怜的娜塔莉亚·尼古拉耶夫娜感到自己完全无助,起初孤孤单单地住在乡下,对农业一窍不通。正如我们看到的那样,谢尔盖·利沃维奇早于娜塔莉亚·尼古拉耶夫娜很久就来到米哈伊洛夫斯克村,在那里一直住到8月末。1841年9月9日,维亚泽姆斯基从皇村给娜塔莉亚·尼古拉耶夫娜写信说,在皇村遇到了她从米哈伊洛夫斯克回来的公爹。在一些研究中表明,谢尔盖·利沃维奇没和儿媳住在同一所房子里。他住在三山村奥西波娃那里,或者住在戈卢博夫的弗列夫斯卡娅家。6月5日的信就证明了这一点。我们认为,即使他有这种打算,娜塔莉亚·尼古拉耶夫娜任何时候也不会允许这样做,以避免流言蜚语。但考虑到公爹吹毛求疵的挑剔性格,我们想,和他一起生活会给她带来不少不愉快的时候。非常聪明的维亚泽姆斯基在给娜塔莉亚·尼古拉耶夫娜的信中,可不是平白无故地称他"**辣椒**"①。

这里我们记起,普希金与父亲的关系一生都很冷淡。尽管谢尔盖·利沃维奇因儿子的去世非常痛苦,但在最后几年仍能感觉到这种关系的余波。因此,儿子去世后,谢尔盖·利沃维奇放弃自己的那份遗产不是为了遗孀和四个孩子,而是为了奥莉加·谢尔盖耶夫娜。1831年,"赠送"给普希金结婚之用的基斯捷涅沃只是作为不动产被移交,诗人去世后又重新回到父亲的名下。1837年,尼古拉一世颁布命令取消老普希金波尔金诺领地的所有债务,这样一来,他得到一笔可观的收入,可是他付清小儿子列夫的赌债和其他债务后,一点儿也没帮助娜塔莉亚·尼古拉耶夫娜。正像我们后来看到的那样,借给她2000卢布,以书面的形式在斯特罗加诺夫事务所登记,要求她"保证"归还,以便这些钱从她的抚恤金中扣除……

这个夏天来米哈伊洛夫斯克做客的客人让娜塔莉亚·尼古拉耶夫娜的经济出现困难。7月末,伊万·尼古拉耶维奇带着生病的妻子从国外回来看望妹妹。我们至今也不清楚这件事。我们是从下面的书信中首次知道这件事的。伊万·尼古拉耶维奇·冈察洛夫,禁卫军骠骑兵团骑兵大尉,杰出的美男子,娶了玛丽亚·伊万诺夫娜·梅谢尔斯卡娅为妻,就像我们已经提过的那样,她的父母是娜塔莉亚·伊万诺夫娜在亚罗波列茨的近邻。A.B.梅谢尔斯基,玛丽亚·伊万诺夫娜的外甥,是这样说自己的姨妈的:"……玛丽亚·伊万诺夫娜从年轻时就非常漂亮,她集天赋出众、聪明睿智、博得好感的善良、非比寻常的热情、富有同情心于一身。"

1840年12月,伊万·尼古拉耶维奇辞职。如命令上所说"因家中

---

① 双关语,俏皮话,在法语中指的是公爹。

米哈伊洛夫斯克村。1837年 П.А.亚历山大根据 И.С.伊万诺夫的画所做的石板印刷。

我向你致意,偏僻荒凉的角落,
你这宁静、劳作和灵感的栖息之所
在这里,在幸福和忘情的怀抱中……
——普希金的《乡村》,写于米哈伊洛夫斯克,1819年

事务",看起来是因为妻子患了重病。他按照医生的建议,带她出国治疗。娜塔莉亚·尼古拉耶夫娜将冈察洛夫夫妇的到来写信告诉了德米特里。

可爱善良的哥哥,我是在万尼亚来的前两天收到你这封信的,这个原因影响我立即给你回信。他们的到来并不让我们感到意外,只在我们这里逗留两天让我们十分难过。玛丽亚情况非常不好,非常疲惫,在我们这里三天夜里的安睡多少让她振作些,她可以继续旅行了。我觉得万尼亚的身体也不太好,我认为,他也像他妻子那样,需要好气候。现在,我们正等着弗里津戈夫一家,他们准备和我们一起度过两个星期。他们常常住在维也纳,幸好我们栖身之所处在通往国外的路上。这给我们快乐,但同时和我们所有朋友的离别又让我们难过。在和万尼亚道别时,我们有希望过段时间再相见。但是和弗里津戈夫一家道别,却完全是另一回事,没机会再见面了。因此最后的离别会更悲伤的。我们和娜塔有情谊,弗里津戈夫无论哪一方面都值得我们对他的尊敬和友谊。

我很惭愧又要回到实际的主题。我尝试简短明确地向你讲述我的情况,为了让你原谅我的执着。我对你的安排从未怀疑过,在我生活的所有情况中你都可以为我作见证,不知感恩从不是我的缺点。请宽容地读完以下内容。我再重申一遍,如果我告诉你我的难处,只是为了哪怕稍微宽恕我令人厌恶的行为。因此,我的情况就是如此。我以前给你写过,临行前我向维亚泽姆斯基借了1000卢布,没有利息,也没打借条。还期是7月1日。我知道,他也身处困境,没机会还他钱让我非常难过。再过段时间,还要支付别人给我在彼得堡找的新住宅的租金。启程上路同样需要一笔钱。我需要2000卢布,到哪里去弄这笔钱呢?我能指望的只有你,而你最后的那封信让我失去了所有希望。这种情况下,我迫不得已向公爹求助。他答应我借我这笔钱,但条件是9月1日前我要还钱给他。他需要担保,他坚持要我到斯特罗加诺夫的事务所办理书面手续，从抚恤金中分三次扣除这笔钱，9月份那个季度。这笔钱共计3600卢布，我必须用它们生活到1月份。意味着我只剩下1600卢布，我还要从这笔钱中拿出付房租的租金。从乡下搬回城里和生活都要用这些钱，您能理解，这是不够用的。我一刻也没动摇过要在这里过冬，但你到我们这里来就会看到，这可能吗？除了你，我不指望任何人。因此，亲爱的最善良的哥哥，你能否原谅我，我再次恳求你寄给我2000卢布，哪怕在9月前也好，余下的用你答应我的9月份的钱支付。如果我有望10月末收到这笔钱的话，我就会幸福而安宁了。你答应我们给诺索夫的信还没写吧，我们俩一千次地谢谢你。

至于马匹的事，我现在只想请求你，请立即告诉我，你能否送马来过冬就行。因为到时我必须储存燕麦和训练一个前导马驭手。如果没有，我只能将就马车夫的马了，这笔开支就不需要了。

我猜，母亲现在住在你那里，但是什么也别告诉她，因为我信里说的事情应该瞒着她，像你希望的那样。我希望你的妻子已经分娩了，希望我留给你的除了心中的祝贺别无其他。

再见，我亲爱的深爱的德米特里，温柔地亲吻家里所有人，妻子和孩子们。对我可爱的尼娜说句悄悄话，如果我委托你亲吻我们可爱朋友的脸颊，你妻子不会生气吧。萨什卡请我向你转达最好的祝愿。

1841年7月30日，米哈伊洛夫斯克

弗里津戈夫夫妇是8月1日到2日来到米哈伊洛夫斯克村的，在那里住了三个多星期。这期间，客人和主人经常与三山村的邻居交往。看来，娜塔莉亚·尼古拉耶夫娜和他们的关系变得融洽了，因为接下来，我们在这些夫人们的通信中并没遇到对诗人遗孀不怀好意的评论。在一封信中，叶夫普拉克西娅·尼古拉耶夫娜甚至说娜塔莉亚·尼古拉耶夫娜让她着迷："她完全是个美妙的人物。"

娜塔莉亚·伊万诺夫娜·弗里津戈娃的画画得相当不错。她的画留在娜塔莉亚·尼古拉耶夫娜的画册里，这本画册现在被保存在全苏亚历山大·谢尔盖耶维奇·普希金纪念馆中。珍贵的画作表现了米哈伊洛夫斯克村、三山村和戈卢博夫①的居民们。我们在这里看到谢尔盖·利沃维奇坐在圈椅上，手中拿着礼帽，看到普拉斯科维亚·亚历山德罗夫娜·奥西波娃和叶夫普拉克西娅·尼古拉耶夫娜，最后一幅画的是非常壮实而且傲慢的妇人，这无疑是幅油画，但很好地画出了人物的特点。在一幅非常有名的画中，我们看见普希金的孩子们坐在桌旁。最吸引人的要数那幅娜塔莉亚·尼古拉耶夫娜带着女儿站在桦树旁的画。

还保留着一份弗里津戈夫一家到米哈伊洛夫斯克村住的"见证"，这是一本植物标本集，是Н.И.弗里津戈夫倡议收集的。我们发现里面夹着在米哈伊洛夫斯克、三山村和奥斯特罗夫采集的花草。每一株植物下面，娜塔莉亚·伊万诺夫娜都标上日期和采集人姓名。因此，我们知道参与标本集编制的人员，除了娜塔莉亚·伊万诺夫娜本人、娜塔莉亚·尼古拉耶夫娜和她的孩子们之外，还有亚历山德拉·尼古拉耶夫娜和安娜·尼古拉耶夫娜·武尔夫。标本集上注明的日期让我们大约确定弗里津戈夫一家在米哈伊洛夫斯克村的逗留时间，因为植物采集时间是在8月3日至25日之间。

临近秋天了。米哈伊洛夫斯克庄园设施不完善，不允许娜塔莉亚·尼古拉耶夫娜在这里过冬，而她有在这里过冬的打算。她的经济状况那么糟糕，甚至于哪里都去不了。她不得不再次向德米特里·尼古拉耶维奇求助。

我绝望地收到你7月的来信，看来你不会来了，亲爱的哥哥，我再次提起笔，用自己永远不断的哀求来打扰你。该怎么办呢？我已到这个地步，不知道向谁求助。3000卢布对一个总共有1400卢布的人来说，不是个小数目，还要生活，让四个孩

---

① 弗列夫斯基庄园，位于三山村20公里。

子受教育。我向对我来说最神圣的一切发誓,到1月以前你的钱还没到的话,我也没什么地方弄到钱。因此,如果你不可怜我们,我就走不出乡下了,我就只好不顾孩子们的健康,他们不禁冻,我们会在简陋的茅屋里冻僵的。

我请求你至少给我寄2000卢布,别晚于9月份,非常担心一个月接着一个月地过去了,可我还什么也没得到。我可爱的亲爱的善良的哥哥,让我的祈祷打动你吧,你不会想我是下定决心毫无必要地让你不胜其烦吧?没有任何必要,我以折磨你为乐吗?如果你知道我不能向任何人借钱就好了,真的,我想上帝是为了惩罚我的骄傲或自尊,让我处于这种境地,我不得不这样做。

你给诺索夫的信没有效果,非但如此,让我们在维亚泽姆斯基面前成为被嘲笑的对象,虽然他好心,但毕竟将我们置于极困难的境地。我想,你知道萨什卡向他借375卢布。你给诺索夫的信刚一收到,她高兴得不得了,立刻将信给维亚泽姆斯基寄去,请求他收到诺索夫应该给我们的钱后,扣除我们欠他的那部分钱。但是我们最近收到不幸的消息,诺索夫不承认自己欠你的债务,断然拒绝给钱。因此,看在上帝的分上,想想别的办法,将她从困境中拉出来。现在你欠她三个月的生活费了,债主们纷纷向她写信催债。她欠普列特尼奥夫一个人就有1000卢布,还期已经到了。可怜可怜两姐妹吧,除了你,她们无处求助。只要一想到你的友谊,她们就不会相信在危难关头你会弃她们于不顾。

再见,亲爱的哥哥,我为了钱如此大费周折,以至于别的事我都不想说了。至少我温柔地亲吻你,不必怀疑我对你真挚的友谊。亲吻你的妻子。你甚至没有告诉我们她分娩的情况。别忘了亲吻孩子们。我猜,妈妈和尼娜已经离开你们那儿了。我的孩子们,请求别把他们忘了,看在上帝的分上,别让他们受冻,如果你不来帮助我们的话,那是一定的。别忘了,我盼望着你答应来这里并帮助我出主意。

1841年9月3日,(米哈伊洛夫斯克村)

就在昨天，9月9日，我收到你8月18日的来信。今天我赶紧给你回信，以向你证明我急于完成你的心愿。但是我首先想向你和你的妻子祝贺家中喜事。我毫不怀疑女儿的出生实现了你们大家的心愿。我没机会去帮助任何人，但我保证将我对你一贯从未间断的、真挚的、深深的依恋转移到你所有孩子的身上。你当然不会怀疑我对新生儿真挚的祝福。让她永远给父母带来满意与快乐。你负责干活，是吧，向你的妻子转达，得知她已分娩而且恢复得很快，我非常高兴。

现在转到你感兴趣的问题上来了。斯特罗加诺夫伯爵回到彼得堡了。但是你此次出行的目的只是建议监护机构购买尼库利诺的话，我怀疑你的打算能否实现。我认为，购买领地没在他们的计划中。其实，扪心自问，我对此也不相信。但是，如果你建议我来买的话，唉，亲爱的哥哥，这看起来是个悲哀的笑话。我微薄的财产共计5万卢布，也许会多些。这笔不幸的小小的资产给我们带来总共3000卢布的收入，这些钱帮助我们活到今天。但是现在我的收入减少到1.4万卢布，这个冬天我可能被迫动用这笔钱，给孩子们请教师。这就是我辉煌的产业。你要原谅我提的这个问题，我的处境非常不乐观，非常令人沮丧，不幸的是我迫不得已在这种时刻给你写信，此时我正失去勇气，因绝望而流泪，不知道向谁伸手求助，请怜悯和帮助我。

你告诉我保证给我送来马匹的消息令我伤心。我的愿望没有实现，夏天我需要马，可是夏天过去了，而冬天没有马我也能很好地应付过去。我无法自愿拒绝你给的1500卢布。如果你想帮助我的话，就别给我送马了。上帝知道，这个冬天我还能不能用轻便马车。孩子们开始学习了，需要用去我的大部分收入。

亲爱的哥哥，再见吧，萨什卡也想给你写几行。请允许我亲吻你，并祝你比现在更幸福。再见，温柔地亲吻妻子和孩子们。你没写尼娜是否在你们那里。如果在，请告诉她，我爱她，温柔地亲吻她。没什么要托你转告母亲的，因为我给她也

普希金与娜塔莉亚：渴求平静的心

写了一封信，随此信一同寄出。

(1841年)9月10日，(米哈伊洛夫斯克村)

弗里津戈夫一家走后，娜塔莉亚·尼古拉耶夫娜简直陷入绝望之中。因为有客人来，可能被迫向奥西波娃借钱，这让她很难受。我们从信中得知，德米特里·尼古拉耶维奇打算去彼得堡向监护机构建议为普希金家买下冈察洛夫家的一块地产，或者劝娜塔莉亚·尼古拉耶夫娜动用普希金作品出版所得的5万卢布，但娜塔莉亚·尼古拉耶夫娜非常希望将这笔钱为孩子们留作不可动用的资金。她千方百计地阻止冈察洛夫家和普希金家的觊觎。

9月到米哈伊洛夫斯克村来的最后一位客人是彼得·安德列耶维奇·维亚泽姆斯基公爵。"您那里的客人总是一拨接着一拨！"1841年8月8日，准备前往米哈伊洛夫斯克村的维亚泽姆斯基在给娜塔莉亚·尼古拉耶夫娜的信中写道："我非常想去你们那里待上一段时间……①""我还没失去到我女主人那里的希望。"他在8月12日的另一封信中写到。

后来，我们在他给А.И.屠格涅夫的信中读道："9月末，我本着慰问生者告慰死者的想法，到你熟悉的米哈伊洛夫斯克看望普希金娜。在她那里住了一星期，沿着普希金和奥涅金的足迹徘徊。"12月，他给П.В.纳肖金写信："这个秋天，我在米哈伊洛夫斯克村度过一段愉快而甜蜜忧伤的日子，那里到处充满了'奥涅金'和普希金的气息。在这里，对他的记忆是新鲜而历历在目的。我两次去他的墓地，每次在那里都会遇到庄稼人和普通人带着妻儿谈论普希金。"

正如我们看到的那样，当时通向普希金的民间小路并未杂草丛生，普通人拜谒他的墓地，追思他的一生……

从米哈伊洛夫斯克回来，维亚泽姆斯基在普斯科夫住了一天。1841年10月7日，他从皇村写信给娜塔莉亚·尼古拉耶夫娜，是这样

---

① 此信用俄语写成。

彼得·安德列耶维奇·维亚泽姆斯基公爵（1792—1878），俄罗斯诗人、文学评论家、历史学家、翻译家、政论家、回忆录作者、国务活动家，画家П.Ф.索科洛夫画于1824年。

普希金与娜塔莉亚：渴求平静的心

写这件事的：

　　正如我事先告知你的那样，为了心灵的宁静我在普斯科夫住了一天，也就是给我伤感的旅行平添上历史性的色调。因此我出现在您姨妈的面前时，就像在普斯科夫的城墙边骑在马上而没下马那样。她要和我谈您，而我说的是雉堞、塔楼和要塞的围墙。

就像我们接下来看到的那样，维亚泽姆斯基非常喜欢娜塔莉亚·尼古拉耶夫娜。
我们还要引用一封证明普希金一家艰难的经济状况的信。

　　亲爱的德米特里，我能否收到你的回信，哪怕是这封信的回信也好啊。我完全不知道该做什么，你将我留在残酷的、默默无闻的生活中。我待在残破的房子里，没有任何帮助，带着一大家子人却囊中羞涩。事已至此，如今我们这里连茶和蜡烛都没有，我们没钱买。为了在到我们这里做客几日的维亚泽姆斯基公爵面前掩饰我的贫穷，我不得不跑到我的女邻居奥西波娃夫家去请求施舍。感谢她，至少没拒绝给我一些茶和几支蜡烛。已经进入10月。我还看不到我们什么时候可以离开我们的小屋。如果你将给我寄钱的时间拖过本月，我该怎么办？我只有轻便马车，没有毛皮，没有任何我们御寒的、暖和的东西。我简直要急疯了，想不出摆脱困境的办法。少于2000卢布，我搬不了家，因为我必须付清因生活欠下的债务，各个方面我都借到了，从5月份起我没付过一文钱。如果这封信比之前的那些更幸运，你愿意回信或者你那方面情况非常好，能怜悯我的贫困，寄给我恳求多时的那笔钱，要么寄信，要么寄给布尔加科夫·亚历山大·雅科夫列维奇，莫斯科邮政局长，他再转寄给我，因为没有你的回信，我没法确定预留时间。

　　萨什卡也恳求你给诺索夫附上她要求给付你拖欠的三个月

生活费的信，即8月、9月、10月三个月，但是看在上帝的分上，让它变成现实吧。公爵告诉我们，他收到我们请他还清萨沙债务的钱。认真对待我们俩的请求，我向你保证，上帝会奖赏你的[①]。再见，亲爱的哥哥，亲吻你，还有你的妻子和所有孩子们。我的孩子们也是这样做。塔莎让我非常担心，她突然病了，但是现在她好些了。姐姐亲吻你们大家。原谅我字迹潦草和涂涂改改。我写得匆忙，因为应该照顾公爵，他明天就离开我们了。他通过彼得堡的邮局寄这封信，我希望，这样你会尽快收到这封信。

1841年10月1日，（米哈伊洛夫斯克村）

娜塔莉亚·尼古拉耶夫娜在乡下住到10月末。她写信说，如果房子适合在冬天居住，如果米哈伊洛夫斯克的经济有可能让他们在这里生活，她就要留在这里过冬。维亚泽姆斯基劝她放弃这个想法。早在我们上文引用的6月6日的信中，他就写过："……冬天在那里住你想都别想，这是英雄的壮举，你的英勇别放在这儿……虽然你是个极其勇敢的人……但是我建议你别对冬天的攻击逞强。有第一次夏天的战役就够了。"

由于没钱，她哪里也去不了，娜塔莉亚·尼古拉耶夫娜一直坚持到深秋。搭救她的是斯特罗加诺夫。

"这是我们在乡下度过的最后的几天。"娜塔莉亚·尼古拉耶夫娜11月2日已经从彼得堡写信给哥哥，"太可怕了，我们真的要冻死了。斯特罗加诺夫伯爵得知我悲惨的处境，慷慨地帮助我，寄给我所需路费。"

就这样，普希金一家1841年在米哈伊洛夫斯克住了将近半年。转年夏天，娜塔莉亚·尼古拉耶夫娜又来到这里。

[①] 以下三行被删除。

第十三章 艰苦岁月

娜塔莉亚·尼古拉耶夫娜携全家从米哈伊洛夫斯克回到彼得堡是在1841年10月26日。可是看起来,早在春天就定下来,她和梅斯特尔一家分开住。夏天,叶卡捷琳娜·伊万诺夫娜姨妈就给她找好了房子。为什么这个决定会被接受呢?我们不知道。但可以推测,梅斯特尔一家换住宅了,娜塔莉亚·尼古拉耶夫娜利用这个机会单独住。想必是,"最高统治"让她很难受,梅斯特尔一家每天干扰着她的生活。此外,叶卡捷琳娜·伊万诺夫娜希望她住在离她近的地方,离宫廷也不远。亚历山德拉·尼古拉耶夫娜告诉哥哥,她们家的新地址是"……科纽申桥旁的基特涅尔家的房子"。

早在9月,娜塔莉亚·尼古拉耶夫娜就向监护机构提交了付给她孩子教育补助金的申请。1841年10月1日,监护机构会议作出下列决定:

> 我们听取遗孀娜塔莉亚·尼古拉耶夫娜·普希金娜9月10日的申请信,她在信中说明,为了送她的孩子们进入官办学校学习做准备,需要聘请教师和必不可少的仆人,同时用于租用和维修住宅,现在需要更多的费用,为了所有上述要求,之前圣上赏赐用于孩子们教育的补助金每年6000卢布纸币,她觉得不够用,因此在此种情况下向监护机构申请给予法定的补助金。经该监护人格里戈里·亚历山德罗维奇·斯特罗加诺夫伯爵、米哈伊尔·尤里耶维奇·维耶尔格尔斯基伯爵代替其他缺席的监护人,讨论遗孀普希金娜的请求,认为她完全值得尊敬。决议如下:为已故的А.С.普希金的孩子们雇用教师、仆人,租用住宅支付6000纸币的圣上赏赐外,每年特别再支付4000卢布……

"圣上赏赐"给娜塔莉亚·尼古拉耶夫娜用于孩子们教育的钱总是不够用。监护机构分出的4000卢布当然有些帮助。孩子们开始学习。玛莎这时已经9岁了,萨沙8岁。如果在此之前他们满足于跟母亲和姨妈学习,从信中我们得知,娜塔莉亚·尼古拉耶夫娜和姨妈阿霞给孩子们上课的学习生活一成不变。那么,现在孩子们必须要和教师进行严格的学习。这是很贵的,每节课3至5卢布,而每位教师只讲自己的那门课,意味着需要多位教师。这就是家里总感觉钱不够用的原因。

娜塔莉亚·尼古拉耶夫娜在1841年11月17日至12月16日期间,给国外的弗里津戈夫一家写过几封书信。毫无疑问,这样的信件有很多,但可惜的是,暂时没被发现。娜塔莉亚·尼古拉耶夫娜和娜塔莉亚·伊万诺夫娜之间有一段她十分珍惜的深厚友谊。根据这些信件,我们可以在一定程度上判断姐妹俩的生活。时间匆匆流过,日复一日。许多时间必须分给亲人们,两位姨妈需要外甥女们经常去看望她们,如果她们生病了,那么就要每天去探望。姨妈们的性格都很古怪,尤其是叶卡捷琳娜·伊万诺夫娜,娜塔莉亚·尼古拉耶夫娜常要忍受她们的任性。娜塔莉亚·尼古拉耶夫娜在描述索菲亚·伊万诺夫娜和叶卡捷琳娜·伊万诺夫娜吵架的场面时,她说和叶卡捷琳娜姨妈在一起"天使也会失去耐心"。然而可爱善良的娜塔莉亚·尼古拉耶夫娜知道,姨妈有多爱她和孩子们,在某种程度上,她是依赖于姨妈的,所以她忍受了一切⋯⋯

叶卡捷琳娜·伊万诺夫娜住在不远的宫廷女官厢房里,每天晚上7点钟去看望娜塔莉亚·尼古拉耶夫娜,准确些说,是去看孩子们。她非常喜欢普希金的孩子们,看样子,她需要每天和他们交流。如果姐妹俩要到哪里去做客或者看戏,姨妈反正会一如既往地在规定时间里出现,和孩子们共度夜晚。

像上剧院这么昂贵的娱乐,姐妹俩是没有钱付的。有时,斯特罗加诺夫一家邀请她们,他家有自己的包厢。亚历山德拉·卡拉姆津、安德列·穆拉维约夫经常主动看望姐妹俩。娜塔莉亚·尼古拉耶夫娜有时去维亚泽姆斯基和卡拉姆津家。亚历山德拉·尼古拉耶夫娜和他们保持更加亲密的关系。叶卡捷琳娜·伊万诺夫娜姨妈还在世的时候，她曾想方设法阻挠姐妹俩和这两家的交往（像我们后来所见到的那样，叶卡捷琳娜·尼古拉耶夫娜写过这件事）。1841年11月24日，娜塔莉亚·尼古拉耶夫娜在给弗里津戈夫一家的信中的描写，非常能说明这种关系的不大的场面。这天，大家给叶卡捷琳娜·伊万诺夫娜庆祝命名日。早上，娜塔莉亚·尼古拉耶夫娜携"全家"前往叶卡捷琳娜·伊万诺夫娜姨妈家，像她说的那样。有趣地发现，也赶来祝贺命名日的谢尔盖·利沃维奇·普希金已经在她那里。白天在斯特罗加诺夫家举行家庭宴会，晚上姐妹俩准备去叶卡捷琳娜·安德列耶夫娜·卡拉姆津娜那里。但是，叶卡捷琳娜·伊万诺夫娜姨妈9点钟才来，固执地坐着，不愿离开，以妨碍姐妹们去卡拉姆津家。娜塔莉亚·尼古拉耶夫娜明白她的意思。11点钟，她不得不起身，让叶卡捷琳娜·伊万诺夫娜明白，她们不能再等了。姨妈极不情愿地走了……

　　娜塔莉亚·尼古拉耶夫娜常去卡拉姆津家、斯特罗加诺夫伯爵和梅斯特尔家的沙龙，她的追求者也随之拜访这些沙龙。就像阿拉波娃证明的那样，娜塔莉亚·尼古拉耶夫娜守寡的几年间，有不少追求者向她求婚。她说过有H.A.斯托雷平，他是一位杰出的外交家，来到俄罗斯休假，被娜塔莉亚·尼古拉耶夫娜的美所征服，神魂颠倒地爱上了她，但是正如阿拉波娃所说，"四个孩子是可怕的幻影"，按照他的说法是他外交前途的障碍，迫使他放弃这桩"草率的婚姻"。

　　这个原因也成为第二个追求者的障碍。阿拉波娃将他编上代码用字母Г.表示，即Г.公爵。这个人显然是亚历山大·谢尔盖耶维奇·戈利岑公爵，禁卫军炮兵上尉，卡拉姆津兄弟的同事。在娜塔莉亚·尼古拉耶夫娜写给弗里津戈夫夫妇的信中，他作为卡拉姆津家沙龙的常客经常被提及。看来，戈利岑相当执着地追求着娜塔莉亚·尼古拉耶夫娜。阿拉波娃写道，似乎戈利岑通过某位中间人打算搞清楚，如果结婚后将这四个孩子都送到官办学校学习，娜塔莉亚·尼古拉耶夫娜会怎样对待这件事。娜塔莉亚·尼古拉耶夫娜为此说："我的孩子们对谁来说是负担的话，那个人就不能做我的丈夫！"

第二部分 普希金去世后

我们从1842年维亚泽姆斯基的信中得知,娜塔莉亚·尼古拉耶夫娜还有一位追求者,他是个外国人。维亚泽姆斯基没有说出他的名字,但毫无疑问,他指的是外交官格里费奥伯爵,那不勒斯使馆的秘书。娜塔莉亚·尼古拉耶夫娜在一封信中提及格里费奥,他到卡拉姆津家参加晚会。由于这个追求者,维亚泽姆斯基突然给娜塔莉亚·尼古拉耶夫娜写了一封极长的信,在这封信的第一页的上方现在有个签名:"Aff Grif"①。名字没写全,但我们认为,这四个字母已经足够了。现在从我们在阿拉波娃的档案中找到的这封信中引用几段。

……您的处境悲惨而困难,您还处在心灵需要爱情、激情和未来的年龄。只是一味地怀念过去是不够的。您孩子们的年龄不妨碍您对他们尽到母亲的责任,您可以组建新的家庭。况且,合适理智的结合甚至可能对他们大有好处。于是您完全自由地支配您的心灵和喜好。但是在此条件下,您对别人的情感作出回应和选择,将是正确和可能的。您心灵的任何不同的躁动,不同的吸引只会给您带来伤心的后果,您会比别人更难过。

您太真诚和自然了,不擅长审慎考虑,缺乏远见并且不会精打细算,一切导致陷入可怕的处境中……您现在所处的困境部分因为您的美貌引起。这是恩赐,但它的代价有些高。您在上流社会是有权力和能力的,而您知道,所有人都尽力对一切权力进行攻击,只要它一给人留下哪怕再小的借口。我总是告诉您,您应该提防外国人……甚至是在具备独立的产业时,上述结合总是会有巨大的困难。您早晚会离开祖国,放弃自己的孩子,应该把他们留在俄罗斯……而若是没有独立的产业,困难还会更严重。嫁给外国人,您可能失去您能获得的抚恤金,您的未来还会陷入更危险的意外中。

所有这些不利情况源自您特殊的地位和您的生活方式。您既不属于上流社会,也离不开它。这种敷衍和中间地位有很大缺

---

① Aff(aire) Grif(feo) 指的是格里费奥事件。

点,本身隐藏着巨大的危险。第一,您很少出现在上流社会,不受其监督,评价您时仅根据一些迹象,做判断时根据极小的暗示,这些暗示给别人对没看到的事情进行思考的可能。这可比亲眼看见要严重得多。一些迹象可能在没被察觉地进行着,如果您经常出现在您的评判员的面前,大家保持沉默是完全自然的,而您知道,上流社会的评价显然怀有恶意,到处窥探别人的隐私。但是最大的危险是您自己。您不该遭此危险,斗争太残酷。在这虚伪的情况中,您首先容易受到攻击。上流社会的悠闲自在、诱惑和吸引似乎并不怎么危险,至少比隐藏在暗处的影响的危险要小,这种影响不可避免地唤起女人心中对激情的追求,初次见面能够唤醒它。而这就意味着盲目地、手无寸铁地向敌人投降。上流社会的悠闲自在比消遣要好得多,消遣从悄悄触及心灵开始,而以让人心碎结束。在上流社会中药与疾病同行,一种兴致取代另一种。而在这里疾病被摆在自己面前,扩散得越来越大,与日俱增。我的看法是您应该从这种考验中解脱出来,孤独和心灵宁静让您难受的话,这个完全自然,就勇敢地回到上流社会吧……您可能会对我说,我在那里寻找,可是什么也没有,只是一朝被蛇咬十年怕井绳罢了。您可以随意推测,给我的行为随便作解释。可以了吧!但如果我的话是正确的,而他们就这样出现了,如果我恐惧的尖叫能让您避免危险的话,说明危险似乎不远了,使您严肃而平静地观察您的处境,我就会心满意足地接纳我的地位所有的古怪……

这封信没有日期,但根据在信的结尾维亚泽姆斯基劝她无论怎样也要回米哈伊洛夫斯克过夏天,以便"摆脱命中注定的影响"和"躲避危险"可以推断,这封信是属于1842年的。这封信源于以下事件。

我们推测,维亚泽姆斯基对于格里费奥的担心不是没有根据的。1841年年末,娜塔莉亚·尼古拉耶夫娜在一封写给Н.И.弗里津戈夫的信中写道,在追求者中,她没有看上任何人(我们下面将引用这封信)。但是,维亚泽姆斯基吃醋了,担心格里费奥的追求不以婚姻为目的。遂抛出对娜塔莉亚·尼古拉耶夫娜来说的重量级王牌——孩子们怎么办。然而，格里费奥关注这位美貌的女人并没有严肃的打算。无论如何，也许看出来这里不可能等到轻率的浪漫，他很快就迷上别的女人。1842年8月12日，维亚泽姆斯基用最讽刺的表达方式告诉在米哈伊洛夫斯克的娜塔莉亚·尼古拉耶夫娜，格里费奥走了。

格里费奥日前已离开彼得堡。他的部长已经到了，但我还没遇到他。为了满足一下您对丑闻的兴趣，我告诉您，今天报纸刊登出国人员名单，有娜杰日达·尼古拉耶夫娜·兰斯卡娅。这或许只是奇怪的重名吧？

但这不是重名，维亚泽姆斯基很清楚，想必是故意刺激娜塔莉亚·尼古拉耶夫娜，认为她有"对丑闻的兴趣"。娜杰日达·尼古拉耶夫娜·兰斯卡娅（帕维尔·彼得洛维奇·兰斯科伊的妻子，他是娜塔莉亚·尼古拉耶夫娜未来丈夫的兄弟）真的抛弃丈夫，和格里费奥出国了。他们的离婚诉讼案一打就是20多年。但生活中什么事出现不了！娜杰日达·尼古拉耶夫娜的儿子被母亲抛弃，后来在娜塔莉亚·尼古拉耶夫娜那里找到了栖身之处，在1849年的信件中，我们多次遇到帕沙·兰斯科伊。

是的，娜塔莉亚·尼古拉耶夫娜真的很困难。"您不属于上流社会"，维亚泽姆斯基说的是对的，她本质上不属于上流社会的贵族阶级。她的轻信、真诚、自然与她周围的冷漠、虚伪、伪善，对一切残酷地评判的社会截然不同，她和上流社会的人既不相像，也不听命于他们。维亚泽姆斯基劝她回到上流社会，为了不给诽谤留下借口。他想无论怎样也要将她从卡拉姆津家客厅那狭小的圈子里拉出来，在那里，她的每一个崇拜者也许都看到追求者在向她求婚。

普希金在世时，就喜欢拜访卡拉姆津一家，在那里他碰到他喜欢的文学家朋友，当然，他本人对于那个地方也是最主要的吸引力，这个沙龙是中心，聚集着彼得堡先进知识分子。但是40年代以来，这个文学沙龙的性质就变了。普希金去世了，茹科夫斯基结

娜塔莉亚·尼古拉耶夫娜·冈察洛娃的画像,画家B.И.加乌画于1849年。

婚,后来出国走了。显然,普列特尼奥夫也不愿意常去那里。根据下文引用的维亚泽姆斯基的信判断,想必是C.H.卡拉姆津娜的上流社会的朋友和熟人,卡拉姆津兄弟团里的同事挤满了客厅。C.H.卡拉姆津娜在这里唱主角。此时她已经40岁了,但还没出嫁,这无疑在她性格上打下烙印。H.B.伊斯梅洛夫是这样写她的:"……上流社会的生活消遣、阴谋错综复杂的关系、流言蜚语和闲话几乎成了C.H.卡拉姆津娜的主要兴趣爱好。评论别人,准确些说,恶毒讥讽地谴责别人,在这方面索菲亚·尼古拉耶夫娜是行家里手。人们知道并在'上流社会'说她爱搬弄是非,好奇心强……"

1840年,普列特尼奥夫写信给格罗特:

> 星期日(10月20日)我去卡拉姆津家参加晚会。我承认,一种求知欲和观察这个社会而得来的实际利益还阻止我看到和听到上流社会的空虚。

过了些年,普列特尼奥夫在写给茹科夫斯基的信中,对卡拉姆津家的沙龙是这样评价的。

> ……卡拉姆津家我几乎不去。这种消遣的新鲜劲儿过去了。相反,在他们的团体里没有任何生活。
>
> (1845年3月2日)

> ……冬天时到卡拉姆津家去过两次……以前纯粹高尚的文学将我们大家连在一起,精神振奋。现在往昔不再。全部兴趣转到发财和挥霍的手段上来。看起来,幸福的旧时光永远不会再来了。如果您还会回到我们中间,当时可能会让态度和兴趣扭转回来。可怎么组织呢,核心不在了。
>
> (1850年3月4日或16日)

上流社会的空虚……这多准确！我们找到的证据不但来自普列特尼奥夫，而且还来自彼得·安德列耶维奇·维亚泽姆斯基！

维亚泽姆斯基在给娜塔莉亚·尼古拉耶夫娜的信中将注意力转移到卡拉姆津家和他的关系上来，他给参加这个沙龙的上流社会做了评价。

这就是维亚泽姆斯基写的那封信。

……我们打算下星期去雷瓦尔待上十来天。我此行的主要秘密目的是，尽量劝说卡拉姆津娜夫人在那里过冬。您会领悟到我这么做的目的的。她家最终会给您带来不幸，我宁愿您去兵营也不去她家。玩笑话放一边，这让我十分担忧。

1842年8月12日

……您知道，这所房子里的人们急于散布各种消息，不仅有发生在客厅中的，还有最隐秘的内心发生和没发生的消息。家庭玩笑也被不知羞耻地公之于众，接着被搬弄是非的长舌妇和不怀好意者品头论足，添油加醋。我不明白，为什么您允许自己身处困境，您能用您平静谨慎的行为增加尊严和神圣的性格。这完全符合您的地位。为什么在没有任何必要的情况下，您允许将自己的名字和闲话有所瓜葛，尽管没什么大不了的。总是或多或少地会损害名誉……所有您所谓的朋友给您的建议、计划和玩笑是您最危险、最狂热的敌人。以此为由，我会说出许多，给您举出许多证据和事实，说出许多人的名字，为了使您相信，我不是幻想家和欢乐的干扰，或者简单点说，像躺在草垛前的狗，自己不吃，也不给别人吃。但要向您坦白我对您的爱是严肃、多疑、甚至专制的，至少是想这样做。

（1842年）12月13日

多令人惊讶的表白！如此评价卡拉姆津娜家和自己的姐姐！像我们下文看到的那样，还有令人惊讶的是，叶卡捷琳娜·尼古拉耶夫娜因普希金家发生的不幸而指责卡拉姆津家人，并且预先警告娜塔莉亚·尼古拉耶夫娜不去参加这个沙龙。维亚泽姆斯基说的"不幸"更准确些。他写道，娜塔莉亚·尼古拉耶夫娜表现得非常可敬，但允许自己和闲话搅在一起。但这是她"允许"或"不允许"的吗？这些全部原本是她不在场时说的，在她背后做的，她怎么能阻止呢？维亚泽姆斯基能说出许多散布娜塔莉亚·尼古拉耶夫娜谣言的造谣者的名字，排名第一的，想必是索菲亚·卡拉姆津娜。难道他不能最好是消除这个根源吗？而且为什么维亚泽姆斯基认为每天午间去拜访娜塔莉亚·尼古拉耶夫娜不会给造谣者留下口实呢？为什么他羞于出现在娜塔莉亚·尼古拉耶夫娜的孩子们和仆人面前？就像我们下文看到的那样。

而且在这封维亚泽姆斯基的信中，有向娜塔莉亚·尼古拉耶夫娜求婚的迹象：Aff.Alex[①]。谁是阿列克斯？是亚历山大·戈利岑吗？我们还有一个推测：会是亚历山大·卡拉姆津吗？……我们知道，他早在普希金在世时就迷恋娜塔莉亚·尼古拉耶夫娜，每星期六都到她家吃早饭。娜塔莉亚·尼古拉耶夫娜1841年在给弗里津戈夫一家人的信中提到他的拜访。维亚泽姆斯基对"阿列克斯"的忌妒是不必怀疑的。而卡拉姆津家人呢？他们当然要反对这桩婚事。但这只是我们的推测，没有文件证明，因此，我们暂时认为"阿列克斯"是戈利岑。

正是这位彼得·安德列耶维奇·维亚泽姆斯基缠绵地追求诗人遗孀，一直到她第二次结婚，比所有人都长久、都顽强。（还有П.В.纳肖金说过，维亚泽姆斯基"追求"过娜塔莉亚·尼古拉耶夫娜。M.A.齐亚夫洛夫斯基写道，纳肖金的说法被维亚泽姆斯基给诗人遗孀的那些书信证实了。这些信还是1924年Б.Л.莫扎列夫斯基转交给他的，莫扎列夫斯基说过"维亚泽姆斯基公爵非常迷恋H.H.普希金

---

① Aff(aire) Alex(andre)和亚历山大的历史有关。

娜"。)他几乎每天都在午饭时间出现在普希金家,他并不用餐,只是坐上一个半小时。晚上他还经常来。还给娜塔莉亚·尼古拉耶夫娜大量地写信。未必能将维亚泽姆斯基列入到这个美丽、非凡、迷人的女人的高尚而纯精神上的崇拜者之列。我们认为,他的目的是完全不一样的。在一封信中,维亚泽姆斯基引用诗人涅列金斯基的诗歌,用他的诗句抒发自己对娜塔莉亚·尼古拉耶夫娜的感情:

> 啊!如果能死一般地迷恋
> 如果有天堂独特的馈赠:
> 我想住进你的心房,
> 你的愿望全部看到;
> 为了愿望而自我牺牲,
> 保守秘密在心底,
> 为了幸福的你我,
> 而感谢的只有秘密。

维亚泽姆斯基的信充满了爱的表白。"请相信您不相信的我的一片真心。"(1840年)"当您为鹅点数时,我亲吻您落在丝绸般柔嫩的小草上的脚印。"(1841年)"您是我的太阳,我的空气,我的音乐,我的诗歌。""我匆忙间,没有时间,因此我只能说两个字,不,是三个字:我爱您!不,我依旧爱您!"(1842年)"我对您的爱情与忠诚不会改变,任何时候在我心里都不会消逝,因为它们不取决于情况和您。"(1841年)

他对娜塔莉亚·尼古拉耶夫娜说"只怀念过去是不够的",他也许想通过维亚泽姆斯基公爵的身份现在代替他……但这段在他看来"任何时候都不会消逝"的爱情,当娜塔莉亚·尼古拉耶夫娜再婚时,就烟消云散了。

那么娜塔莉亚·尼古拉耶夫娜本人怎样看待维亚泽姆斯基、他的感情和他的劝诫呢?这是一封不长、没有注明日期的信里的一段。

……我无法理解我做了什么，得到对我这么恶劣的想法。我在所有事情上，所有您的深奥问题上总是坦率的。如果因您的浪漫的想象而在您的脑海里产生没有任何实质内容的离奇想法，这不是我的错。您过于草木皆兵了吧。

　　我们看到，娜塔莉亚·尼古拉耶夫娜很了解维亚泽姆斯基的贪图，他"深奥的"问题和离奇的想法，而正如她所说，出于她一贯的委婉，说成是"浪漫的想象"。

　　看来，维亚泽姆斯基固执的追求让她失去了耐性。保存下来他的一封短信，虽然没有日期，但有可能是1842年的。

　　在您姨妈最近举行的晚会上，您对我那么不好，我至今不敢出现在您面前，我独自一人去了皇村，掩藏自己的羞愧和痛苦。但是我还是以善报恶，因为我爱惩罚我的小手，我预先警告您，弗拉基米尔·普希金娜公爵夫人①来了。如果您需要我说情，写字条告诉我。我星期一可能进城待上几个小时，如果我有时间，尤其是我有勇气的话，我会晚上去看您。

　　这个月7号是玛丽②的生日。您不来陪她一起过吗？

您忠实的牺牲者，维亚泽姆斯基，于星期六

　　可以推测，维亚泽姆斯基在这个晚会上的求爱特别纠缠，娜塔莉亚·尼古拉耶夫娜很不喜欢，而且她让他明白这一点。普希金娜公爵夫人来了，只是他和解的借口而已。

　　但维亚泽姆斯基1843年6月26日的信更有趣（该信的年份没写，但毫无疑问，这封信只能是1843年写的，因为娜塔莉亚·尼古拉耶夫娜正是这一年去了雷瓦尔。关于这次出行，我们下文要详细说明）：

---

①那个时代，不少女人随丈夫的姓氏，还通常用丈夫的名字称呼她们。
②维亚泽姆斯基的女儿。

为了不表现得比实际更轻率，请允许我解释一下我临行前没去看您的原因。多少次我准备这样做，但我的勇气总是不足。而您知道是什么勇气吗？害怕在您的孩子和仆人面前出丑。您的姐姐并不让我难堪。她聪明善良而且公正。她应该是理解每个人的，如果她在某些情况下指责我，而其他情况下，我相信她会对我做出应有的评价、理解我的。而您呢，您很少让我难堪，因为您不说什么也不做什么，但在您的心灵深处，如果您还有心，在您的良知深处，如果您还有良知，您应当承认，您在我面前是有罪的。我们彼此都清楚，您的罪过在于您的自私已达到冷漠和残酷的地步。请允许我来问您：您是否为我牺牲过哪怕一丁点自己任性的要求和一丁点愿望？您对明知让我生气或伤心的事是否有过哪怕一瞬间的犹豫？我替您回答：从没有过！完全没有！我们不会说，我的苛求为的是您的利益，而不是我这边只利于我的突发奇想，但请您弄清楚，不可能有这样没有互动没有彼此让步的真诚友谊和爱恋，而您呢，您从未想过对我做出任何让步，于是我在您身旁就成了一个傻瓜，摆设，我对您而言简直就是无关紧要的习惯，我能做得好的就是离开。有一天我醒悟了，不知道怎么办和为什么，因为您的行为中没有任何变化，尽管我长期忍受了如此盲目的忘我牺牲的过程，但清醒的时刻终于到来了，这是溢出水杯的水滴。当然我能够也应该反其道而行之。我可以不声不响地在精神上远离您，继续待在您的身边。我本该这样做的，为了自己，也为了别人。这是实情。我不公正，没有人会比我因为此事遭受更多的痛苦。我甚至可以说，是我一个人在受苦。因为如果我怀疑您对我的感情或者准确些说没有任何感情，在我们争吵过后，您的行为足以说明，这些感情已完全不在了。如果我对您从梅斯特尔家回来后去雷瓦尔的建议干涉了您的想法，请告诉我，因为我宁愿放弃到那里去，也要为您提供一个独自出行的机会。

无论如何，我回到彼得堡后会利用我没在场的借口，以彼得·布托福里奇的身份，出现在您孩子的面前。

（1843年）6月26日

这封信看起来反映了娜塔莉亚·尼古拉耶夫娜和维亚泽姆斯基真实的关系。他那"虚幻的感情"、强加于她的并不存在的爱恋和对她的生活不断忌妒的干涉和教训，让她感到厌恶。她最终对他说出来了……

已婚的维亚泽姆斯基对诗人遗孀的追求告诉我们，他至少是对普希金的纪念缺乏尊重。他要说服娜塔莉亚·尼古拉耶夫娜，她的心灵只怀念过去是不够的，心灵需要未来。菲克里蒙伯爵夫人说过，维亚泽姆斯基认为自己是无法抗拒的，想象所有漂亮的女人都应该爱上他。可以理解他对美丽非凡的娜塔莉亚·尼古拉耶夫娜的迷恋，但不能原谅他的纠缠，尽管以"友情"做掩饰。有趣的是，维亚泽姆斯基自称为"布托福里奇"。他想以此说明什么呢？这是否意味着他今后还像从前一样，作为一件摆设、"道具"，出现在娜塔莉亚·尼古拉耶夫娜的客厅里，而在"精神上远离她"？

看来就是这样。

但是，娜塔莉亚·尼古拉耶夫娜多年忍受维亚泽姆斯基的真情流露和纠缠不休的拜访说明了什么？为什么她维持着（哪怕是表面的）与卡拉姆津家及维亚泽姆斯基家友好的关系？按叶卡捷琳娜·尼古拉耶夫娜的说法，她应该因许多不幸谴责他们。我们不知道，叶卡捷琳娜·尼古拉耶夫娜指责这些人些什么，但娜塔莉亚·尼古拉耶夫娜或许知道，我们认为对她行为的解释正在于此：她害怕他们。在一封信中，娜塔莉亚·尼古拉耶夫娜写道，女人应该害怕社会舆论："上流社会的法则是为女人而定的，男人们的优势在于他们不害怕。"尽管她和维亚泽姆斯基之间似乎发生过争执，却不得不与他"和解"，维持表面的友好关系。普希金沦为上流社会诽谤和憎恨的牺牲品。他的妻子对此太清楚不过了。但她斗不过他们。阿拉波娃写道："她不属于

……豪华的京城，可怜的京城，
不自由的内心，端庄的外形，
湛青而又苍白的上天的穹窿，
大理石，百无聊赖和寒冷。①
　　　——普希金《豪华的京城，可怜的京城》，彼得堡，1828年

①参见《普希金全集》第2卷，第258页，苏杭译。——译者注

性格坚毅独立、善于自我保护的女人。"为了孩子们能在这个社会上立足,为了他们的未来,正如我们下文看到的那样,她维系着和上流社会熟人的关系。她不能切断与卡拉姆津家和维亚泽姆斯基家的关系,而是保持和这个交际圈的紧密联系。但当娜塔莉亚·尼古拉耶夫娜再次嫁人,她的地位就根本地改变了。她不再去卡拉姆津家了。以后的几年间,看起来,她有时会与维亚泽姆斯基见面,有时会通信。"我很少看见卡拉姆津一家。"娜塔莉亚·尼古拉耶夫娜1853年在给维亚泽姆斯基的信中写道:"我没什么时间去,公爵小姐总是生病……索菲亚到处跑,但从不到我们这儿来。他们的晚会据说很多人,但我一次也没去过。"娜塔莉亚·尼古拉耶夫娜未必"没时间"去卡拉姆津家,简单说她不想再去她家,C.H.卡拉姆津娜,正如我们所看到的,也没去她那里。这段"友谊"结束了……

1841年,在寄给国外的弗里津戈夫一家的日记体书信中,有一封向我们描绘娜塔莉亚·尼古拉耶夫娜的情感和她与那些所谓的朋友的关系的信。

……我收到你们亲密的书信,我善良亲爱的朋友们。谢谢娜塔莎,你肯将字写得那么清晰,到了该做这件事的时候了,我们已经开始怀疑你们骗人。

弗里津戈夫,我非常担心,你们在读我日记时,得到预期的满意了吗?别骗我,日记完全没趣,因为我只是描述事实,至于我们还能体会到的感情,注意我们的成年人,我就不跟你们说他们了吧。可以坦率地告诉你们,看看我心灵最隐秘的角落,他们没在我心里。我近日就此事问过萨沙,和你们说的一般无二。对于谁可以追求我,我什么也没说。人们常常谈论此事真是可笑,你们可以责怪我心比天高,你们不也经常指责我,尽管我总是对我的胜利在你们那里保持极可能的沉默。至于萨沙,她自己会写信告诉你们的。她说的东西很少,而我给她补充一些。

我非常可怜你,亲爱的娜塔莎,你们住在异国他乡,没有朋友。尽管真正的朋友很少见面，你总是会感激那些主动为你出面的人。至少你们可以说，这里有你们真正的朋友，他们真诚地同情你们。

（1841年）12月16日

很遗憾，在阿拉波娃的档案中，总共保存了九页日记体书信，显然娜塔莉亚·伊万诺夫娜去世后，又回到娜塔莉亚·尼古拉耶夫娜手中。弗里津戈夫一家在国外住了许多年，要是能找到其余的书信，这会是对娜塔莉亚·尼古拉耶夫娜生平的巨大贡献。然而，这为数不多的页面向我们呈现了姐妹们40年代初的生活，补充了娜塔莉亚·尼古拉耶夫娜形象的特点。我们认识到，维亚泽姆斯基对于她的崇拜者的担忧，事实上是没有根据的，因为她的心是自由的。但这里她关于朋友的想法特别有意思：尽管真正的朋友很少见面，但她会感激那些主动为她出面的人。

1842年，娜塔莉亚·尼古拉耶夫娜携全家再次到米哈伊洛夫斯克度夏。这个时期总共找到她的三封信。我们从维亚泽姆斯基和扎格里亚日斯卡娅的信中知道，自从7月起，谢尔盖·利沃维奇又住在那里了，看样子同时还有列夫·谢尔盖耶维奇，在扎格里亚日斯卡娅的一封信中，我们看到了有关这方面的提及。在阿拉波娃档案中保存着1842年叶卡捷琳娜·伊万诺夫娜寄到米哈伊洛夫斯克写给娜塔莉亚·尼古拉耶夫娜的十封信。这些信充满了对可爱的小心肝儿（她是这样称呼娜塔莉亚·尼古拉耶夫娜的）和她的孩子们的关怀和爱。姨妈寄给他们三册带插图的故事书、一册神话故事、儿童杂志，而给娜塔莉亚·尼古拉耶夫娜寄来了《死魂灵》。顺带提一下，故事情节是她已故的丈夫提供给果戈里的。写这些信的时候，叶卡捷琳娜·伊万诺夫娜已经病重，她自己说，没有身边人的帮助，她无法挪动半步，别人用圈椅挪动她。她最后的信标明日期为7月末，而8月18日她去世了。这对娜塔莉亚·尼古拉耶夫娜来说是巨大的损失，不但是精神上，而且是物质上的损失。娜塔莉亚·尼古拉耶夫娜担心来不及参加葬礼，于是，1842年8月25日，她给Г.А.斯特罗加诺夫寄去非常温暖的信：

> ……出现任何困难的时候，姨妈总是怀着对我的爱，为我的事奔波忙碌，我不会大肆宣扬我可怜姨妈的去世对于我来说是多么的痛苦，您很容易理解并明白我的悲痛。您很了解我们的关系。我失去了生活中最坚强的支柱。她的友谊不断警惕地关注着我家的福祉，因此通常能缓解任何痛苦的时间只能让我对失去她的慷慨支持的痛苦与日俱增。

在列宁格勒的亚历山大-涅夫斯基公墓保存着一块墓碑，我们在上面读到以下的墓志铭："这里安葬着皇后陛下的宫廷女官、终身未嫁的叶卡捷琳娜·伊万诺夫娜·扎格里亚日斯卡娅。她生于1779年3月14日，卒于1842年8月18日。"

1842年夏天，企图对普希金继承人提起诉讼，从米哈伊洛夫斯克的土地中赢得60俄亩以收归其管辖的奥波奇卡县当局，给娜塔莉亚·尼古拉耶夫娜造成许多不愉快的经历。

娜塔莉亚·尼古拉耶夫娜为了省钱，打算在乡下住到10月中旬，但是叶卡捷琳娜·伊万诺夫娜的去世加速了她的离开。

"你可能会很奇怪，亲爱的最善良的德米特里。"我们在9月17日的信中读到，"看到在我的信上盖着彼得堡的邮戳。这个夏天多少个不愉快的情况和最艰难的事情，一个个接踵而至，我被迫将我的归期提前了两个月。这个决定是在收到斯特罗加诺夫伯爵随信寄给500卢布路费（他知道，我一分钱也没有）之后做出的，他坚决建议我立刻回来。"

我们从叶卡捷琳娜·尼古拉耶夫娜的信（该信下文将被引用）中得知，显然，梅斯特尔姨妈执行已故妹妹的遗嘱，将"所有的物品，同时还有家具和白银"都给了娜塔莉亚·尼古拉耶夫娜。我们已经说过，姐妹间的不动产不在分配之列。叶卡捷琳娜·伊万诺夫娜要求索菲亚·伊万诺夫娜，在她死后转交给心爱的外甥女一块500

名农奴的领地。然而，梅斯特尔伯爵夫人生前没有这么做。她死于1851年，按照遗嘱，她全部的财产归入侄子谢尔盖·格里戈里耶维奇·斯特罗加诺夫的名下，责成他执行叶卡捷琳娜·伊万诺夫娜有关娜塔莉亚·尼古拉耶夫娜的遗嘱。后来，这份遗嘱也给她造成许多不安和不愉快，因为斯特罗加诺夫要求娜塔莉亚·尼古拉耶夫娜偿还领地一半的债务，尽管他已得到了最大最好的一份遗产。

1843年，娜塔莉亚·尼古拉耶夫娜在丈夫去世后首次在上流社会现身，开始到宫廷中来。显然，她在某地遇到了沙皇和皇后，他们打算利用著名的美人出席扮靓宫廷舞会。拒绝"陛下们"的邀请当然是不可能的。

"这个冬天，"娜塔莉亚·尼古拉耶夫娜1843年3月18日在给哥哥的信中写道，"皇室给我荣耀，常常想起我，因此我经常出去。他们赐予我的关注让我萌生了感激之情。皇后甚至给我荣誉，向我要了一张画像放在自己的纪念册里。现在，画家加乌受皇后陛下所差，为此来给我画像。"

显然，阿拉波娃在回忆录中提到的正是这幅画像。在一次宫廷化装舞会上，娜塔莉亚·尼古拉耶夫娜穿着古犹太人的服装出现，是令人惊叹的美。皇后希望有一张她穿这套服装的画像放在纪念册里。按照娜塔莉亚·尼古拉耶夫娜的说法，这幅画像是她所有画像中最成功的一幅。遗憾的是，这幅画像我们没见到。

娜塔莉亚·尼古拉耶夫娜当时30岁，她如鲜花般美丽绽放。按照维亚泽姆斯基的表达，她"有惊人的颠倒众生、沉鱼落雁的姿色"。娜塔莉亚·尼古拉耶夫娜当然没有购置服饰的钱，但是叶卡捷琳娜·伊万诺夫娜姨妈留给她自己的衣橱、珠宝、毛皮花边作遗产。而我们从信中得知，索菲亚·伊万诺夫娜经常赠给两个外甥女服装布料。娜塔莉亚·尼古拉耶夫娜的外孙女Е.П.比比科娃的回忆录中所写，是从母亲Е.П.兰斯卡娅（按照第二任丈夫的姓氏是比比科娃）听到的，普希金还在世时，她的礼服是如何翻新的："娜塔莉亚·尼古拉耶夫娜在自己的服饰方面很少花钱，扎戈里亚日斯卡娅姨妈给她提供，家里的女裁缝给她重新缝一下，束腰通常会被缝得很好，用缎子做衣服，用卡纳乌斯绸做衬裙，而上边缝上用某种纱做成的皱褶，每次舞会后将皱褶拆下来，扔掉，再缝上新的。"

正如我们所看到的，似乎娜塔莉亚·尼古拉耶夫娜在服装方面耗资巨大造成普希金破产，这样的指责未必是公正的。

1843年夏天，普希金一家没有离开彼得堡。这是娜塔莉亚·尼古拉耶夫娜写给哥哥的信。

……今年我将被迫在城里过夏天，尽管我曾告诉万尼亚去伊利茨诺①过夏天。谢尔盖·斯特罗加诺夫伯爵来这里完全改变了我的想法。他如此善良地同情我的孩子们，按照他的建议，我决定送男孩子们以校外考生的身份去上中学，也就是他们在家里住，只去那里上课。但是萨沙对上三年级还准备不够，而据很多人讲一年级对智力发展做得不得力，因为学生非常多，由此可见，监管也不行。结果教学进行得非常慢，孩子一年年地停滞在那里，不能升到下一年级。因此我想让萨沙在这一年里多学习知识，所以我留下，因为他明年8月就入学了。而现在按照校长的建议，我想给他安排一下，我要为他请教师，将为他通过考试做准备。在开销方面，今年是困难的一年，但最终这个决定会对我的孩子有利的想法奖赏了我。首先在作决定之前，我借机和陛下说了此事，他没有指责我的想法。

1843年3月18日，（彼得堡）

早在1841年，普列特尼奥夫写道："……在普希金娜（诗人的妻子）家喝茶。她非常可爱地向我表达有关孩子们教育问题的想法。她甚至希望男孩子们读到大学，不去官办学校学习。但他们在贵族子弟军官学校注册了，想完成这个计划，她的钱太少。"

在普希金死后，根据沙皇的命令，普希金的儿子们很快在贵族

---

① 冈察洛夫家在梁赞省的一块领地。

子弟军官学校注册,就是这个原因,娜塔莉亚·尼古拉耶夫娜不得不和尼古拉一世"商量",因为她担心他会不高兴。她多希望孩子们能待在她身边,待在家里,她随时关注他们的成绩与健康,每天看见他们!但主要的是,她认为给孩子们丰富的通识教育是必要的。萨沙·普希金进入彼得堡第二中学学习(教学楼被保留下来,如今这里是232中学,位于普列汉诺夫街),一年后,弟弟也随着哥哥进入这所学校学习。看起来,两个男孩子都完成了中学的学业,但由于经济状况,他们没能进入大学学习。普列特尼奥夫说,娜塔莉亚·尼古拉耶夫娜甚至没有上中学的钱。她过得有多难,她写给德米特里·尼古拉耶维奇·冈察洛夫的信能证明。

……我没能立刻给你回信,我本想这样,原因很多,但主要的是没有时间。大家很快都离开城里了,向你承认,我为此很高兴。少了一些必需的出行,就能少一些开支。梅斯特尔一家将住到皇村去,斯特罗加诺夫一家去石岛。朋友们去往各个地方。而我们坚定地住在这里,哪儿也不去。孩子们继续十分努力而且有规律地学习。

知道你一直关心我们,我明白我们的事情让你厌烦,但如果现在你的头脑有空儿,我亲爱的哥哥,看在上帝的分上,稍微想想我们。我不必告诉你,我们有多缺钱,寄给我们应得的那份,你将会极大地改善我们的处境,这对我们是真正的恩赐。应付我们到6月1日,这笔钱达到3000卢布,这是一笔巨款,对我们来说,这笔钱好像是来自天堂的帮助。请原谅,千百次请原谅,亲爱的德米特里。没有你的帮助,我要是能行的话,我会永远沉默下去,但不幸的是,我现在身处惊慌失措之中,只能求助于你,你是我唯一的希望。

1843年5月19日,彼得堡

……真的,请原谅,亲爱的善良的哥哥,我如此让你厌

彼得·彼得洛维奇·兰斯科伊（1799—1877）是俄罗斯陆军中将，1844年娶娜塔莉亚·尼古拉耶夫娜·冈察洛娃为妻。画家В.И.加乌画于1847年。

烦，死亡本身是很惭愧的，我对天发誓，但有时也非得如此不可，而现在我处在最凄惨的境地。

（1843年6月26日）

1843年夏天，娜塔莉亚·尼古拉耶夫娜病得很重。按照医生的意见，她不得不去雷瓦尔进行海水浴治疗。在那个时代，海水浴享有很大的名声。在雷瓦尔，有许多旅馆和浴所。夏天，上流社会云集到此治病和休息。显然，E.A.卡拉姆津娜在得知娜塔莉亚·尼古拉耶夫娜患病后，邀请她去做客。可能卡拉姆津娜自小生长在雷瓦尔，可以推测，她在那里有自己的房子，因为她经常半年住在雷瓦尔。维亚泽姆斯基一家也来到此地。维亚泽姆斯基未必得了叶卡捷琳娜·安德列耶夫娜在雷瓦尔过冬，如果她只得住在旅馆的话。从通信可以看出来，娜塔莉亚·尼古拉耶夫娜和亚历山德拉·尼古拉耶夫娜到这里住了两星期，海水浴给病人带来很大的益处。

1843年秋天，从苏利察传来叶卡捷琳娜·尼古拉耶夫娜去世的消息。娜塔莉亚·尼古拉耶夫娜和亚历山德拉·尼古拉耶夫娜的反应是非常镇静的。

第十四章 再婚

多少年间，这个主题是某种"禁忌"，被避而不谈……为什么？可能因为某种内心的谴责……以前对诗人妻子没什么可宽恕的，显然，如今还有许多人希望她永远保持着对普希金的忠贞不渝。这很具浪漫主义色彩，但……不切合实际。让我们快速回到大约一个半世纪以前，让我们设身处地替她想想，一个美丽非凡的女人带着四个小孩儿艰难地生活，众多爱慕者体面地追求她。我们回想一下，她丈夫去世的时候，她顶多24岁。我们记得普希金临死时，嘱咐她为他守孝两年，然后找个正派的人嫁了。他是明智的，希望她幸福，他知道她性格软弱，了解家中经济困难，失去了他，她将会有多难。这样正派的人出现了。于是她决定依靠这男人友好的臂膀，带大孩子们，在社会上有个稳固的地位。不要因此指责她。

娜塔莉亚·尼古拉耶夫娜与彼得·彼得洛维奇·兰斯科伊相识，看来是在1844年的初冬。据阿拉波娃回忆，1843年秋天，兰斯科伊在巴登-巴登①度过，他患病久治不愈，医生们就将他送到了那里。在那里，他经常遇到再次带病妻来巴登求医的伊万·尼古拉耶维奇·冈察洛夫。他和冈察洛夫早就交情深厚。因此，当兰斯科伊回国时，伊万·尼古拉耶维奇请老友将包裹和书信转交给妹妹。兰斯科伊完成请托后，收到了谢意和到家做客的诚挚邀请。也许在1844年冬天，不止一次去拜访娜塔莉亚·尼古拉耶夫娜。

娜塔莉亚·尼古拉耶夫娜春天准备再去雷瓦尔，这次是为了孩

---

① 巴登-巴登，德国著名的温泉疗养地、旅游胜地，毗邻法国的北阿尔萨斯地区，距法国边界的莱茵河仅7.5公里。——译者注

子们的健康。医生们建议她带着他们去洗海水浴。她特别担心萨沙,他经常生病,当时娜塔莉亚·尼古拉耶夫娜一个接着一个请医生:"在这上面我不心疼钱,只要孩子们健康就行。"但是,突然她的脚崴了,出行被推迟一段时间,然后完全被取消了。显然,彼得·彼得洛维奇·兰斯科伊5月时向娜塔莉亚·尼古拉耶夫娜求婚,这次她同意了。

兰斯科伊将军已经不年轻了,他45岁,之前没有结过婚。据同代人证明,他是位善良的好人。未来丈夫对待她初婚所生子女的态度是娜塔莉亚·尼古拉耶夫娜作决定的主要因素。她没有错,我们后来就会看到。

现引用亚历山德拉·尼古拉耶夫娜没有注明日期的书信,这封信应该写于1844年5月末至6月初。

> 我开始写这封信,亲爱的德米特里,是为了告知你一个重大喜讯:塔莎要嫁给近卫骑兵团指挥官兰斯科伊将军了。他不是很年轻,但也不老,四十多岁。他大体上……[①]这么说是完全有根据的,因为他有一颗高尚的心灵和最完美的优点。他对塔莎的爱和对孩子们表现出的兴趣是他们幸福的最大保证。但是,如果允许我夸奖他(是他应得的)的话,这封信我就无法收尾了……

冈察洛夫家的父母赞成这桩婚事。娜塔莉亚·伊万诺夫娜1844年6月5日给德米特里·尼古拉耶维奇和他妻子写信:

> 亲爱的德米特里和丽莎,这次我给你们两人一起写信,相信丽莎会理解我的,为了告诉你们一个幸福的消息。塔莎要嫁给彼得·兰斯科伊将军了,他是安德列·穆拉维约夫和万尼亚的朋友。穆拉维约夫先生从道德品质角度对他赞许有加,他们认识已经14年了。这是我关于他的最好的推荐。他不是很年

[①] 有一个词不清晰。

轻，43岁。这个年龄对已不再年轻的塔莎正合适。愿上帝祝福他们结合。可能你们已经知道这个喜讯，那我就没什么新鲜事要告诉你们了。我很高兴地告诉你们这件事，我多少能预见到这桩婚事能令塔莎和孩子们衣食无忧，还会给全家带来益处。家庭的新成员品德高尚，正像穆拉维约夫说的那样，带来的不但是幸福，还有经历多少不快与痛苦之后我们所需要的……

父亲尼古拉·阿法纳西耶维奇也对女儿的再婚给予热情的回应。
"……为新婿彼得·彼得洛维奇·兰斯科伊将军向您和您亲爱的利扎韦塔·叶戈洛夫娜表示祝贺。"他给大儿子和儿媳写信道，"在此情况下，为了满足你们妹妹娜塔莉亚·尼古拉耶夫娜的要求，我将我的大法师（修士）礼物给她。"①

因为出嫁，娜塔莉亚·尼古拉耶夫娜一定会给德米特里·尼古拉耶维奇·冈察洛夫写信，这是毫无疑问的，但遗憾的是，我们还没在档案中找到这些信。

婚礼非常低调地于1844年7月16日在兰斯科伊团驻扎地斯特列利纳举行。尼古拉一世希望做男主婚人，但娜塔莉亚·尼古拉耶夫娜，像阿拉波娃写的那样，回绝了这份"荣耀"。

然而，第二天兰斯科伊向沙皇报告婚礼情况时，尼古拉一世说，他一定要为他的第一个孩子施洗。拒绝这份"荣耀"已是不可能的，因此亚历山德拉·兰斯卡娅的教父就是沙皇本人。阿拉波娃写道，双方的兄弟姐妹参加了婚礼。我们猜测，斯特罗加诺夫一家和梅斯特尔一家也参加了婚礼。婚礼只在家人间庆祝。

亚历山德拉·尼古拉耶夫娜还住在妹妹家。她那难以相处的性格无疑让娜塔莉亚·尼古拉耶夫娜的家庭生活复杂不少。对妹妹有无尽的爱的亚历山德拉·尼古拉耶夫娜忌妒她对丈夫的感情，而娜塔莉亚·尼古拉耶夫娜，正如我们在她的信中所看到的那样，因家庭不和感到非常痛苦。然而，老成持重的兰斯科伊为了妻子，看来

---

① 此信用俄语写成。

表现得很有分寸，紧张的关系没有达到破裂的程度。

兰斯科伊因公务在身，不得已有几个月不在家住。但是根据我们掌握的书信判断，娜塔莉亚·尼古拉耶夫娜仍然和孩子们待在一起，甚至不同意为了去看丈夫将他们短期留在家里。

"你告诉我你对通情达理的理解。"她1849年7月8日写信给丈夫，"难道你认为我不会钦佩你如此无私的行为吗？我知道，本应是我给你更大的帮助，可是却是你为我的家庭作出牺牲。我的一部分责任在这里支持我，而另一部分召唤我到你那里去。需要怎样回复两颗心的召唤，我希望，上帝给我做事的方法。"

我们注意到"你为我的家庭作出牺牲"一句，也就是为了普希金的孩子们。因为他们，她不能去看兰斯科伊，这部分责任对她来说更重要。娜塔莉亚·尼古拉耶夫娜在7月24日的信中给丈夫写道，现在她无法去他那里，因为孩子们无人托付。亚历山德拉·尼古拉耶夫娜很难一个人应付这个家，因此她要等家庭女教师回来，打算9月末去兰斯科伊那里。11月和他一起返回彼得堡，到时她需要带玛莎进上流社会。但我们感觉，不只是因为家庭女教师不在，才让她留在家里。7月至8月，男孩子们放假了，她想和他们在一起，而9月格里沙应该入读贵族子弟军官学校。娜塔莉亚·尼古拉耶夫娜当然不能在儿子的这一重要时刻缺席。只有当他适应新生活，她才认为有权短期地离开。有个有趣的发现，娜塔莉亚·尼古拉耶夫娜似乎没有一次以不放心将兰斯科伊的小女儿交给保姆和家庭女教师为由而留在家里。她说，要么为了普希金的孩子们，要么为了整个家。

显然，兰斯科伊在信中提前告知妻子，无法为她提供他想要的必要的舒适。娜塔莉亚·尼古拉耶夫娜因此写道：

> 别为你住宅是否高雅而担心。你知道，我不需要（尽管我也喜欢舒适，如果条件具备的话）。一个不大的角落就会令我非常满意，几样简单舒适的家具够凑合用就行。对我来说最大的幸福就是和你在一起，分担你放逐在外的重担。你不必怀疑，我知道，如果我没有对家庭的责任，我会随你一起去的。我喜欢

安静而与世隔绝的生活。对我来说，苦闷并不存在。

我们不由得回溯到过去普希金时代。她对家庭有着强烈的责任感，她向往寂静安宁的生活，可以想象，娜塔莉亚·尼古拉耶夫娜如果需要，她就会和普希金一起到米哈伊洛夫斯克去，到任何"放逐"的地方，和他分担全部的生活重担……

娜塔莉亚·尼古拉耶夫娜寄给兰斯科伊日记体书信。

"你是对的。"她写道，"你说，我在信里闲谈好多弄脏了纸，写满了我不被承认的感情。"

她当然是在开玩笑，但显然她需要与人交流思想和感情，但只能是亲近的人。想必是她给普希金也写过这样的信，很遗憾，这些信至今没有找到。我们记得，寄给弗里津戈夫家的详尽的书信，她承认，告诉他们的只有事实，而对感情避而不谈……

娜塔莉亚·尼古拉耶夫娜爱兰斯科伊，但是与她对普希金的爱相比，这已是另一种爱情。首先，这份爱是建立在对他的感激之上的，感激他善待第一次婚姻所生的孩子们和给她带来她渴望的心灵安宁。

"感谢你的关怀与爱。"她写道，"用我整个生命、全部忠诚与爱也难以报答。实际上，我有时想我带给你的嫁妆就是沉重的负担，我不但从没听到你的埋怨，而且你还想在其中自得其乐。对你的这种自我牺牲精神的感激之情与日俱增，我只能钦佩你，祝福你。"

兰斯科伊对娜塔莉亚·尼古拉耶夫娜的爱是深沉而忠诚的。但娜塔莉亚·尼古拉耶夫娜说："你对我的感情是符合我们年龄的。这份感情虽保留着爱情的情调，却不是那般炽烈，正因如此，这份感情才更稳定。我们在一起，天荒地老，我们的爱历久弥新。"

兰斯科伊出门在外，因有男人追求妻子非常吃醋。因此，我们在一封信里看见提到某个她的法国爱慕者，娜塔莉亚·尼古拉耶夫娜在此处的见解对我们非常重要：

我感觉，你在努力证明你在吃醋。请放心，任何的法国男人都不可能让我离开我的俄罗斯丈夫。甜言蜜语无法代替你的这份深情。我在上帝的帮助下才拥有你的这份深情，我珍惜它。我已不是那个年纪了，会因成功而冲昏头脑。要不然我就白活了37年。这个年龄给女人生活经验，而且我能赋予话语真正的价值。尘世空虚，万事皆空，除了对上帝的爱，我还要加上对丈夫的爱，当人人都像我的丈夫那样做的时候。我满意你，你满意我，我们找到彼此，何必舍近求远。

（1849年9月10日）

这封信让我们想起了一位法国朋友，让我们的思绪回到13年前。娜塔莉亚·尼古拉耶夫娜在给兰斯科伊写信时，是否也想起了他？是的，也许生活经验帮助她正确评价空话，但不动摇与丈夫的关系，而当时呢？她相信了丹特士如此深情的告白吗？起初，因年纪小，显然相信了。她感到不安和难堪。但是娜塔莉亚·尼古拉耶夫娜可能在这"伟大而崇高的激情"的一开始感到不安。这是普希金讽刺丹特士的感情所写，说到讽刺，是因为这份感情里根本就没有伟大崇高的内涵。这种不安在"最平静的蔑视和赢得的厌恶中熄灭"（这也是普希金的话），此时她非常清楚地确信，丹特士实际上是卑鄙下流的人。像之后看到的，他根本不爱她，因为一个爱她的人不可能在和她姐姐结婚之后，继续追求她，就像丹特士这样。对于娜塔莉亚·尼古拉耶夫娜来说，这是一生的教训。当然，她当时明白，近卫重骑兵的激情，任何时候都无法代替普希金对她的爱，这份爱是真正伟大而高尚的爱，是她四个孩子的父亲对她的真情……这就是她写给兰斯科伊的原因，万事皆空，除了对丈夫的爱，她如此珍惜，将之与对上帝的爱相提并论……

经历的悲剧从未被忘记。有时，娜塔莉亚·尼古拉耶夫娜会索性直接说起这件往事，有时会流露在字里行间。"我遭受了太多的痛苦，完全弥补了我年轻时可能犯的错误，因为可怜我，幸福重又回到我身边，让我和你在一起。"什么错误？她当然知道指责她轻浮，似乎是她断送了普希金。上流社会的一伙中，仇视普希金的人纷纷向她发难，极力想将自己的罪责推到妻子身上。但她没写，就是她犯的错误，而是说："可能。"无须怀疑的是，有关她罪行的谈论传到她那里，她觉得可能有的时候自己真的做了错事：每个失去至亲的人都会有这样的想法：他没有做到该做的一切，说了些不该说的话等。当至亲如此悲惨地死去，这种感情就会变得更加强烈。

人们总是指责娜塔莉亚·尼古拉耶夫娜似乎并不爱普希金或者不够爱他，和他在一起她不幸福。但是像她那样承受丈夫的去世，只能是深爱他的女人才能做得出。Д.Ф.菲克利蒙，普希金好友E.M希特洛娃的女儿，在那段日子里，她在日记中写道："好不容易才把这位不幸的妻子从昏迷中抢救过来，而正是那悲痛而深沉的绝望才使她昏过去。"娜塔莉亚·尼古拉耶夫娜和普希金在一起是幸福的，她那句"幸福重又回到我身边"说明这一点，意思是在她的初恋、在与普希金的爱情中时她是幸福的，感情显然是另一种，而不是兰斯科伊夫妇所抱有的安宁和"留有爱情情调"的感情。

兰斯科伊因妻子的美貌而骄傲，并为之赞美，按照娜塔莉亚·尼古拉耶夫娜的说法，"他身边满是她的画像"。但娜塔莉亚·尼古拉耶夫娜本人对自己外貌的态度很有趣。

> 你怪我假装温顺，你又恭维我，我被迫接受这些恭维，还要为此谢谢你，有可能招来爱慕虚荣的责难。你别说了，这个缺点总是与我格格不入。我的女仆就是证人，在我去参加舞会的时候，她总是看见，我很少对自己满意。你会认为我自尊心太强，你又错了。什么样的女人能漠视她可能拥有的成功，我向你发誓，我任何时候都无法理解那些给我荣誉的人。满意了吧，你不相信我，我也没办法。

（1849年8月7日）

娜塔莉亚·尼古拉耶夫娜认为，美貌"源自上帝的赐予"，她没有任何功劳。她说，爱慕虚荣与她格格不入。我们在她的书信中真的不止一次遇到这种情况，当她听到人们因她的美貌而赞叹时，她表现得很惊讶。她的女儿阿拉波娃也写过这方面的内容。我们想起普希金的那句话："你是否瞥见镜中的自己，你是否相信，上流社会中没有人能和你的美貌相比。"这是否说明，普希金不得不让她相信自己是旷世美人？只有一次，娜塔莉亚·尼古拉耶夫娜在兰斯科伊命名日时，给他送去一幅她的画像作礼物，她写道，给他送去一位非常漂亮的女人，她"温顺地承认"，有"一点点虚荣"从她心中滑过……

可如果娜塔莉亚·尼古拉耶夫娜只是位美丽的女人的话，她不会如此吸引所有男人的目光，也不会有像普希金这样一位细微洞察女性心灵的鉴赏家热烈而忘我地爱上她。她是一位拥有特殊魅力的女人，她心地善良、和蔼可亲、随时准备理解一切和帮助所有人，正因如此，孩子、大人都那么爱她。再婚后，她一如既往地为德米特里·尼古拉耶维奇的生意操劳，如今还有兰斯科伊有权势朋友的相助。我们成为她关心孩子们以前的家庭女教师斯特洛别利女士的证人。当她生病时，娜塔莉亚·尼古拉耶夫娜前去看望，还为她请医生。她惦念在她身边服务多年的老人家，在他退休后，将他的房子换到近些的地方，以便他能与亲人离得近些，方便联系。娜塔莉亚·尼古拉耶夫娜想为童年时她很喜欢的英国女教师做点事，于是给她往国外寄去一封信。

……9点钟回到家，我动笔写一封英文信，今天应该寄给卡罗琳娜①的。让我惊奇的是我还能很好地胜任，我真的不知道自己是怎么想起这些英语句子的，要知道我已经17年没用过这种语言了。写得总体还不错，我的教师有权为我感到骄傲。

然而，她天性善良还有些软弱的性格反倒经常害苦了她。例如，我们后来就会看到，她特别娇惯女儿亚历山德拉，这个女儿给

---

① 家庭女教师的名字。

娜塔莉亚·尼古拉耶夫娜·冈察洛娃,画家И.К.马卡罗夫画于1849年。

在我工作间歇时我百看不厌的画
只挂在素洁屋角的那一幅:
画面上仿佛从彩云中走下
圣母和我们神圣的救世主……
她的神态庄严,他的眼中智慧无限……
他们慈爱地望着我,全身闪耀着荣光,
没有天使陪伴,头上是锡安的芭蕉树。
我的心愿终于实现,造物主
派你从天国降临到我家,我的圣母,
你这最美中之最美的翘楚。

——普希金《圣母》作于1830年

她带来许多不愉快,甚至痛苦的时刻。兰斯科伊不在家时,她管不好酗酒和打架的仆人(她还维护他们,恳求丈夫别表现出他知道这件事的样子)。"如果有人认为他的不幸是因为我,那么我会绝望的。"她说。在姐姐与兰斯科伊紧张的关系上,亚历山德拉·尼古拉耶夫娜无疑是有错的。显然她无法左右姐姐。尽管在某种程度上,这会使她的家庭生活变得黯淡无光。然而出于对姐姐的依恋,她甚至不敢有建议姐姐离开他们家的想法。

这段时期,她看起来非常容易冲动:她会突然大发脾气,之后又自责,请求原谅:"我通常凭第一印象去写,之后又后悔。""怒火是激情,而任何激情都要排除理智和逻辑。"她说。"坚韧不拔不是我性格的基石。"娜塔莉亚·尼古拉耶夫娜这样承认。她很有自我批评精神,我们在她写给兰斯科伊的信中,经常遇到她批评自己一些事考虑不周。她很少指责别人,相反,在别人不体面的行为中,她通常尽力找到某个可以获得原谅的理由。

像那个时代她身边绝大部分女人一样,娜塔莉亚·尼古拉耶夫娜远离政治,为此她向丈夫坦率地承认过。如果她有时写关于政治的事,看来就是别人的话了。"你嘲笑我谈论政治完全正确,你是知道的,对于这个话题我完全不熟悉。我极其认真地努力记住我所听到的内容,但是有一半没记住。我一定与这些姓氏不和,因此当我打算说点什么的时候,这就应该显得很可笑。我更习惯于家庭生活,这简单朴素的事情让我更亲近,我希望将这些事情做得更好。"

我们又不禁回到了普希金那里。Д.Д.布拉戈伊在《普希金周围》一书的前言中写道:"他可悲的余生被爱情的微笑笼罩,这爱情是伟大的个人幸福,是他曾久久执着追求的幸福……为诗人个人生活带去伟大幸福的正是他的妻子。"接下来引用《奥涅金的旅行》中的几句(初稿第八章):

> 如今我的理想是找个女主人,
> 我的愿望是得到安宁,
> 还有生活富裕,并且自己做主。

Д.Д.布拉戈伊引用草稿第一行:"单纯善良的妻子","单纯安静的妻子",他说就是这份单纯和安静,让娜塔莉亚·尼古拉耶夫娜与众不同,迷住了普希金。

娜塔莉亚·尼古拉耶夫娜在自己的信中几乎没有提过普希金,我们不要为此责怪她。看样子,兰斯科伊忌妒她的前夫,作为一位非常有礼貌的女人,她对他的感情表示宽容,甚至努力让他相信,过去的任何事都不会影响她对兰斯科伊的感情。但娜塔莉亚·尼古拉耶夫娜并没有向兰斯科伊隐藏她对普希金的怀念,对她来说,这份怀念是极其珍贵的。同时,兰斯科伊很有诚意地对待她每星期五的斋戒(普希金去世在星期五)以及在痛苦的追悼日子里的独处与祈祷。娜塔莉亚·尼古拉耶夫娜对普希金的孩子们热烈而非比寻常的爱(他们每个人都有和父亲相像的地方)也告诉我们许多……

第十五章 娜塔莉亚·尼古拉耶夫娜与孩子们

婚前不久,普希金写到(我们说过的),他的青春岁月喧闹着徒然过去了,在他熟知的路途上(家庭生活中),没有找寻到他所需要的幸福。而对妻子和孩子们的爱,却给他这种幸福。

孩子们的未来让普希金担忧。在写给德米特里·尼古拉耶维奇著名的信中,他写道,他万一死了,妻子会流落街头,而孩子们会陷入贫穷。我们不断地在他给妻子的信中看到这一想法的流露。

普希金本人不怀疑自己会给四个孩子留下一片面包。他死后出版的作品全集获得5万稿酬,我们已经写过了,妻子将这笔钱作为不可动用的资金,为孩子们存到银行里。真的,这笔资金数目不算大,但仍然可以艰苦度日。孩子们得到的遗产是父亲心爱的米哈伊洛夫斯克。之后他的作品多次再版。他妻子从普希金那里接过为孩子未来操劳的重担。只要一涉及维护她孩子们的利益,这个温顺、心地善良的女人就会变得顽强、积极、百折不挠。她成功地赎回了米哈伊洛夫斯克,保住这笔钱免遭冈察洛夫家族和普希金家族的侵占。再婚后,她继续为孩子们的丰衣足食操心。这是她给兰斯科伊的一封信:

> 我非常感谢,你答应我并且希望有更多的孩子。我非常爱孩子们,这是真的,但我发现,我的孩子们已经足够满足我作为多子女家庭母亲的激情。除了我的七个孩子,你看,我又给自己带来几个孩子,不嫌带他们九个月而感到麻烦,并且考虑每个孩子的未来,因为我爱他们,我喜欢他们富足而幸福,这是我最关心的一件事。上帝保佑,让我们保证他们每个人独立

生活。我们仅限于我们已有的孩子。让上帝帮助我们保护所有的孩子。

（1849年7月20日）

然而，兰斯科伊夫妇之间的一切不都是毫无波折。在娜塔莉亚·尼古拉耶夫娜的信中，她不想让兰斯科伊承担普希金孩子们的花销，这个顽强的渴望引起了关注。骄傲不允许她这样做。但她的经济状况很困难。全家的生活费需要一大笔资金。此外，由于彼得·彼得洛维奇·兰斯科伊经常出差，不得不两地生活。作为团指挥员，他必须把一些钱花在"公务"上。娜塔莉亚·尼古拉耶夫娜常抱怨钱不够用。用在家庭教师、仆人、来访客人、孩子上的开销，所有这一切都给她带来许多麻烦。很难说，她是不会管家还是钱真的不够用。但显然，兰斯科伊责备她太爱花钱。1849年8月21日，她给丈夫写道：

如果我喜欢钱，这可能会更好，我会为家里攒些钱，可我只会花钱，但是什么让我绝望呢？一部分责任由你承担。但我觉得我没有错，我依旧认为你有权责备我。我敏感的自尊因此备受折磨。这就是我经常因账单而落泪的原因。唉，我的天啊，我若是花自己钱的话，你从我这儿，这样的话连一句也不会听到，到底是心疼啊。

米哈伊洛夫斯克只带来了微薄的收入。娜塔莉亚·尼古拉耶夫娜自再婚后也许失去了抚恤金。我们提到过，普希金的孩子们每人每年有1500卢布的收入，可这钱完全不够用。我们不知道，男孩子们学习是不是公费，如果不是，他们在贵族军官学校学习是非常昂贵的。对普希金的女儿们的培养和教育也花了一大笔钱。1849年，娜塔莉亚·尼古拉耶夫娜打算再版普希金的作品，她去找出版商Я.А.伊萨科夫。同年6月20日她写道："……之后我去了伊萨科夫那里，我想建议他购买普希金的版权，因为其他书商没有回信。但我在铺子里没有遇到他。他们答应我星期日让他来。"当时她和伊萨科夫的商谈没有任何结果，众所周知，普希金作品再版是在1855年至1857年间，由 П.B.安年科夫出品。而伊萨科夫出版诗人全集是在1859年至1860年间。

娜塔莉亚·尼古拉耶夫娜每年分得亚麻布厂的收入总共1500卢布，可这些钱还总拖欠，她不得不不断提醒哥哥。我们还是引用她给德米特里·尼古拉耶维奇的信。信的开头没保存下来，因此没有日期，但这封信被放到档案里1845年的信件中间，因此有理由相信，这封信的日期就是这一年……

> ……我丈夫能从团指挥员的位置上获得好处，这些好处是富丽堂皇的住宅还需用自己的钱体面地布置，供暖、付仆人薪水要6000卢布。这不得已的高级官职并不稳固，完全取决于陛下满意或不满意，要是不满意，不是今天，拖不过明天就会被罢官。可是我娘家并不慷慨，将我和孩子们丢给丈夫养活。3000卢布不会让母亲破产，我会让你相信的，缺了这笔钱对我家影响是相当大的。我想让你做做她的工作，因为你是家里唯一一个她能公正对待的人。我什么要求也不敢提，这意味着引火烧身，承受她的怒火。斯特罗加诺夫在9月份写信要到了1000卢布。回信与钱一起寄去，这封信让他明白，今后不要再指望她了。看来她实施这些计划，因为已经4月了，一季度1月份的钱还没给。我预测，我们5月前夕能拿到钱，别辜负我的期望。看在上帝的分上，把这件事和她商量好，为了我这唯一的收入尽力吧，因为你很清楚，我什么钱也没有，除了掌握在斯特罗加诺夫手里的3万资金。我希望你不要拒绝在这种情况下帮助和支持我……

娜塔莉亚·尼古拉耶夫娜重新获得母亲的资助。5万的资金只剩下3万，显然，2万花到了孩子们的教育上。1843年她写道，为了这个目的不得已动用这笔资金。为什么娜塔莉亚·尼古拉耶夫娜说兰斯科伊的地位不稳？我们不知道，但看来她是有某种理由的。

1848年谢尔盖·利沃维奇去世后，继承人间的财产分配开始了。在娜塔莉亚·尼古拉耶夫娜1849年的信中，有时就会提到此事。财产分配拖了很久。1851年才形成法律文件：儿子们得到下诺夫戈罗德省基斯捷涅沃和利沃夫卡领地，而女儿们分得金钱补偿，这笔钱由亚历山大和格里戈里兄弟二人负责支付。但所有这些都是未来发生的事，而在1849年不得不严格节约。娜塔莉亚·尼古拉耶夫娜和亚历山德拉·尼古拉耶夫娜亲手缝家居服，用旧衣服为小女儿缝衣服。晚上为了节约蜡烛，大家都聚在一个屋子里，一个人大声朗读，其余的人做手工活。我们接下来就会看到，不得不拒绝孩子们如购买公园门票、演出票的要求。

阿拉波娃掌握的大部分娜塔莉亚·尼古拉耶夫娜的书信写于1849年夏天，当时兰斯科伊在波罗的海沿岸地区驻扎很久，往来书信特色鲜明。这年夏天，全家人住在石岛。上世纪初，斯特罗加诺夫伯爵在当地开辟了一个富丽堂皇的花园，修建了大型的人工矿水场馆，在其中的大厅里经常举办当时著名的伊万·贡格利乐队的音乐会，茨冈合唱团的演唱会，上演魔术师和杂技演员的表演。观众们非常愿意出席这些晚会。贵族们坐着轻便马车来听音乐会。斯特罗加诺夫公园以美丽驰名，水池、假山错落其间，大理石雕像立在林荫路两旁，还有专供孩子们嬉戏玩耍的场地。

斯特罗加诺夫一家和梅斯特尔一家住在离娜塔莉亚·尼古拉耶夫娜别墅不远的地方。她和亚历山德拉与亲戚们经常见面，在书信中我们已多次看到关于他们的提及。

姐妹去看望姨妈们被称作"对姨妈尽义务"。尤里娅·帕夫洛夫娜·斯特罗加诺娃伯爵夫人还在诗人在世时就与普希金一家维持良好的亲属关系。诗人经常去他家，他们在社交场合经常见面。尤里娅·帕夫洛夫娜待在已故普希金的房子里达到"几乎寸步不离"的程度。看样子，她对外甥女很好，普希金去世后，她经常看望外甥女和孩子们，还邀请他们到她家来做客。娜塔莉亚·尼古拉耶夫娜无疑是斯特罗加诺夫和梅斯特尔家晚会上最美丽的女人。

在兰斯科伊不在家的那些日子里，孩子们是娜塔莉亚·尼古拉耶夫娜唯一的欢乐。我们在她的信中找到对孩子们的性格、学业和娱乐的详细描写。娜塔莉亚·尼古拉耶夫娜家住满了孩子，有自己的还有别人家的。与兰斯科伊结婚后，她生了三个女儿，分别是亚历山德拉、索菲亚和伊丽莎白。索菲亚和丽莎在信中很少提到，因为她们还小，但大女儿亚历山德拉（家里人叫她阿奇娅）写信的时候4岁。她就是母亲回忆录的未来作者。小姑娘是父亲的宠儿，任性顽皮。可以推测，性格特别脆弱的娜塔莉亚·尼古拉耶夫娜害怕，她要是对待阿奇娅比普希金的孩子严格，兰斯科伊会怎样责怪她，因此娇惯她。"我感觉，这是我最后的小孩，然而她是我的小霸王。"娜塔莉亚·尼古拉耶夫娜给丈夫这样写到。

娇惯成性、为所欲为的小姑娘给周围的亲人带去许多麻烦。如果她晚上睡不着觉，她也不让母亲还有亚历山德拉·尼古拉耶夫娜睡觉。她经常遭哥哥姐姐们讨厌，总要关注她。娜塔莉亚·尼古拉耶夫娜写过一件让她久久不能平静的事。一次，她打算进城，想带上小女儿塔莎和阿奇娅。儿童室的保姆没有麻利地将三角头巾递给阿奇娅，阿奇娅管她叫老蠢货。小姑娘抓起三角头巾向楼下跑去，她担心大家把她丢下。娜塔莉亚·尼古拉耶夫娜到儿童房找女儿，遇到眼含泪水的老人。当她得知事情原委后，她惩罚了小姑娘，没带她去。这小姑娘一声不响地跑开了，轻便四轮马车也开走了。后来有人告诉娜塔莉亚·尼古拉耶夫娜，小姑娘飞奔上楼，打算从窗户跳出去。一个女仆偶然发现她时，她整个人已经悬在窗外，只有手指扒着窗台。"别碰我，我要跳下去，我要跳下去。"她尖叫着，"谁有胆子惩罚我，我就证明给他看！"大家成功抓住她，把她拖进屋里。当有人把这一切讲给母亲听时，可以想象她的震惊程度。然而小姑娘看来相当聪明，经常用巧妙的回答平息母亲的怒火。事后第二天是星期日，大家都准备去教堂，但娜塔莉亚·尼古拉耶夫娜不想带着阿奇娅去，以作为对昨天事情的惩罚。"但我要忏悔罪过呀！"小姑娘狡黠地说。娜塔莉亚·尼古拉耶夫娜笑了……让步了。

住在娜塔莉亚·尼古拉耶夫娜家的除了自己的七个孩子之外，还有丈夫的侄子帕维尔·兰斯科伊、普希金的姐姐奥莉加·谢尔盖耶夫娜的儿子列夫·帕夫利谢夫，他有时还把法律学校的同学带回来住。"你是知道的。"娜塔莉亚·尼古拉耶夫娜说，"这是我的使命，围在我身边的孩子越多，我越满足。"当时玛莎·普希金娜已经17岁，萨沙16岁，格里沙14岁，塔莎13岁。列夫·帕夫利谢夫比萨沙·普希金小1岁。列夫·帕夫利谢夫1岁时，普希金见过他，当时是1835年夏末，奥莉加·谢尔盖耶夫娜来过彼得堡。

帕夫利谢夫在娜塔莉亚·尼古拉耶夫娜的信中占有特殊地位。"性情暴躁、心地善良，与普希金一模一样。"她这样评价他。我们从她的信中可以看出，她对这个外甥十分重视，他性格活泼，让她开心不已，大概，他让她想起了普希金。她说"性情暴躁、心地善良，与普希金一模一样"，不见得是高估了帕夫利谢夫。她对已故丈夫的性格定位是多么准确，充满热情、性情暴躁、无比善良……娜塔莉亚·尼古拉耶夫娜对待帕沙·兰斯科伊也非常亲热，这个孩子由于家庭变故（我们前文已经说过了）简直无处安身，他在娜塔莉亚·尼古拉耶夫娜热情好客的家中找到了栖身之处。

1849年，萨沙·普希金已经到贵族军官学校学习去了。格里沙也准备进入这所学校。女儿玛莎和塔莎在家学习，给她们请了教师。除了普通的学习科目外，她们还学习音乐、语言、绘画、手工活。娜塔莉亚·尼古拉耶夫娜的信中充满着对普希金孩子们的热爱和温柔。正因如此，她特别喜欢与普希金长得很像的大儿子亚历山大。"母亲对孩子们总是一样和善与温柔。"阿拉波娃回忆道，"很难发现她偏袒谁。然而大家不知怎地都认为，她对亚历山大特别上心。真的，他同时也对母亲表现出少有的温柔，她骄傲地宣称，为有这样善良的儿子而感到骄傲"。

娜塔莉亚·谢尔盖耶夫娜·舍佩廖娃，普希金的曾孙女说过："我爷爷，亚历山大·亚历山德罗维奇，非常爱母亲。年轻时，甚至结婚以后，诗人的儿子每个星期六都陪在娜塔莉亚·尼古拉耶夫娜身边。星期六对于他们来说是普希金的纪念日。普希金的遗孀与儿子分享普希金弥留之际时的心灵痛苦与悲惨回忆。她对儿子十分坦率，这就是他知道父亲的事情比诗人其他孩子多的原因。"

现列举摘自1849年夏天书信的系列引文，这些引文为我们如此生动地描绘了娜塔莉亚·尼古拉耶夫娜对普希金的孩子们强烈的爱、对侄子们热情亲密的态度和周围的人对她的依恋。

……回来后，我们在家遇到了帕夫利谢夫父子，我们一起吃了午饭。午饭后，孩子们让我带他们去水疗地，那里有某个与众不同的演出。只要付1卢布，一位男伴就可以不限人数，随意带女士进场。萨沙是我们的男伴。我们想让格里沙算作儿童，但人家不同意将他视为儿童，于是我只得又付了1卢布。我们一直玩到11点钟。贡戈利乐团和各种魔术交替表演，这些魔术由拉比尔、小帕世非多和几个甫鲁尔的学生完成。演出确实相当精彩，尤其是第一次看，因为第二次看的话，就会厌倦的，除了卓越的贡戈利乐团，百听不厌。

(6月13日)

小帕夫利谢夫今天到我这儿来了，我们的寄宿学校现在满员了。斯特罗加诺娃伯爵夫人今天到我们这里来，她无法不惊讶我们家这么多人。她非常坚决地让我带着所有孩子到她那儿去喝茶。她让我和萨什卡答应去她那里吃午饭。我们想，斯特洛别尔夫人今天到这里来的时候，我们再来，否则不可能将孩子们放任不管。

(6月21日)

如果你知道我周围有多喧嚣和嘈杂，该有多好。这没完没了的爆笑都要将房子的墙皮震落了。萨沙总是在帕沙身上做试验，当他中计了，大家都高兴坏了。我刚让小孩子们去睡觉，谢天谢地,可算安静些了。

(6月21日)

我打算午饭后带着大家去水疗地,去听贡戈利美妙的音乐和茨冈人的演唱,我打听了一下票价。哎呀,票价是每人1卢布,我的钱袋不够鼓,不允许自己做这样的蠢事。尽管全家人都很懊恼,我还是放弃了原本的打算,我们理智地决定前往克列斯托夫斯基欣赏走钢丝表演。最高兴的当属阿奇娅,她原来就不想去音乐会。谁也没像阿奇娅和列夫·帕夫利谢夫看演出时高兴成那个样子,简直欣喜若狂。帕夫利谢夫为丑角所有的可笑把戏鼓掌,开怀大笑。他的欢乐是如此有感染力,与演出相比,我们看着他觉得更好笑。这个男孩子是真活泼,像水银一样好动,他没有一刻能安静地坐在位置上,但在活泼的同时,他还非常听话,如果有人责备他,他会不停嘴地请求原谅。总之,我对我的小寄宿生们非常满意,他们很好指挥。我任何时候都无法理解怎么能讨厌孩子们的喧闹和顽皮,当你看到他们幸福满意的模样,不管你有多伤心,不知不觉地就会忘记那些烦恼。列夫的歌声、音乐和俏皮让我们快乐。他一会儿和表姐玛莎吵架、一会儿又和她和解,但不影响他们成为最好的朋友。

(6月29日)

昨天是萨沙的生日,他满16岁了,我履行很久以前对孩子们许下的承诺,到帕尔戈洛沃①去过这一天,像德国人那样,到绿树成荫的地方去。天气很好,我做好安排。我派厨师和弗里德里希②坐着农夫的马车带着午饭先走。乔治·博尔赫和萨

---

① 帕尔戈洛沃是彼得堡近郊的别墅区。
② 弗里德里希是兰斯科依家的仆人。

沙·加拉霍夫也想去为他们的朋友庆祝生日,他们就成了我们的客人。他们俩带着格里沙和马术教练,乔治在我们之前骑着马先走了。

3点钟,我们乘坐乌黑马拉的四轮敞篷马车出发了,而轻便马车上套着城里的两匹马。萨沙不能骑马,因为昨晚贴了水蛭,他和帕沙一起坐在轻便马车上。大家到达帕尔戈洛沃,已经做好所有准备工作的年轻男伴们向我们迎面走来。为了让大家高兴,乔治雇了四辆大车,午饭前,他们一直都在坐着马车玩。午饭后的大雷雨打断了他们的娱乐。大家的脸色都忧郁起来,都认为晚会办不成了,但太阳又出来了,孩子们高兴起来。很快大家分坐在几辆大车上。乔治赶的那辆大车上坐着玛莎和塔莎,萨沙·加拉霍夫是我们的车夫。我们选的车上面坐着萨什卡、我和阿奇娅,因为你当然很清楚,对我独断专行统治的阿奇娅也要去游玩。每个男孩子都有一辆轻便马车,他们很幸福能自己驾车。帕沙这时(当也允许他驾车的时候)给我们讲了许多今年在尼基金内的壮举。你听他说,就会想这就是当今的赫尔克勒斯[1],每次他超过我们时,他就会冲我大喊:"您看呀,婶婶!"驾快步马的瓦西里都没有驾农夫驽马的帕沙那般自豪。

半小时后,我感觉赶路有些累,我请求允许我下车。我给他们提供争夺赛马比赛奖品的机会,我带着萨什卡和小姑娘们朝着公园走去。阿奇娅特别喜欢帕尔纳索斯[2]。她跌倒了两次,但这并没有让她失去信心。这反而让她有更强烈的愿望。我对她让步,带她来,我的条件是:我想让她走多远就要走多远,不许喊,不许抱怨。就这样,我们在那里走得比平常远得多,爬遍了花园的小山,她一次也没有表现出恶劣的情绪。总之,她

---

[1] 赫尔克勒斯,希腊神话中最著名的英雄之一,是主神宙斯与阿尔克墨涅之子,曾完成12项被誉为"不可能完成"的大功,还解救了被缚的普罗米修斯。——译者注
[2] 希腊中部班都斯山脉的石灰岩山岭,在希腊神话中是祭祀阿波罗的圣地和诗神缪斯的所在地。此处用作一座公园小山的名字。——译者注

非常可爱。我们回到家时已经8点半了。10点钟我的小人儿们去睡觉了，太累了，至少他们非常幸福地度过了这一天。这就是天真而廉价的快乐！

（7月7日）

……喝完茶回到家，我躺在沙发上休息，让男孩子们给我解解闷儿。列夫·帕夫利谢夫弹钢琴，格里沙和帕沙扮成女人，表演各种滑稽情景，非常好，特别是格里沙，他在这方面有极好的天赋。

（8月10日）

……临行前，我和列夫道别。可怜的孩子泪水盈眶。我答应他过节的时候派人来接他，让他安心，我不会忘了他的。我们依依不舍地分别了。

（8月16日）

去往石岛的路上，我顺便去了趟法学院，为了安抚一下可怜的俘虏①，他曾恳求我第一次进城就要去看他。但是我没看见他，他们在教室里。

（8月23日）

忘了告诉你，列夫·帕夫利谢夫昨天从学校回来在我们这里住了两天。可怜的男孩子完全绝望了，只要一说出法学院这个词，他就会大哭起来。校长因为他总哭已经骂他了。"您说我该

---

① 指的是列夫·帕夫利谢夫。

做什么。"列夫对我说,"我什么事情也做不了,我只要一想到斯特罗加诺夫公园,我就想住在您这里,我的心都要碎了。"这个孩子让我感动,在他身上有如此丰富的感情,以至于可以原谅他不大的缺点,在还没有美好风度的时候,这些缺点倒成了主要的了。我没有把握也不能评价萨沙,他与我们告别时,对于列夫的痛苦他连四分之一都感受不到,那可是他的表兄弟呀。但是终究每个人都有自己的个性,萨沙如此渴望一切变化,急迫想成为男人。离开父母家对于他来说已经是前进一步了,正如他所认为的那样,这一步应该离他如此渴望的时刻更近些了。

(8月22日)

萨沙和列夫跟我们一起过星期日。格里沙明天要和哥哥一起去奥滕贝格那里考试。列夫看起来对环境习惯不少了,但还是难过。我想格里沙不会这么绝望的[①]。在我看来好的是,男孩子们不彼此吓唬,他们善于和睦相处,有时会吵架,有时还会互相尊重成为朋友。

今天早上,我刚穿上衣服就吩咐套上马车,我们一喝完茶,就打发可怜的格里戈里出门。他让我们不能不流泪,尽管他也想尝试新的生活方式。我去了营房……在那里我雇了辆出租马车拉着我的年轻人去教堂。当我们到达那里后,我们没能祈祷,因为神甫不在,执事告诉我们,要再等半个小时。我担心格里沙错过午饭时间,午饭通常是在两点钟吃,到时他得挨到晚上连一块面包也吃不上,因为他连茶都没喝一口。我决定将祈祷推到星期日,让他亲吻了圣像后,我们改坐轻便马车返回营房,因为坐出租马车到这所贵族学校不太体面。贵族军官学校的学生已经在练兵场了,我没等多久,之后萨沙跑过来。我把他交给哥哥,让哥哥将他介绍给他的长官。热拉尔多特通

[①] 1849年,格里戈里·普希金入读贵族军官学校九班。

过自己的军官请求允许向我自我介绍。我向他走去,将格里戈里引荐给他。他答应我会照顾他的,并且还夸奖了萨沙。之后我和孩子们告别。格里沙几次跑过来搂着我的脖子告别。他们俩送我上了马车,我怀着悲伤的心情回到了家。

(8月31日)

……请别责骂我,我用你给的礼物钱买了包厢票,我想让大家高兴。难道你想让我像疯子似地带着这笔钱去商店乱逛?我相当理解钱的价值,考虑到我们的开支,花那么多钱去买我的衣服,实在不值……别责怪我,我收下你的礼物了,但想与所有人一起分享。

(9月2日)

想象一下,学校里所有人都发现格里沙是个非常英俊的男孩子,比他哥哥英俊多了,因此他被列入宫廷卫队人选,这个荣誉萨沙都从未得到过,因为不算太漂亮。格里沙出现在学校时,所有的同学都跑来对萨沙说,弟弟和你长得太像了,但你没法和他比。

(9月2日)

我叮嘱提前开饭,为了去学校看儿子们别晚了。在那里我有幸知道我的卡卡(格里沙的小名)成绩优异:法语得了10分[①],听写没有错误。德语得了9分,因为他初次学习这种语言,昨天的动物学考试得的也是9分。愿上帝保佑,今后一直如此。萨沙也取得了好成绩。我承认,这让我非常高兴,因为我曾为格里

---

① 当时学业成绩实行10分制。

沙非常担心。

(9月10日)

……我和家庭女教师办完事后就去了贵族军官学校,无比幸福地得知,萨沙今天早晨被宣布为品学兼优的优等生,菲洛索夫和奥滕贝格当着所有在场学生的面,对他大加赞扬了一番。至于格里沙,他也得到了表扬,奥滕贝格走到他跟前说,他没承想格里沙学习这么好,问他是怎么做到的。你能想象得到,我有多幸福。我感谢上帝让我有这么优秀的儿子们,因为格里沙是受到了哥哥的影响,想以哥哥为榜样,大家都对他很满意。这孩子不再是萎靡不振的样子,我开始期待了。还没说让我有母亲骄傲的萨沙呢,他是个十分出色的男孩子。愿上帝保佑他们俩给我带来欢乐。

(9月29日)

在亚历山大·亚历山德罗维奇·普希金的履历表中有这样的记载:"……因品德堪称表率,特授予最优秀的学生,为此计入特殊记事簿第五页。"

H.A.拉耶夫斯基在《照片对你说》一书中记载了他所见到的在布罗德加内的银板照片,其中有一张娜塔莉亚·尼古拉耶夫娜和孩子们在一起的照片,形象非常突出。"在保存下来的银板照片中,普希金娜-兰斯卡娅照得最好……娜塔莉亚·尼古拉耶夫娜和亚历山德拉·尼古拉耶夫娜坐在一起,穿着同样的衣服,戴着同样的包发帽。在她们后边及旁边站着普希金的三个孩子,儿子们穿着贵族军官学校的制服,还有个半大姑娘(小女儿娜塔莉亚)。兰斯科伊家的小女孩紧紧依偎在母亲的膝前。银板照片不是在摄影棚里拍的,而是在房间里(可以看见书柜),很有可能是拍于1851年(1851年大儿子亚历山大·亚历山德罗维奇·普希金从贵族军官学校毕业)。娜塔莉亚·尼古拉耶夫娜当时三十八九岁的样子。我拿着放大镜长时间注视着兰斯卡娅将军夫人。美丽清秀、五官出奇的精致。亲切和善的面庞是属于这位以孩子为荣的母亲的。不禁想起了普希金写给妻子那些真挚的书信。我认为迄今为止,娜塔莉亚·尼古拉耶夫娜的著名的画像中,没有一幅能真正表现出像银板照片①所保留的那样单纯而生动温柔的目光。"

在1849年9月12日的信中,我们发现一处非常有趣地提到了娜塔莉亚·尼古拉耶夫娜与普希金最好的朋友帕维尔·沃伊诺维奇·纳肖金的妻子见面的情景。我们记得纳肖金参加了普希金的婚礼,当时年轻夫妇住在莫斯科的时候,总是与他们见面。后来纳肖金和娜塔莉亚·尼古拉耶夫娜建立了最亲切的关系,这从普希金和他往来的信件中就能看得出。纳肖金专程前往彼得堡为普希金的儿子萨沙施洗。1849年,他的儿子被单独留在陌生的彼得堡,他的妻子薇拉·亚历山德罗夫娜知道,娜塔莉亚·尼古拉耶夫娜善良而富有同情心,就去请她帮忙照顾,赶上过节将孩子从学校接回家一起过节。纳肖金当时还健在,可能妻子临行前告诉她,让她请求娜塔莉亚·尼古拉耶夫娜辅导儿子功课。这里说的是纳肖金的大儿子亚历山大,这孩子当时10岁。为儿子取这个名字,无疑是为了纪念普希金。而生于1837年的女儿纳肖金娜取名为娜塔莉亚。

娜塔莉亚·尼古拉耶夫娜写道:

> 这几天纳肖金娜夫人到我这儿来了,她儿子也在法学学校学习,她恳求我,过节时赶上阿库洛娃夫人②不在时(过节时他通常去阿库洛娃夫人那里),派人把儿子接到我这儿过节。我打算星期日去接他。我的使命就是当一位名副其实的孤儿院的院长。上帝从四面八方给我送来孩子,这并不影响我,他们的欢乐能转移我的注意力,能让我开心。

---

① 这张银板照片现在在哪里,无人知晓。
② 娜塔莉亚·尼古拉耶夫娜将姓氏奥库洛娃写成这样。

毫无疑问，纳肖金的儿子是这个家的常客，这里给因各种原因失去父母温暖的孩子们提供栖身之所……娜塔莉亚·尼古拉耶夫娜所说的奥库洛娃夫人是纳肖金的亲属（纳肖金的姐姐嫁给了M.A.奥库洛夫）。

1849年，玛莎·普希金娜年满17岁。小时候并不漂亮的她，正像小姑娘常有的情况，突然绽放，变得漂亮起来。后来，据同代人证明，她很漂亮，她的身上完美地结合了父母的特点。冬天，玛莎面临着"初次参加社交活动"，娜塔莉亚·尼古拉耶夫娜为了让女儿克服腼腆的心理，去斯特罗加诺夫和梅斯特尔家做客时，就带上她。在4月23日的信中，她详细讲述了到斯特罗加诺夫家吃午饭的情形，玛莎·普希金娜身穿白色带红点的麦斯林纱裙，领口和腰身用她很喜欢的红色丝带点缀。

说到玛莎，我可以告诉你，她给斯特罗加诺夫一家留下很深的印象。伯爵夫人告诉我，她喜欢她的脸、微笑和漂亮的牙齿，她从未想过，玛莎变得这么漂亮，她小时候可不是个漂亮的小孩儿。我承认，我听到对玛莎的赞美比听到赞美我还要高兴上一千倍。

（8月28日）

……现在我要休息去了，今天我太累了，上流社会的这些例子让我心怀恐惧地想着今年冬天即将参加社交活动的事。

（8月23日）

如果你知道我回到家有多幸福就好了。我解脱了，坐下来给你写信。我所谓的成功一点也没让我满足。我像往常一样听到许多恭维。谁也不愿意相信，玛莎是我的女儿。听到这些话，我还真以为我像她那个年纪呢。

……很不幸,我的观点是,美貌是女人所必需的。如果外貌不符合男人的胃口,无论她们有什么样的优点,男人都不会发现的。这就证明了我的观点:感性在男人的爱情中起到了重要的作用。但是,为什么女人从不在意男人的外表呢?因为女人的感情更纯洁。我又要讨论我们从未达成一致的问题了……

(8月28日)

……至于安排她们①出嫁的事,我相信你,我们大家在这方面都比你想的深明事理多了。我完全信赖上帝的意志,但有时为她们的幸福设想,我认为这不是什么罪过。不嫁人也可以幸福,没法说,这意味着逃避自己的使命。我不打算对她们说这些,因为这些天以来,我们关于这一点谈论了很多,为了她们的幸福,我有时甚至违心地对她们说了许多你信中写给我的话,让她们对出嫁有个心理准备。首先出嫁不是一件容易的事,然后不可视之为儿戏,随随便便为之。我告诉她们,这是严肃的责任,应该极其慎重地作出选择……

心心相印是世上最大的幸福,而你们②不让年轻姑娘想这些,意味着你们从没年轻过,从没爱过。应该对年轻人宽容些,所有父母的不幸在于,他们忘记了他们当初的感觉,如果孩子们的想法与他们不一致时,就绝不原谅。不应该让这种出嫁的狂热达到极致,忘记了所有的尊严和体面。我保持这种观点,但赋予她们对体面的婚姻怀有纯洁的希望,这不会给任何人带来坏处。

(1851年7月25日)

---

① 女儿们。
② 指的是兰斯科伊和弗里津戈夫。

这些信还是社交活动对娜塔莉亚·尼古拉耶夫娜造成沉重负担的证明，但她必须为孩子们未来的社会地位，为了女儿们的出嫁和维系丈夫必要的社会关系操心。忧心女儿们成为老姑娘无疑是由亚历山德拉·尼古拉耶夫娜的命运引起的。她没成家，隐秘的痛苦不断地出现在娜塔莉亚·尼古拉耶夫娜的眼前，她当然要为女儿们担心。由此才有了她关于美貌是女人所必需的、男人和女人的感情差异的讨论。这个问题显然不止一次在兰斯科伊夫妇间讨论，而娜塔莉亚·尼古拉耶夫娜不同意丈夫的观点。某种程度上她是对的，那个时代姑娘或女人的外表在男人的感情中起到很大的作用，不管怎么样在相识的初期是这样的。但这里最有趣的是她对女人感情的观点，女人"从不在意男人的外表"。她的两次婚姻证明了这一点。她18岁时不顾母亲的反对，嫁给了并不英俊还比她大13岁的普希金，深沉真挚地爱着丈夫，四个孩子的父亲。兰斯科伊像普希金一样，比娜塔莉亚·尼古拉耶夫娜大13岁，没显得有多英俊，然而她能看出他非常善良，他善待她的第一次婚姻所生的孩子，对她具有决定意义。

当娜塔莉亚·尼古拉耶夫娜嫁给兰斯科伊时，普希金的孩子们已经很大了，尤其是玛莎和萨沙，他们一方面要保持对父亲的怀念，而另一方面不仅要懂事地对待母亲的婚姻，而且要正确看待兰斯科伊对他们的友善。兰斯科伊从不奢望让他们称他为父亲，孩子们称呼他为彼得·彼得洛维奇。根据书信判断，亚历山德拉·尼古拉耶夫娜给妹妹家带去某种家庭不睦。阿拉波娃在其回忆录中写道，好像是她调教普希金的女儿们反对继父。看来，尽管姨妈从中作梗，兰斯科伊通过对孩子们的关心，赢得了他们的尊重与感激，当然起决定作用的是他对母亲的爱及母亲维护家庭和谐的努力。"你是知道的，我多希望你们所有人能和睦相处。"1849年6月23日，娜塔莉亚·尼古拉耶夫娜给丈夫写道，"你们彼此温柔地说话，对我来说整个世界都幸福了。"

一封不长的玛莎·普希金娜写给娜塔莉亚·尼古拉耶夫娜贺信的附言被保存下来：

亲爱的彼得·彼得洛维奇，作为家中最大的孩子，我向您转达我的兄弟们、塔莎还有卡罗琳娜的祝贺。我结合以上他们的祝贺，祝您健康、幸福和平安。请您相信我的真挚眷恋。

M.普希金

普希金家两兄弟亚历山大和格里戈里自贵族军官学校毕业后，就到兰斯科伊所在团当军官。娜塔莉亚·尼古拉耶夫娜写的书信证明了他们之间的关系良好。多年之后，娜塔莉亚·尼古拉耶夫娜已经去世，普希金的小女儿娜塔莉亚和第一任丈夫离婚，1868年再婚出国。她不得已将自己第一次婚姻所生的孩子留给兰斯科伊，兰斯科伊养育他们。不必过高评价兰斯科伊的这个行为。娜塔莉亚·尼古拉耶夫娜的外孙女E.H.比比科娃在回忆录中提过这件事。有趣的是，我们发现，比比科娃的教母是亚历山德拉·尼古拉耶夫娜，而教父是彼得·彼得洛维奇·兰斯科伊。她生于德国的威斯巴登，她母亲对第一次生产非常担忧，就去德国到姐姐娜塔莉亚·亚历山德罗夫娜那里去了。当时兰斯科伊为治疗关节风湿病住在娜塔莉亚·尼古拉耶夫娜前夫的女儿家里。这一切再次证明了他与妻子前夫的孩子和孙辈的亲情，以及普希金的孩子们与继父的关系。

娜塔莉亚·尼古拉耶夫娜的孩子们，无论是普希金家的还是兰斯科伊家的，彼此之间关系都非常友好。这种亲情伴随一生。玛丽亚·亚历山德罗夫娜·普希金娜-加尔东守寡后，长年住在大弟弟亚历山大·亚历山德罗维奇和兰斯卡娅妹妹们那里，经常在她们的庄园里度夏。

在一部描写阿拉波娃和丈夫在他们拉什马的庄园生活的特写中，有一篇题为《普希金的孩子们住的宅院》的随笔。我们读到如下内容:"……拉什马有伊万·安德列耶维奇·阿拉波夫将军和夫人亚历山德拉·彼得罗夫娜的庄园，夫人是诗人遗孀再婚后和П.П.兰斯科伊所生的女儿。多年间，诗人的女儿玛丽亚·亚历山德罗夫娜·加尔东在此度夏，诗人的长子亚历山大·亚历山德罗维奇常到此处做客……"

玛丽亚·亚历山德罗夫娜从莫斯科来这里通常是在5月份。"……玛丽亚·亚历山德罗夫娜比自己这位同母异父的妹妹大约年长10岁,她二人长得一点也不像。她是位清瘦、满头银发、仪表端庄的老妇人,黑色的眼睛,细细的皱纹布满黝黑的、还没失去全部光泽的'普希金式'的面庞……诗人的长子骑兵将军亚历山大·亚历山德罗维奇·普希金每年去拉什马,夏天时在那里住上一段时间。他是个干干瘦瘦、须发皆白,但神采奕奕的老者,身穿浅蓝色纳尔瓦骠骑兵制服,这套制服是他指挥俄土战争时所穿的。

"……玛丽亚·亚历山德罗夫娜身材清瘦,但精神矍铄,出来会客时,一成不变地穿着不带任何修饰的黑色衣裳,谦恭地坐在暗影里和大家交谈,调解争论。顺便说一下,她极其迷信。害怕猫头鹰的叫声,避讳数字13,从国库领取抚恤金如果正巧是星期五①,她就会让'信使顺便捎带'的抚恤金拖后几天送来。"

E.H.比比科娃在回忆录中写到了普希金的子女和兰斯科伊的亲情:"今年冬天,亚历山大·亚历山德罗维奇舅舅②为贵族女子中学的事来到彼得堡,出席监护理事会③会议,一如往常住在我母亲那里④,我在那里见到了他,非常敬佩这位骄傲的老者……玛丽亚·亚历山德罗夫娜·加尔东是普希金的大女儿……她每年夏天都到我们的安德列耶夫卡做客直到喀山铁路通车。之后她开始到拉什马的另一个妹妹亚历山德拉·彼得罗夫娜·阿拉波娃家去……她非常顽强地对待不幸的命运……满头银丝的她很像某位中世纪伯爵夫人……"

"我还清楚地记得亚历山德拉·尼古拉耶夫娜。她是我的教母。我出生在德国的威斯巴登。母亲很担忧第一次生产会难产,去了她姐姐非常有势力的威斯巴登,她姐姐就是美人娜塔莉亚·亚历山德罗夫娜·普希金娜,亲王纳萨乌斯基的妻子。外公П.П.兰斯科伊是

---

① 普希金去世的日子。
② 普希金的儿子。
③ 亚历山大·亚历山德罗维奇·普希金是贵族女子中学的荣誉监护人。
④ 住在H.H.普希金娜-兰斯卡娅的小女儿伊丽莎白·彼得洛夫娜·兰斯卡娅那里。

教父，当时他在当地治疗关节风湿病，住在继女娜塔莉亚·亚历山德罗夫娜那里……""我7岁时，我父亲尼古拉·安德列耶维奇·阿拉波夫神经紊乱住在乡下，妈妈给弗里津戈夫夫妇写信后，就带着父亲和我们去了维也纳。在那里我们住了两年。"

　　普希金的子女和兰斯科伊的亲情延续给他们的后代。比比科娃写道，1914年，她到娜塔莉亚·米哈伊尔洛夫娜·贝塞尔(H.A.普希金娜-杜别尔特-梅连别尔格的女儿)家做客，对她的印象非常好："1914年我到她波恩的家中……我清楚地记得，她可爱极了，活泼、快乐而且非常亲切……她有两个孩子，儿子亚历山大和女儿。儿子以是诗人的外孙[①]而感到骄傲，而且准备收藏他的全套肖像和普希金的评论。"

[①] 这里比比科娃写错了，亚历山大·贝塞尔应该是普希金的曾外孙。

第十六章 上流社会的见面

由于丈夫的职务,也为了孩子们维持必要的社会关系,娜塔莉亚·尼古拉耶夫娜时常去参加宴会和晚会,有时要去拜访上流社会的夫人们,有时还要在住处接待她们。1849年6月20日,她在信中写道,她以家庭女教师不在、无人照看孩子为由,回绝了赴拉津维尔公爵夫人家参加午宴的邀请。

"我向你承认,"她给兰斯科伊写道,"我感觉没有能力出席这种大型的午宴。我的懒惰认为,付出这样的牺牲是没好处的。"

她更不愿意到宫廷里去,我们上文说过的。在给兰斯科伊的一封信中,娜塔莉亚·尼古拉耶夫娜写道,她遇到熟人米亚特列娃太太,她是著名诗人 И.П. 米亚特列夫的母亲。她们谈到了刚刚去世的年幼的大公小姐的葬礼。米亚特列娃说,娜塔莉亚·尼古拉耶夫娜应该去参加葬礼。"我不会去。"娜塔莉亚·尼古拉耶夫娜写道,"第一,因为我没收到任何的消息和命令。第二,因为他们不需要我去,如果我不想欠新债的话,我要躲过这笔大开支,我的财富不允许我这样做,我开始害怕欠债,我是多么艰难才摆脱旧债的折磨。你可能不同意我的看法,但我还很难习惯与什么事都相干,即便我不在,也不会引人注意,因为我不属于宫廷亲密的小圈子,因而自认为有权拥有这份自由。而且以我的生活方式,谁能猜到我在这里。据说,整个宫廷大得像个城市。"(1849年6月18日)

斯特罗加诺娃姨妈曾对她说,身为将军夫人的她必须到场,在姨妈的坚决要求下,娜塔莉亚·尼古拉耶夫娜被迫出席了为米哈伊尔·巴甫洛维奇大公在彼得巴甫洛夫大教堂举行的安灵弥撒。

"奥霍特尼科娃太太一直站在我身旁。"我们在同年9月19日的信中读道,"她泪水盈眶,利文太太也能流出几滴泪来。其他的女士们都在流泪,而我却不能。"

娜塔莉亚·尼古拉耶夫娜本人对皇室的这起悲伤事件的态度无须解释。如果利文太太也能挤出几滴泪来,她却无法做到,欺骗本来就和她的天性格格不入……

我们现引用另一封信,其中表现出完全不同的感情和思想。1849年秋天,陆军少将德米特里·彼得洛维奇·布图尔林(军事史学家,公共图书馆馆长)去世了。他和妻子伊丽莎白·米哈伊洛夫娜(娘家姓孔布尔利娅)与普希金一家是老相识。普希金带着妻子不止一次地去他们家参加舞会和晚会。叶卡捷琳娜·伊万诺夫娜姨妈与布图尔林家交情深厚。普希金去世后,娜塔莉亚娜塔莉亚·尼古拉耶夫娜与布图尔林家的联系从未中断过。娜塔莉亚·尼古拉耶夫娜在信中经常提到,住在离哥哥不远的别墅中的布图尔林老人经常早晨来看她。由于这些友好的关系,她认为出席他的安灵弥撒是她的责任。在10月12日的信中,她描述了拜访布图尔林家的情景。

午饭后,我鼓足自己所有的勇气,穿戴整齐,一个人去了布图尔林家。我为了儿子必须这么做,他确实是忠于我的朋友,再说老人总是这么关照我。他活着时,念在叶卡捷琳娜姨妈和孔布尔利娅交情的分上,我总到他们家去。所以这几乎就是我的责任,于是我决定克服怯懦。到达后,我穿过漂亮的客厅走进舞会厅,这里多少次让我快乐无比。大厅中央停放着棺木。在这里的女人只有两类,住在这个家的女人和女仆,可男人却相当多,多得简直让我吃惊。我鼓足勇气径直走到两个女人身旁,我甚至都不认识她们。当开始朗读祈祷文时,来了许多修道士,我仿佛觉得整个涅夫斯基修道院都聚到这里了。梅斯特尔姨妈和布捷拉公爵夫人终于来了。她们的到来让我振作不少。

我无法对你表达,这个悲伤的场景给我留下多么痛苦的印象。它勾起我多少回忆。我仿佛又看见已故的人身着礼服站在客厅的门口，迎接客人，而他妻子自觉荣耀而容光焕发，神采飞扬。大厅人满为患，灯火辉煌，舞蹈、音乐，到处一片欢声笑语。而现在悲痛、泪水、修道士，几个穿着丧服的男子、三位太太，这就是曾几何时欢歌笑语、觥筹交错的众人中仅有的几位。妻子和女儿们都没在场，她们待在老母亲的身旁，她一听说儿子的死讯就昏倒过去，现在刚恢复神志。我仿佛看见她儿子了。我们彼此默默地握手，我再也看不到他了。他护送着遗体去修道院。姨妈和公爵夫人去看望孔布尔利娅了，可我回家了。整晚悲痛难当。你兄弟和我们在一起，谈话不由自主地转到严肃的话题。死亡和我们对未来的期望成了唯一悲伤的主题。午夜时分我们才散去。

娜塔莉亚·尼古拉耶夫娜没提普希金，她顾念着兰斯科伊的感受，但她整封信弥漫着对普希金的思念……如她所说，这悲伤的事勾起她多少回忆。她在这样的大厅里不仅看见了布图尔林的妻子，而且还看到和普希金在一起的自己。哀悼仪式如此真切地再现了12年前她所经历的情感……她的话语里包含了多少痛苦，曾几何时这个房子里高朋满座，而现在又有几人来为房子的主人最后送别。

在流传至今的娜塔莉亚·尼古拉耶夫娜的众多肖像之中，最有趣的当属马卡罗夫画的肖像。伊万·库兹米奇·马卡罗夫曾经是农奴画家的儿子，毕业于美术学院，后来成了院士。1849年，他年满27岁就已成名，作为天才的肖像画家闻名遐迩。普希金家庭成员一系列肖像画皆出自他手，他不仅为娜塔莉亚·尼古拉耶夫娜画肖像，而且画过玛丽亚·亚历山德罗夫娜·普希金娜-加尔东的著名肖像，还有普希金家的玛丽亚和娜塔莉亚小姑娘时候的画像和两幅娜塔莉亚·尼古拉耶夫娜的外孙女阿拉波娃姐妹的画像。

一次，兰斯科伊生日时，娜塔莉亚·尼古拉耶夫娜送他一幅自己的画像，信中详细描述了作画的过程。起初她想给丈夫一个惊喜，没说她为他准备了什么礼物，后来她迫不得已说出，寄给他的正是她自己。

你一定让我说我的礼物是什么。是马卡罗夫给我画的画像。他提议为我画一幅画像,并且对我没有任何要求,还分文不取:"我对彼得·彼得洛维奇很有好感,我要让他命名日快乐。"请收下给我们俩的这份礼物吧。

(1849年7月4日)

今天或明天,你就会收到我的画像。我多少履行了我的承诺,因为我无法亲自去里加①,因此就用与我一模一样的画像来代替我。我岂不是给你寄去一位非常漂亮的女人。凡是看过这幅画像的人都说和我很相像。这让我很满意,并猜想你会夸奖就不显得那么可笑了(我向你发誓,我不需要其他人的夸奖),我很欣赏自己。唉,我谦恭地向你承认,还是有那么一点点的虚荣心划过心头的。原谅我为此偏离主题,但这是必需的。

这个惊喜的作者马卡罗夫焦急地等待着你对这幅肖像的评价。我应该告诉你,他提议为你效劳,是他用这么可爱的形式将我从银板照相和摄影术的困境里解脱出来的,因为我的两张照片照得都不成功。一天早晨,他来我们家给孩子们画像。一个想法蹿到我的脑海里,能否和他商量一下,将照片修饰一下,像加乌那样。"好的。"他说,"可以试一试。"之后聚精会神地瞧着我,让我颇感惊讶。他说:"请听我说,夫人,我对您的丈夫深怀好感,我非常喜欢他,想帮助您让他得到快乐,这样我也会非常幸福的。请允许我为您画一幅肖像,我已抓住您的五官特征,很容易将头部轮廓勾勒在画布上。"你很清楚,我不会求人,我很绝望,一顿忙乱过后什么也没有。第二天我们约了个时间,他如此认真地作画,真令人感动,接连让我摆了三天的姿势。经常休息很长时间免得我乏累,这幅画他画得出

---

① 拉脱维亚首都。

奇地快。我问他画的价钱，他不告诉我，他请我们接受这份礼物，为你做事，他很幸福。别忘记向他表达你的感谢，我是一定要转达的。我们非常亲切地道别，他答应不时来我们这里做客。他非常直率地竭力让我相信他的尊敬与忠诚。现在他开始给艾瓦佐夫斯基夫妇画像。

（1849年7月8日）

娜塔莉亚·尼古拉耶夫娜寄画时，在信的结尾提到了艾瓦佐夫斯基夫妇。著名海景画家伊万·康斯坦丁诺维奇·艾瓦佐夫斯基是普希金一家的熟人。一位同代人在回忆录中提到，1836年，普希金携妻子到美术学院参观秋季画展，诗人在画展上与艾瓦佐夫斯基交谈。普希金死后，艾瓦佐夫斯基继续和诗人的家人交往。因此，1847年他将自己的一幅名为《海滨月夜》的画送给娜塔莉亚·尼古拉耶夫娜。前不久，艾瓦佐夫斯基的这幅画在里加被发现，后被费奥多西亚市的И.К.艾瓦佐夫斯基画廊购得。在画的背面题词如下："艾瓦佐夫斯基赠予娜塔莉亚·尼古拉耶夫娜·兰斯卡娅。1847年1月1日，圣彼得堡。"

在1849年的信中，娜塔莉亚·尼古拉耶夫娜不止一次地提到对艾瓦佐夫斯基的拜访，7月4日记录着，进城的时候，她去艾瓦佐夫斯基家，可他们那时在吃午饭。她让仆人转达没见到他们的遗憾，并说下次再来，就转身离开了。"艾瓦佐夫斯基晚上赶到石岛。"娜塔莉亚·尼古拉耶夫娜写道，"在家没遇到我，请萨沙代为转达他的歉意，仆人愚蠢，没有告诉我。"

1849年夏天，住在附近别墅的彼得·亚历山德罗维奇·普列特尼奥夫经常去娜塔莉亚·尼古拉耶夫娜那里。他或许将年轻的妻子介绍给她，娜塔莉亚·尼古拉耶夫娜一天晚上决定全家出动去看望亡夫的朋友。

我利用今天早上给比比科娃夫人写了一封信，晚上去做一件好事。我们朝林场方向散步,打算去拜访普列特尼奥夫。我们到他家时谁也没碰到,可当走进公园时,那里正演奏着音乐,我们遇到了与妻子挽臂散步的他。他远远地看见我们,迎面朝我们奔来。得知我们去过他家时,他坚持要我们回他家去。我们不得不听他的话。我推说9点钟我必须安排阿奇娅睡觉,以免在他家久留。我觉得今天他妻子并不难看,恰恰相反很好看,可是他的女儿却是个正经的丑姑娘。他看起来非常幸福,领我们到处参观他的别墅。我们的来访让他非常高兴,但他妻子很不自在,看上去她非常害羞。

(1849年7月26日)

我们已经多次说过这位普列特尼奥夫。引用的这几行文字再次证明,他与娜塔莉亚·尼古拉耶夫娜的关系非常亲密。看起来,这次拜访时间不长,表现了娜塔莉亚·尼古拉耶夫娜的礼貌得体。她看到年轻的女主人因他们的突然到访很难为情,还要接待这么一大家子人,她不想让女主人继续不自在。

现在转到娜塔莉亚·尼古拉耶夫娜最有趣的一次见面上来,她在1849年的信中详细地描述了当时的情景。我指的就是她与伊丽莎白·克萨韦里耶夫娜·沃龙佐娃公爵夫人的见面。关于普希金对沃龙佐娃的爱慕内容写过许多文章。研究者看待这段罗曼史的态度是不同的:一部分人否定这段罗曼史的严肃性和对于普希金的意义,而另一些人列举证据证明,沃龙佐娃好像甚至和普希金生了一个孩子。我们看一下刊登的信件说了什么吧。

斯特罗加诺娃伯爵夫人今天晚上去了拉瓦尔家,非要叫上我和她一起去。不知怎么办,我的懒惰是否会占上风。

(1849年8月17日)

……但是应该回到昨天的晚会上来,为此我无法对你说些什么。我宁愿留在奥斯特罗夫(石岛)散步。我们在叶拉金堤岸边看见停在那里的斯特罗加诺夫家的马车,伯爵夫人冲我们做了个手势,让我们过去和她聊聊。这几匹灰马在转弯的时候陷住了,我们害怕发生意外就从马车上下来了。几位路人走过来帮助瓦西里,我们就在那个时候走到斯特罗加诺夫家的马车前。伯爵夫人再次提议带我到拉瓦尔家参加晚会,一切商妥后,我们分开了。我们坐上马车径直回家了。我应该准备一下服装,因为伯爵夫人9点钟来找我。我身穿短袖白色麦斯林纱裙子,花边束胸、飘带及裙腰皆为鲜红色,头戴白色罂粟花及绿叶相衬的花边发饰,今冬大家常戴的那种,披着一件花边披肩。临走时,亚历山德拉将自己的命名日礼物交给我,一副极好的长柄眼镜。她昨天把它交给我,是因为我不太时髦。

我们到达的时候,那里已经聚集了好多人。晚会开始前要举行宴会,外交使团全部到场。你老婆作为新人吸引了他们的关注,大家都竞相走过来,目不转睛地盯着我瞧,费里尔一家也在场,加入到好奇的人群里。因为我被姨妈引荐给男主人,他坐到我身旁和我说话。妻子则坐在对面的沙发上,目不转睛地看着我。

整个晚会期间,我身旁一直坐着一位不认识的太太,看起来和我一样,不属于这个彼得堡太太和外国男人的交际圈子。斯特罗加诺娃伯爵夫人为我们彼此介绍,说出我的名字后,却没说女邻座的名字。因此,我和她说起话来很费事。最后利用她心不在焉的机会,我问伯爵夫人,这位太太是谁。她是沃龙佐娃-布兰尼茨卡娅伯爵夫人。此时所有的拘束都烟消云散了,我想起我们已经相识很久了,那时我被介绍给她时还是另一个姓氏,已经过去17年了。她惊讶不已。"我好像从没认识过您。"她说,"因为对您说实话,您当时不及现在这般漂亮,我难以断定您现在是否超过25岁。当时您给我的印象是一个清瘦、面色苍白的小姑娘,您现在比当初长高了许多。"这是今年夏天我第二次听到别人这么说。她数次拉起我的手以示好感,颇感兴趣地打量着我,我被她的善良之心打动了。因为她这么快就要走了,我没能将玛莎介绍给她,我表示很遗憾。她说,虽然她很快就要走了,但我可以星期日到她那里去,看到我们,她会感到非常幸福的。她丈夫向她做了个手势,示意她该走了,她再次拉起我的手,对我重复着,再次看到我,她真的非常高兴。

在那里,我还看见了索菲亚·拉津维尔,她穿着黑色裙子,比以往都漂亮。她责怪我没去她家吃午饭,她说,为这事也要抱怨你。出席的太太还有巴里亚京斯卡娅和她妹妹切尔内绍娃。多尔戈鲁科娃公爵夫人,尼古拉·多尔戈鲁科夫的妻子带着女儿们,安年科娃夫人,帕什科娃小姐们,还有许多人三五成群地坐着,可我没认出来……①我们在晚会待到11点钟。特列佐利宁由于大公生病没有演唱。晚会无聊得要命。伯爵夫人一冲我做了个离开的手势,我就急忙起身。

她在马车里告诉我,我引起了很大的轰动,大家都跑到她跟前夸我漂亮。总之,她非常骄傲,是她带我去的。亲爱的皮埃尔,如果我对你说的话不够谦虚的话,请原谅我。就像我以前和你说的,说到我的外貌是一种优势,我无权以它为傲,因为这是上帝赐予我的,我这么写只是源于我那将一切写得细致入微的习惯……

(1849年8月18日)

……姨妈从丹扎斯家出来路过这里,她真好,到我们这里来了。她说,我给那天去做客的外国客人留下深刻的印象。意大利人列吉那说,我是拉瓦尔晚会上最美的女人(当时美女确实不多,不过我忘了,那里有两位美人巴里亚京斯卡娅和列布泽特捷伦-布里任斯卡娅)。然后他问姨妈,为什么我不常去她那

---

① 娜塔莉亚·尼古拉耶夫娜眼睛近视。

里，说他从没遇见过我。这是姨妈使的小伎俩，顺便说出我的地址，但我装作不知情的样子。姨妈回答他，我很少到她家吃午饭。不过，她非常可爱，没完没了地抚摸孩子们，托我向你转达问候。

（1849年8月21日）

娜塔莉亚·尼古拉耶夫娜在沃龙佐娃家见到她了吗？没有，这就是她写的相关内容：

……我给你讲，首先回答你我白天是怎么过的。一早起我就去做日祷……回来后，我吩咐备车打算进城拜访沃龙佐娃公爵夫人。这时我收到你的信。我急着走，就在车厢里看完这封信……可是我们赶到公爵夫人那里时，她已经去了彼得戈夫，我就直接返回奥斯特罗夫了。

（1849年8月21日）

我们上文已经说过，在普希金作品研究中，多次提到普希金和伊丽莎白·克萨韦里耶夫娜·沃龙佐娃的关系问题。众所周知，当年在敖德萨，诗人非常喜欢她，一系列研究成果推断他们的亲近关系，好像沃龙佐娃还给普希金生了一个女儿。前不久出版的Г.П.马科戈年科的专著中，有一章是专门讲普希金与沃龙佐娃爱情的各种传言的。经详细研究这段罗曼史的是与非，作者得出如下结论："所引证的资料完全驳斥了普希金研究者们建立的E.K.沃龙佐娃在普希金生活中的意义，此乃一派胡言。"

我们回忆起敖德萨事件的一些论述。普希金在敖德萨的逗留期间，曾在M.C.沃龙佐夫身边任职（1823年7月至1824年7月）。他经历两场爱情，女主角分别是阿马利娅和沃龙佐娃伯爵夫人。我们要说的不是第一场，我们感兴趣的是第二场爱情。据同代人证明，伊丽莎白·克萨韦里耶夫娜并不算是什么美人,但非常有魅力。也许著名诗人的迷恋让伯爵夫人为之倾倒。或许她多少被诗人吸引。沃龙佐夫和普希金的关系恶化了。后来紧接着发生了有损诗人尊严的去"蝗虫区"的出差事件。1824年7月,在沃龙佐夫的强烈要求下,普希金被彼得堡当局流放到米哈伊洛夫斯克。

那年夏天,薇拉·费奥多罗夫娜·维亚泽姆斯卡娅也住在敖德萨,她带着生病的孩子们到这里洗海浴。普希金经常去她家。维亚泽姆斯卡娅知道他的心事,并将一切告诉了丈夫。

"我当时是他唯一值得信任的倾诉者,见证他软弱的人,他因绝望准备离开敖德萨,尤其因为某种感情近来在他心中疯长,这是常有的事……请保密,尽管这是非常纯洁的。再说他只是单相思而已……"。

我们认为,已有足够有力的证据证明,这段罗曼史是纯精神上的。娜塔莉亚·尼古拉耶夫娜和沃龙佐娃公爵夫人在拉瓦尔家晚会上的见面,又为这一推断提供了一个有力的证据。

娜塔莉亚·尼古拉耶夫娜知道普希金喜欢沃龙佐娃的事吗?我们想,她是知道的。最有可能是从普希金那里知道的。他未必会对妻子隐瞒这种性质的关系,如果这种关系是认真严肃的,尤其如果沃龙佐娃还为他生了一个女儿的话。即便推测普希金和妻子什么也没说,是否也可以相信,薇拉·费奥多罗夫娜在普希金死后没有告诉娜塔莉亚·尼古拉耶夫娜这份纯洁(或者是不纯洁)的迷恋呢?

这里应该说,娜塔莉亚·尼古拉耶夫娜是非常忌妒的,普希金写给她的信能够证明这一点,他经常辩解,努力消除她对于他与其他女人关系的忌妒和怀疑。我们在娜塔莉亚·尼古拉耶夫娜写给第二任丈夫的信中,也发现了她的这个性格特点。她不止一次询问丈夫,他是不是被哪个美丽的波兰女人迷住了,她说承受不了背叛。

娜塔莉亚·尼古拉耶夫娜没有给普希金的敖德萨"罗曼史"追加含义,这次拉瓦尔家的见面证明了这一点。否则她绝不会有这样的气度,正如我们从信中看到的那样,娜塔莉亚·尼古拉耶夫娜绝不会提议沃龙佐娃去她家认识一下普希金的女儿……而公爵夫人呢?她能如此坦荡、友善地与和她有过亲密关系的男人的遗孀交谈吗？她会这样真诚善意地拉起娜塔莉亚·尼古拉耶夫娜的手，邀请她去家里做客吗？这是难以想象的。我们感觉，这天晚上伊丽莎白·克萨韦里耶夫娜的心中充满着对过去时光、青春岁月和诗人风华正茂时的追忆，并且还有对娜塔莉亚·尼古拉耶夫娜的同情，她那样悲惨地失去了丈夫，失去了多好的丈夫啊！为普希金的英年早逝而痛心惋惜，如果他能和这位美丽迷人的女人一起生活，该有多么幸福……

1849年，伊丽莎白·克萨韦里耶夫娜已经57岁了，娜塔莉亚·尼古拉耶夫娜是37岁。从普希金永远离开敖德萨的那刻起，一个世纪的四分之一已过去。我们从信中看到，其实17年前她们见过一次面，时间是1832年，地点应该是在某个舞会或晚会上。显然，公爵夫人对这次见面的记忆有些模糊。她没记住诗人妻子高挑的身材，她的外貌不知怎的没给她留下什么印象，尽管彼得堡的上流社会都在为娜塔莉亚·尼古拉耶夫娜的美貌啧啧称赞。我们发现，有趣的是，1849年见面时，沃龙佐娃没提过一句"兰斯卡娅"这个姓氏，说明她不知道诗人的遗孀再婚了。

1834年，敖德萨为了穷人的利益要出版选集，为此沃龙佐娃请求普希金寄些作品给她，这样让普希金又想起了她。普希金寄给她几则悲剧片段，就像他在信中所（看起来，出自《美人鱼》）补充的："不甚成熟之作，我希望献于您的足下；不幸的是全部手稿已有安排；我宁愿得罪公众，也不敢有违您的命令……"

然而看起来，普希金的手稿到迟了，选集里并没有他的作品。1832年以后，普希金与沃龙佐娃再也没见过面，也没保留下来任何信件，当然信件也不见得有。

公爵夫人没等到娜塔莉亚·尼古拉耶夫娜就去了彼得戈夫，又该怎么解释呢？我们推测，娜塔莉亚·尼古拉耶夫娜迟到了，根据她行色匆匆来判断，可能迟到了很长时间。但不排除沃龙佐夫公爵出面干涉逼妻子离开，来避免这场他不希望的拜访。我们注意到，娜塔莉亚·尼古拉耶夫娜对于没见到面不置一词。若在其他情况下，她想必会非常不高兴。

在1849年的信中，娜塔莉亚·尼古拉耶夫娜多次提到她对上流社会太太们的拜访和太太们的回访。但最经常的，几乎每天，她或者亚历山德拉·尼古拉耶夫娜都会带着哪个孩子去看望梅斯特尔夫妇。索菲亚·伊万诺夫娜姨妈生病了，眼睛看不见了，而伯爵好发脾气，性格暴躁。看起来，他们上流社会的熟人都不去他们家了，可姐妹俩认为不能抛弃老人，这是她们的责任。娜塔莉亚·尼古拉耶夫娜不常去斯特罗加诺夫家，我们上文已经看到了，伯爵夫人为此还责怪她。娜塔莉亚·尼古拉耶夫娜不知为什么不愿意去那里。她在一封信中说伯爵夫人待她那么好，总不去他们家不太好。我们推测，她不愿意遇到他们的女儿伊达利娅。从前娜塔莉亚·尼古拉耶夫娜和伊达利娅·格里戈里耶夫娜很要好，但后来她们的关系彻底改变了。普希金和伊达利娅之间发生了某件事。按П.И.巴尔捷涅夫所说，一次普希金说了什么侮辱了她，于是她就痛恨他。在决斗事件前后，伊达利娅与丹特士保持着最友好的关系。正如我们所看到的那样，后来她还在国外与他见面。现引用伊达利娅·波列季卡写给叶卡捷琳娜·尼古拉耶夫娜·丹特士信中的几段，该信写于1838年末至1839年初。

  我经常在斯特罗加诺夫家看到您的姐妹们，但绝不到我这里来。娜塔莉亚没心情到我这来。我和她非常好。她从不提过去，我们之间不存在过去，因此，尽管我和她关系非常好，我们会谈许多有关雨和彼得堡少有的好天气的话题……娜塔莉亚一切都好，虽然她消瘦得厉害。有些日子，她面色特别憔悴，虚弱极了。两天前，我和她还有梅斯特尔夫妇在斯特罗加诺夫家吃午饭，她很烦恼，好像抽搐起来。当我询问她的身体状况时，她让我相信，她出现这种情况非常经常。她的孩子们很好，尤其是男孩子，和她长得非常像，将来会非常英俊的，但大女儿就是父亲的翻版，真是天大的不幸。

当然，这根本谈不上什么友好关系。从这封信来看，娜塔莉亚·尼古拉耶夫娜很明显没去过伊达利娅家，但斯特罗加诺夫是孩子们的监护人，好多事情都取决于他，娜塔莉亚·尼古拉耶夫娜不得已经常去他家，这样一来，就会和他的女儿见面。伊达利娅说："我们之间不存在过去。"不，这个过去是存在的，这段过去轻而易举地永远横亘在她们之间……这封信对待普希金的态度明显是偏激的。仅仅她那句和普希金长得相像就是天大的不幸的话充满了什么意味！可是伊达利娅·格里戈里耶夫娜还是努力维持着表面的亲属关系。1849年，娜塔莉亚·尼古拉耶夫娜在一封信中说，伊达利娅对她非常好，很可爱。伊达利娅的女儿要出嫁时，她认为需要带着女儿和未婚夫去拜访一下娜塔莉亚·尼古拉耶夫娜……

为人数众多的大家庭每日操劳，总是缺钱的经济状况，这必然会反映到娜塔莉亚·尼古拉耶夫娜的健康状况上来。她的神经系统不正常。我们非常惊讶地得知，她开始吸烟。她的心脏经常疼痛，每到半夜两腿抽筋的痛苦折磨着她，这毛病还是从普希金去世时起留下的。她经常给兰斯科伊写信说，她常感到无法忍受而难以释怀的惆怅……

看来，妻子的身体状况让兰斯科伊醒悟。1851年，他说服妻子出国治疗。他非常了解让她离开家庭有多难，如果为了自己，她永远不会同意的。兰斯科伊可能和医生们说好，医生让娜塔莉亚·尼古拉耶夫娜相信，玛莎·普希金娜需要水疗治病，坚决要求她们出国。

1851年春天，娜塔莉亚·尼古拉耶夫娜带着姐姐亚历山德拉·尼古拉耶夫娜和两个女儿玛丽亚、娜塔莉亚出国了，为期四个月。女仆和忠实的仆人弗里德里希一路护送她们。遗憾的是，我们只找到了7月份从波恩到戈德斯贝格的六封信，尽管她们旅行的第二个月快要结束了。娜塔莉亚·尼古拉耶夫娜提到，他们去过柏林，可余下的时间是在哪里度过的呢？我们不得而知。

这些信也是日记体书信，详细描述了娜塔莉亚·尼古拉耶夫娜的所见所闻，所思所感。这些信非常生动，有时洞察敏锐，证明了她的观察力细致入微。我们没有机会在此全文引用这些信，那样会占据相当大的篇幅，但我们试图摘录几段来呈现。

娜塔莉亚·尼古拉耶夫娜在柏林待过一段时间，在那里，她与几位医生商议治疗的事。

"我会让你相信,"她写道,"只要你生的病稍微严重些,你会失去对医学的所有信任。三个最好的医生给我看病,每个人的想法都不一样。"

据信中提到的与医生不连贯的对话内容来判断,可以得出这样的结论:娜塔莉亚·尼古拉耶夫娜的病的根源是神经衰弱和劳累过度。

"邻邦医生认为我得了重病……谁也不会想到,我们出国是为了她[①],因为有些天我的脸色太难看。只有两天我就恢复不少,脸色不像死人那样难看了。"

娜塔莉亚·尼古拉耶夫娜在波恩住了几天,她非常喜欢这个地方,她们搬到一个距离波恩不远、在戈德斯贝格境内的小疗养城,住在一所不大还便宜的旅馆里,去近郊到处游玩。娜塔莉亚·尼古拉耶夫娜在这里进行沐浴疗法治病,戈德斯贝格的水疗还在罗马人时期就出名了。迷人的城郊景色让姑娘们欣喜若狂,她们骑着马,乘着小毛驴。她们一行人去爬山,参观戈德斯贝格著名城堡的废墟。

可是,娜塔莉亚·尼古拉耶夫娜的健康状况看来还是很不好,她好想家,担心孩子们,旅行没有带给她乐趣。

> 我在戈德斯贝格。我能说什么呢?小城迷人,这里的一切都让人喜欢,但我心神不宁,愿意离开一个地方,希望到达另一个更好的地方,只要一到那里,就开始计算能留在这里的时间。心灵深处的那股悲伤让我无法向别人描绘,是真正的思乡之苦……这里的空气极好,但我仍渴望离开这些地方。对于我,最好的空气是故乡的空气……只有当我踏上回家之路,我才会感觉轻松一些。否则即使爬上城墙,也是忧郁满怀,无暇疏解。寂寞不是我的性格,我在家无法理解这种感觉。

戈德斯贝格,1851年7月9日至21日

[①] 玛莎·普希金娜。

正如娜塔莉亚·尼古拉耶夫娜所说，俄罗斯护照在小旅馆里引起了很大的轰动，全家人坐在桌子外端的贵宾座位。娜塔莉亚·尼古拉耶夫娜十分幽默地描写了与她们一起用饭的"公爵们"。

……今天早上我给你写信说，与我们坐一起用饭的那些人都很无趣，我不得不纠正这个错误。原来，我们这群人里不多不少都是公爵。两个公爵de la Tour de Taxis1[①]在波恩大学学习，年纪大的那个是世袭公爵，请你相信，姨妈用她上好的长柄眼镜观察后，拿定主意雇仆人也不找他这样的。两位长得其貌不扬，但还不至于让人讨厌……其余在座的有教授，还有几位英国人。一句话，这是一座很有学问的城市。当不当学者可取决于我们。

我们发现，有趣的是，娜塔莉亚·尼古拉耶夫娜用德语和邻座交谈，但据她所说，很难用这种语言长时间地交谈，看来，她快把德语忘光了，亚历山德拉·尼古拉耶夫娜救了她。娜塔莉亚·尼古拉耶夫娜在信中提过，亚历山德拉·尼古拉耶夫娜读德语小说。她英语掌握得想必也很不错。

普希金家两姐妹玛莎和塔莎凭借一口标准的法语震惊四座，戈德斯贝格所有的外国人都很惊讶。她们还能说意大利语。看来她们英语说得也相当棒。娜塔莉亚·尼古拉耶夫娜在信中提到过，玛莎·普希金娜上过英语课。坐在玛莎对面用餐的英国人和她聊起俄罗斯的话题。他对冬天那里举办舞会很吃惊，要知道彼得堡的冬天多冷呀！当她说，舞厅热得必须开窗户时，他大感惊讶！还问她，俄罗斯人喝什么饮料，是否吃冰激凌。娜塔莉亚·尼古拉耶夫娜总结道："这群傻瓜要是看到彼得堡他们意想不到的奢华，人们比他们更有涵养和素质的话，他们非得瞠目结舌不可。"

---

① 德国古老的公爵姓氏。

娜塔莉亚·尼古拉耶夫娜在戈德斯贝格住了一个星期,做了几次浴疗,感觉好了不少。她说,常到户外去,对她是非常有好处的。她们接下来的旅行计划是这样的:娜塔莉亚·尼古拉耶夫娜打算到萨克森、瑞士、奥斯坦德逗留一段时间治病。在德累斯顿,他们应该和弗里津戈夫见面,之后一起去旅行。我们在从戈德斯贝格寄出的信中多次看到对弗里津戈夫的提及,娜塔莉亚·尼古拉耶夫娜对姐姐的未婚夫做的评价是很有意思的。

第十七章 余生书信

我们目前掌握的娜塔莉亚·尼古拉耶夫娜出国行程的信息，仅限于从戈德斯贝格寄出的信件中获得。后来，在阿拉波娃的档案中找到几封1852年和1855年不完整的信件，这些信件没有什么特殊意义，还有1856年从莫斯科或彼得堡寄出的五封信。

1855年克里米亚战争时期，兰斯科伊将军被派到维亚特卡组建后备军。娜塔莉亚·尼古拉耶夫娜将兰斯科伊家的小女儿们留给年长的女儿们照顾后，随着丈夫一同前往。从1855年9月末到1856年1月，娜塔莉亚·尼古拉耶夫娜住在维亚特卡。在那里见过娜塔莉亚·尼古拉耶夫娜的人的回忆录被保存下来。除了维亚特卡，忙于后备军事务的兰斯科伊不得不在距离维亚特卡30公里的斯洛博茨科伊城住过一段时间。在维亚特卡委员会档案馆藏中，保存着斯洛博茨科伊大祭司И.В.库尔捷耶夫的日记，其中有兰斯科伊在城中逗留的记载。我们从这篇日记里节选了一小段：

> 今天副官长兰斯科伊视察斯洛博茨科伊民兵团，对其极为满意……兰斯科伊现任夫人曾是诗人普希金的妻子。夫人身材相当高挑匀称，面色苍白，虽人近中年，但风韵犹存。据主教叶尔皮季福尔评价，夫人聪慧谦虚、温和客气，言谈中极为机智。
>
> 1855年11月7日

我们在Л.Н.斯帕斯卡娅的回忆录中找到了更有趣的信息。其父是曾在当地为娜塔莉亚·尼古拉耶夫娜治过病的维亚特卡医生Н.В.约宁。

"我母亲很快就在维亚特卡俱乐部的儿童晚会上与娜塔莉亚·尼古拉耶夫娜见面了。"斯帕斯卡娅写道,"娜塔莉亚·尼古拉耶夫娜非常喜欢我的哥哥和姐姐,他们当时在其他孩子中间跳舞(当时我还没出生呢)。她和他们交谈。当得知他们是她医生的孩子时,她希望认识一下他们和母亲。她对母亲极为客气,夸奖并爱抚孩子们。她和母亲谈自己的孩子,顺便说,她发现儿子格里戈里(她叫他格里沙)不但外表与他著名的父亲很相像,而且性格与父亲也很像。娜塔莉亚·尼古拉耶夫娜的言谈举止给人以非常愉快的印象,她是位真诚、善良、温柔的女人,正如普希金对她的评价,显露出一派单纯可爱的贵族风度。在维亚特卡的上流社会中,兰斯科伊夫妇尤其与国有资产局局长、省召集后备军委员会领导成员帕先科交情深厚。兰斯科伊经常带着妻子随意地去他家拜访。帕先科的夫人是位少见的善良女人,她打定主意要让娜塔莉亚·尼古拉耶夫娜关注M.E.萨尔蒂科夫①的命运。萨尔蒂科夫十分敬重帕先科夫人,在她家被当作亲人看待。她计划利用娜塔莉亚·尼古拉耶夫娜广泛的社会关系,为萨尔蒂科夫谋求赦免,并准许重返彼得堡。这个计划已成功了:萨尔蒂科夫被介绍给娜塔莉亚·尼古拉耶夫娜,她非常同情萨尔蒂科夫(据说是为了纪念亡夫,因为从前普希金也有过与萨尔蒂科夫相似的境遇),并下定决心帮助这个有才华的年轻人,通过书面形式,还亲自出面到彼得堡各处为他求情。很快就成功了。娜塔莉亚·尼古拉耶夫娜1856年1月离开维亚特卡,同年6月,萨尔蒂科夫就被委任为内务部特别事务官员而返回彼得堡。"

娜塔莉亚·尼古拉耶夫娜参与改变萨尔蒂科夫-谢德林命运的事实是众所周知的,在1849年的信中,还有她为另一个卷入这次彼得拉谢夫斯基小组②事件的年轻人奔走帮忙的信息,至今却无人知晓。

---

① 米哈伊尔·叶夫格拉福维奇·萨尔蒂科夫-谢德林(Михаил Евграфович Салтыков-Щедрин, 1826—1889),俄国讽刺作家,代表作是长篇小说《戈洛夫廖夫一家》。——译者注

② 彼得拉谢夫斯基小组是俄国1845—1849年圣彼得堡俄国进步知识分子和青年学生的组织,主要成员有作家与诗人格里戈利耶夫、普列谢耶夫、陀思妥耶夫斯基、萨尔蒂科夫-谢德林等,都是乌托邦主义者和民主主义者。——译者注

"……有人向我汇报了尼古拉·杜贝尔特的事。"娜塔莉亚·尼古拉耶夫娜9月26日写道,"我曾向他问过一位被捕者的情况。赫鲁晓娃夫人和亚历山大·列伊捷尔都很同情他。有个叫伊萨柯夫的年轻人卷入今夏破获的阴谋中。他母亲完全绝望了,想知道他是否会声名狼藉、一败涂地,是否因指控他参与犯罪或者为了查明案件会将他和其他同伙关进要塞。我求助于奥尔洛夫,他让我相信,伊萨柯夫不应该在声名狼藉的人之列,既然老伯爵都没记得这个姓,他肯定没在名单上。我通过赫鲁晓娃夫人转告他母亲,但她不放心,求我再想别的办法。因为米哈伊尔不在,我去找尼古拉·杜贝尔特,他知道我非常着急,答应明天回复。"

年轻的伊萨柯夫,就是娜塔莉亚·尼古拉耶夫娜为之求情的那个年轻人,是彼得堡出版商Я.А.伊萨柯夫的儿子或亲属(后来《普希金全集》的出版人)。正如我们看到的那样,通过尼古拉·杜贝尔特(米哈伊尔·列昂季耶维奇·杜贝尔特的哥哥)的斡旋,事情以胜利告终:依照老伯爵奥尔洛夫,宪兵长官兼第三厅厅长的命令,伊萨柯夫被释放,对将来没有任何影响。伊萨柯夫想必应该将其归功于娜塔莉亚·尼古拉耶夫娜。

1856年1月初,我们发现娜塔莉亚·尼古拉耶夫娜已经回到莫斯科了。兰斯科伊大概随他组建的后备军一起前往下诺夫戈罗德。娜塔莉亚·尼古拉耶夫娜在莫斯科住了一个多月。她在那里和兄弟伊万和谢尔盖见了面。当时父亲尼古拉·阿法纳西耶维奇还健在(他死于1861年),她可能住在冈察洛夫家的老宅里。玛莎带着小妹妹们前来迎接她。德米特里·尼古拉耶维奇想必也来看望妹妹。三封娜塔莉亚·尼古拉耶夫娜从莫斯科寄出的信被保留下来。其中,她生动地描绘了在古老都城逗留的情况。她的童年和青年时代都在这里度过。她恢复了与老朋友们的联系,拜访了许多朋友,在住处也接待了好多客人。她与著名女诗人叶夫多基娅·彼得罗夫娜·罗斯托普钦娜伯爵夫人的见面非常有趣,女诗人当时45岁。

今天早上,我们拜访了罗斯托普钦娜伯爵夫人,她的谈话那么引人入胜，我们这么多人听得瞠目结舌。她身材略微发福……①她问的是："您不和我说点什么吗？娜塔莉亚，您觉得我怎么样？"我只能说："我觉得你恢复得非常好。"她给我们讲了许多有趣的事，讲得非常好。

普希金与罗斯托普钦娜相识于1828年，当时她刚刚进入上流社会。1831年3月，诗人和他年轻的妻子同罗斯托普钦娜一起坐雪橇游玩。1836年秋天，罗斯托普钦娜和丈夫迁居彼得堡，普希金经常参加她的"文学"午宴，其中聚集了茹科夫斯基、维亚泽姆斯基和其他文学家。普希金夫妇经常在上流社会和她见面。普希金高度评价了罗斯托普钦娜的诗歌才华，但据В.И.安年科娃证实，他曾说过："如果她写得好，那么反过来，她说得非常不好。"然而，她在这些年中可能"学会了说"，因为娜塔莉亚·尼古拉耶夫娜发现她的谈话妙趣横生。

"今天整个早晨，"娜塔莉亚·尼古拉耶夫娜在1856年2月17日写道："我都在莫斯科各处拜访。之间的距离远得可怕，我勉强走了五家，可名单上有十家。每天我在这里要去找某个朋友、熟人或亲属，结果是我要熟悉整个莫斯科……这里的人们还将我作为26年前生动画面的亲历者而记住我，因此到处都是对我的溢美之词。"

这些天，亚历山大二世②的登基加冕典礼碰巧正在莫斯科举行。娜塔莉亚·尼古拉耶夫娜带着女儿为贵族会议舞会做准备，但在下一封信里没有提到这次舞会。她还收到莫斯科总督夫人扎克列夫斯卡娅化装舞会的邀请。娜塔莉亚·尼古拉耶夫娜花好长时间逛商店为女儿物色礼服，直到她选择了一套漂亮的茨冈礼服，这套衣服非常适合玛莎。普希金年轻时曾迷恋过阿格拉费娜·费奥多夫娜·扎克列夫斯卡娅。诗人有三首诗是献给她的，有这样一种猜测说，她

---

① 后面有两个词不清楚。
② 亚历山大·尼古拉耶维奇（Александр Николаевич，1818—1881），沙皇尼古拉一世的长子，著名诗人与学者茹科夫斯基的学生，俄国历史上与彼得大帝、叶卡捷琳娜二世齐名的伟大皇帝，在任期间对俄罗斯的社会发展做出了历史性的贡献。——译者注

是普希金《聚集在别墅里的客人》的片段中季娜伊达·沃尔斯卡娅的原型。当时莫斯科总督夫人已经56岁了……

娜塔莉亚·尼古拉耶夫娜在莫斯科的那段时间,在兰斯科伊的坚持下,向著名画家拉什订制了一幅自己的肖像。为此她给丈夫写道:

> 谢天谢地,我感觉好多了,咳嗽好了,我甚至希望尽快开始画我的肖像。你将这个重任推给我,唉,怎么办才好?如果你看见我这张老脸再现在画布上,会让你获得某种满足的话。

(1856年1月13日)

> 我不幸的画像时间占去整个早晨,我不得不晚上抢回些时间写信。昨天,我在拉什那里度过一个早晨,拉什拖延我由一个小时到三个小时。他只画了近似的轮廓。明天开始上色。在画像前夕,玛莎带着丽莎到他那里确定第二天的具体时间,玛莎说她是我的女儿,他或许想象,他要移到画布上的是一张慈祥的上了年纪的妈妈的富态面孔。当说到我穿什么样的衣服合适时,他建议穿长袖高领连衣裙,我想他会补充说这样会更好看。但他见到我后,对我大加恭维说,我太年轻了,却有这么大已经成人的孩子了。他对着我苍白的脸研究了好长时间,首先确定为我选择什么姿势。最后,他感觉左侧面像令他满意,同时显出我高贵光洁的额头,你将有幸看见我四分之三的倩影。

(1856年2月17日)

娜塔莉亚·尼古拉耶夫娜在这里说到自己的老脸时多少有些卖俏的成分(尽管"高贵光洁的额头"有些讽刺意味,显然这是画家说的话)。她当然知道,对于她的年龄,她已算保养得宜的了。她当时44岁,不像许多人那样显老。

1856年3月28日,娜塔莉亚·尼古拉耶夫娜已经从彼得堡寄信了，而6月6日从别墅寄信（住哪里不知道）。这些信没有什么特殊的意义。保存在俄罗斯文学研究所的娜塔莉亚·尼古拉耶夫娜的信都是这样的。毫无疑问的是，不是所有她的书信都被保存到今天，这些信还会不会被发现或者永远地失去了，这都很难说。但那些得以保存下来的书信则是对于评价这个女人极其珍贵的资料。她的心灵对我们隐藏，以至于要找寻普希金在世时她写的书信来发现她的心灵。现在，我们来刊登些更晚年代的书信。

50年代，娜塔莉亚·尼古拉耶夫娜的健康状况开始慢慢不断地恶化。小女儿塔莎·普希金娜的失败婚姻带给她许多不安与痛苦。她钟情于第三厅长官Л.В.杜贝尔特的儿子米哈伊尔·杜贝尔特。娜塔莉亚·尼古拉耶夫娜很清楚，这门婚事不合适。兰斯科伊也反对继女的选择。

"我父亲不大喜欢杜贝尔特。"阿拉波娃写道，"他矜持谨慎的性格无法容忍放荡不羁、嗜赌成性的品行，他不想对求婚者隐瞒自己的态度。娜塔莎要是他的亲生女儿的话，父亲永远不会同意的，他已清楚预见痛苦的结果。他所做的仅限于建议和警告。"

娜塔莉亚·尼古拉耶夫娜反对这门婚事很长时间，但拿固执的女儿就是没办法。"耽误一个①还不算，你还想耽误我不成！"娜塔莉亚这样责怪自己的母亲。最终，娜塔莉亚·尼古拉耶夫娜被迫同意了。

"小魔头塔莎这么快就从小孩儿长大成人了。"婚礼前不久，她给П.А.维亚泽姆斯基写道，"但是毫无办法，不能回避命运。我已和她斗争一年了，最后顺从上帝的意志和杜贝尔特的焦急。我一方面担心的是她太年轻，或者说是幼稚……为您的同情，为您的祝贺真诚地感谢您。"（1853年1月6日）

她给С.А.索博列夫斯基寄去类似的信："您和普希金的友情给我权力去想，您以同情的态度对待他女儿结婚的消息。"②她在这封和另一封信中反复强调"同情"这个词，好像是在普希金朋友面前寻找

---

① 暗示大姐，玛丽亚。
② 这些信是用俄语写的。

支持和辩白。正如我们从这封信中看到的那样，她反对这门婚事整整一年，而这能说明许多问题，如果我们专注于她软弱性格的话。我们推测她反对的主要原因不是女儿太年轻，也不是"杜贝尔特的焦急"，而是女儿要嫁给宪兵Л.В.杜贝尔特的儿子。这个比塔莎·普希金娜大14岁的求婚男子让她无法信赖。他的年少轻狂与个性已广为人知。

正如娜塔莉亚·尼古拉耶夫娜所预见的那样，这桩婚姻并不幸福。1862年，育有三个孩子的夫妇分居了，之后离了婚。"几乎是在最初的日子里，分歧就已初见端倪。"阿拉波娃说："永远毁灭了母亲心灵的宁静。"娜塔莉亚·尼古拉耶夫娜一生都在自责，由于自己性格软弱而答应了这门婚事。

大女儿玛莎也给她带来不少烦恼。她很久都没能出嫁。直到1860年，28岁的她嫁给禁卫军军官Л.Н.加尔东，离开了母亲家。在此之前的两年里，萨沙·普希金娶了兰斯科伊的侄女索菲亚·兰斯卡娅为妻。这样，普希金的孩子们，除了结婚很晚的格里戈里之外，都不和母亲住在一起了。

阿拉波娃写过母亲最后几年的生活。当时她已经15岁到17岁的样子。她能很清楚地记得当时的事情："她的健康状况慢慢地、不断地恶化。她忍受痛苦的咳嗽的折磨，临近夏天时会好些，每到春天又卷土重来，愈发严重，还伴有不停的喘息。什么药都不管用，她整晚整晚不能合眼，因为躺下就要频繁发作。我还仿佛能看到她一动不动地斜倚在高高的靠背上，双手擎着疲惫而消瘦的头。只有清晨她才会进入不安稳的梦境中，小睡一会儿。"

1861年，医生会诊认为，她必须到国外长期治疗。兰斯科伊提交了休假一年的申请，5月带着妻子和女儿们出国了。德国的几个疗养地没有减轻娜塔莉亚·尼古拉耶夫娜的病症，秋天，他们将疗养地转到日内瓦，1862年的冬天在尼斯度过。在这里，她的健康状况得到明显改善。但是医生要求在温暖的气候中还要过上一个冬天。夏天时，娜塔莉亚·尼古拉耶夫娜带着女儿们去匈牙利看望亚历山德拉·尼古拉耶夫娜了，而兰斯科伊则回到俄罗斯军队工作。布罗德加内庄园位于尼特拉河谷的深山中。这对相亲相爱的姐妹在此处再次见面了。这是她们最后一次团聚……可怜的娜塔莉亚·尼古拉耶夫娜在这里也没找到她需要的安宁。就在此时，杜贝尔特夫妇彻底决裂了。阿拉波娃关于这件事是这样写的：

> ……我姐姐和她丈夫糟糕的关系达到顶点。他们最终离婚了。丈夫同意离婚后，她带着两个大些的孩子来到母亲那里暂住。这个决定有悖于她的宗教观念，让她备感痛苦。她认为在女儿面前她是有罪的，甚至想办法劝阻她。夏天的几个月在不断的心烦意乱和没完没了的焦躁不安中过去了。最先同意离婚的杜贝尔特很快改变了主意，否认说过的话，亲自跑到匈牙利悔过，当妻子显然不为所动时，他那放荡不羁的狂暴性格完全显露出来。甚至回想起当时的场面都很痛苦。直到在弗里津戈夫男爵的坚决要求下，他让妻子有暂时的安宁而离开了庄园。她的处境毫无出路，未来毫无希望。姐姐没有灰心。非凡的顽强精神和意志力支撑着她，可是母亲却为了他们俩焦急难过。她在房间里徘徊整整几个小时，好像想用身体的疲倦减轻悲哀的痛苦……在挥之不去的想法的纠缠下，母亲又像蜡烛融化一样形容枯槁，父亲秋天回来时，应该看出发生的变化，非常担心。抛下姐姐和她的孩子们，我们启程前往尼斯。

据阿拉波娃所说，娜塔莉亚·尼古拉耶夫娜在尼斯的冬天健康情况又好转了。后来她坚决要求回家。兰斯科伊应该返回军中，女儿亚历山德拉即将首次参加社交界活动，她已年满18岁了。"我整个人为这一时刻努力着。"我们在阿拉波娃的回忆录中读道，"这两年的漂泊留下的只有厌倦。"尽管医生们警告，为了巩固前期疗效，不要这样突然变换气候，娜塔莉亚·尼古拉耶夫娜却一如既往地为了女儿和丈夫作出牺牲。全家回到俄罗斯。

1863年夏天平安度过。兰斯科伊家的三姐妹都在伊万诺夫斯基布龙尼齐县哥哥亚历山大·亚历山德罗维奇那里过的夏天。父母此时在彼得堡，他们搬进了新房子，但娜塔莉亚·尼古拉耶夫娜时常去看望女儿们。很快亚历山大·亚历山德罗维奇盼望已久的儿子降生了，为了纪念爷爷和父亲，决定给孩子取名为亚历山大。亚历山大·亚历山德罗维奇非常希望母亲能来为孙子施洗（当时他们住在莫斯科）。尽管丈夫劝阻她，但她仍坚持己见。从莫斯科回来的前夕，娜塔莉亚·尼古拉耶夫娜感冒了，路上冰冷的车厢加重了感冒。她的病又复发了。

她10月30日写给伊万·尼古拉耶维奇（德米特里·尼古拉耶维奇已经去世了）的信被保存至今。这也许是她的最后一封信。信不是写在信纸上，而是写在网格纸上，显然是从学生的作业本上撕下来的。笔迹已不同以往，因为她是躺着写的。在这封信里，她首先告诉哥哥，他委托自己办的事情的完成情况，只是在信的结尾稍稍提了一下，从莫斯科回来后，她感觉不好，一直卧床，只有今天才有力气给他写信……我们现在引用这封信。

亲爱的最善良的万尼亚，如果至今一直没有给你写信，这并不说明，我没为你的嘱托而奔忙，但直到昨天，我终于弄清楚这价值几何。这价格是250卢布，因为这个价钱比你给我定的价钱高出100卢布，我拿不定主意要不要订购。如果你同意250卢布的价钱，尽快给我写信，以便及时完成。但还要注意的是，貂皮在莫斯科卖得便宜。娜塔莉[①]能知道价钱。别人给我看过那东西，真的非常好，这毛皮价钱是20银卢布。如果莫斯科卖得便宜，要是能寄来剪裁，你们就在那里订购吧。无论如何，请给我快点回信儿。还有赎回证书的事，这里卖到84卢布，甚至82卢布，但是行情总在变。

我急于给你寄出这封信，免得耽误了邮班。我是躺着给你写的信。我从莫斯科一回来就感觉很不好，只是这两天感觉好多了。

[①] 大概是C.H.冈察洛夫的女儿。

再见，亲爱的最善良的哥哥，千百次最温柔地亲吻我的嫂子和孩子们。

Н.Л.
1863年10月30日，圣彼得堡

但病情恶化，娜塔莉亚·尼古拉耶夫娜的病发展成肺炎。所有的孩子，除了当时在国外的娜塔莉亚，都聚集在处于弥留之际的母亲的床边。玛莎在她去世前夕赶到。但此刻，娜塔莉亚·尼古拉耶夫娜只想着孩子们。阿拉波娃证实，他们"大家感到奇怪的是，她对父亲的挂念要少于其他亲人"。她最担心普希金小女儿的命运，娜塔莉亚和丈夫离了婚，没有任何财产，还带着三个孩子。她可能请求兰斯科伊别抛弃他们，正如我们说过的那样，他做到了。

娜塔莉亚·尼古拉耶夫娜和病魔作了近一整月的斗争，但虚弱的躯体没有挺过去，1863年11月26日，她与世长辞了。

普希金的妻子被葬在亚历山大-涅夫斯基修道院。就在不久前，那里还是一片荒芜且充满忧伤的地方，而现在，娜塔莉亚·尼古拉耶夫娜的墓地被修葺一新，周围种满了鲜花。人们前来拜谒，为她献花。黑色大理石石棺上，整个夏天都能看到摆放着郁金香、玫瑰、唐菖蒲，这是对伟大的俄罗斯诗人妻子的纪念。